SIX LIVRES
DV SECOND
ADVENEMENT

DE NOSTRE SEIGNEVR.

Auèc vn Traicté de S. Basile, du Iugemét de Dieu,
propre pour cóceuoir vne haine de toutes discordes & diuisions, & vne salutaire crainte de
Dieu, qui sert comme dé Preface.

Plus les Quatrains sententieux de S. Gregoire,
Euesque de Nazianze, auec vne bre-
ue & familiere exposition.

Par M. Iacques de Billy, Abbé de
S. Michel en l'Her.

Ignis succensus est in furore meo, & ardebit vs-
que ad inferni nouissima.   Deut.32.

A PARIS,

Chez Guillaume Chaudiere, rue S. Iacques, à l'enseigne du
Temps, & de l'Homme sauuage.

1576.

AVEC PRIVILEGE DV ROY.

A REVEREND
PERE EN DIEV,
BERNARD CARASSVS,
Prieur de la grande Char-
treuse, & General
de l'ordre.

Ntre pluſieurs graues et ſainĉts
enſeignemens, que nous preſente
l'Eſcriture ſainĉte, pour nous
contregarder d'offenſer Dieu,
celuy à bõ droiĉt merite d'eſtre
eſtimé vn des principaux, & plus excellens, dont
eſt faiĉt mention en l'Eccleſiaſtique, diſant: Sou- Eccle. 7.
uienne toy de tes extremitez, & iamais tu ne pe-
cheras. Car tout ainſi q̃ la preſence ſoudaine d'vn
ſeuere Pedagogue ſçait chaſſer incontinent toute
legereté & diſſolution de ſes eſcoliers, & les contraint de ſe mõſtrer modeſtes & arreſtez en leur
contenance: de meſme maniere, où la ſouuenance
de ce grand & terrible iour du dernier Iugement

à ij

du Fils de Dieu , & de ce qui en eſt conſecutif
pour le regard des meſchans, ſe preſente deuant
les yeux de l'entēdement, il n'eſt poſſible que ſoudain toute iniquité,& ioye mondaine & laſciue
ne prennent la fuite. A l'occaſion dequoy noſtre
Seigneur d'vne extreme affeſtion qu'il nous porte,en vne infinité de paſſages de l'Euangile nous
en refraichiſt la memoire: et pour ne nous laiſſer
aucune occaſion de pareſſe, ains nous faire touſiours tenir ſur nos gardes , nous aduertiſt que
Luc.21.   ce grand & eſpouuentable iour viendra com-
12.17.   me vn filet ſur tous ceux qui habitent ſur la face
de la terre,ou bien comme vn larrō ſur la nuiſt,
& à la deſrobbee : & que de meſme ſeront ſur-
prins les mondains & charnels , comme furent
iadis ceux qui eſtoient au temps du Deluge,c'eſt à
dire lors que moins ils y penſoiēt, & qu'ils n'ad-
Mat.5.&18.   uiſoient qu'à faire grand' chere,& viure en toute ſorte de volupté.Et non content de cela , nous
monſtre par la ſimilitude d'vn ſeruiteur, auquel
eſt beſoing de rendre compte , iuſques au dernier
denier, des biens dont il a eu la charge & admi-
niſtration, en quelle deſtreſſe & frayeur ſe trou-
ueront ceux, qui à tel iour ſe preſenteront les
mains vuides deuant luy , & n'auront par leur
induſtrie & diligence faiſt profiter les graces

qu'il leur auoit departies . Et d'auantage , pour
nous representer mieux au vif la terreur de son
iugemēt, il a voulu que son arrest irreuocable ait
esté couché en l'Euangile , voire d'vne telle fa- Matth.25.
çon, que cela seul deuroit suffire à nous faire se-
rieusement embrasser l'estude de nostre salut, &
l'obseruance de ses saincts Commandemēs . Que
diray-ie de ce grincement de dents?de ces tene- Luc.13.
bres exterieures ? de ce ver cruel & insatiable? Matth.8.
de ce feu si aspre & douloureux?& de tant d'au- Marc.9.
tres especes de tourmēs,qu'il nous propose encore
si souuēt?Ces choses, & plusieurs autres semblables , nous sont souuent inculquees en l'Euāgile,
affin de nous faire entrer en cette maison de Ecclef.7.
dœil, où on est admonesté de la fin de tous les
hommes , & ce que lon doit quelque iour estre,
& où le Sage nous remonstre,qu'il est meilleur
de nous transporter,que non pas en la maison de
festin , & resiouyssance dissoluë, laquelle à bon
droiEt se peut cōparer à cette femme impudique,
dont est faiEt mention aux Prouerbes , de qui la
frequentation se trouue au commencement dou- Prouer.5.
ce &ioyeuse,mais la fin plus amere que Aluyne:
où au contraire la profonde & attentiue consideration de nostre fin , & de ce grand iugement,
bien que du commencement elle cause vne tri-

ā iij

steſſe en l'ame, toutefois biē toſt apres elle ſe chan
ge en grande conſolation, & cette eaue inſipide,
à l'arriuee ſpirituelle de l'Eſpoux ſe tourne en vin
delicieux. Ce que tresbiē cognoiſſant ſainct Hie-
roſme, & le grand profit qui reuient à l'ame de
ruminer à toute heure ce dernier iour, ne permet-
toit meſmes que ſon repas fuſt exempt d'vne telle
ſouuenance: ains & en ce temps là, & en quelque autre que ce fuſt, & quelque choſe à quoy il
ſ'occupaſt, luy ſembloit touſiours que cette trompette de l'Archange luy cornoit aux oreilles, Le-
uez vous morts, & venez au iugemēt. Suyuāt
quoy auſſi ce grand perſonnage ſainct Bernard,
cognoiſſant combien l'hōme de ſon naturel eſt
enclin à legereté & diſſolution, & ayant prattiqué en ſoymeſme, que il n'eſt profitable à l'homme de ſ'aſſeoir continuellemēt au pied de miſericorde de noſtre Seigneur (d'autant que de cela en
pourroit proceder vne negligence, & pernicieu-
ſe aſſeurance) baiſoit auſſi en ſon rang le pied de
iugement, & deſcendoit tout viuant, c'eſt à dire
par contemplation, en enfer: affin par tel moyen
de conceuoir vne ſaincte & ſerieuſe crainte de
Dieu, & paruenir au poinct que deſſus, qui eſt
ſ'abſtenir de l'offenſer. Que ſi ainſi eſt, comme de
vray il eſt, & outre le teſmoignage de l'Eſcritu-

re, l'experience de plusieurs gens de bien en faict
foy, qu'il n'y a chose qui tant tiene l'ame en bride, ne qui tant la resserre & garde de pecher, que
de se proposer continuellement deuant les yeux
ce tant seuere iugement: il ne faut douter au contraire, que vne des principales causes pourquoy
la plus part des hommes s'embarquent, ou, pour
mieux parler, s'embourbent ordinairement en
tant d'horribles & execrables pechez, & font
si peu de cas d'offenser Dieu, ne soit pour ne vou
loir aucunement s'arrester à penser à ce grand
examen. De sorte que côme sainct Paul, par les
haines & dissensiôs qui estoient entre les Corin- 1. Cor. 3.
thiens, concluoit qu'ils cheminoient selon la
chair, & non selon l'esprit, & par les fruicts
qu'il voyoit, remarquoit l'arbre dont ils proce-
doient: ainsi par vne impetuosité si desbordee,
& plus que payenne, que l'on voit aiourdhuy
courir la plus part des Chrestiens à toutes sortes
de pechez, peut on faire vne certaine conclusion, que la souuenance du iugement dernier est
du tout esteinte en eux. I'appellerois cecy stupidité, ou brutalité, côme à la verité se peut il bien
appeller: mais plusieurs graues Autheurs me con
traignent de passer encores outre, & le nommer infidelité. Car ils ont estimé estre deux cha-

ā iiij

ſes ſi repugnantes, que de croire & tenir pour
tout aſſeuré, que il faille ꝟn iour paſſer par ꝟn ſi
eſtroit examen, & toutefois ne laiſſer pour cela
de ſ'aſſeruir aux concupiſcences charnelles, &
ſ'abandonner à toute iniquité, qu'ils ont iugé
ces deux poincts eſtre du tout incompatibles. Et
partant diſoit ce ſainct martyr Cyprian, non
moins elegamment, que ꝟeritablement, Quod
timeret cõſcientia noſtra, ſi crederet, id
quia non credit, nec metuit: Ce que noſtre
conſcience craindroit, ſi elle le croyoit, d'autant
que elle ne le croit, par conſequent auſſi ne le
craint elle point. Et en meſme façon ſainct Bernard, expoſant ces paroles de l'Eſcriture, Auiourdhuy ꝟous ſçaurez que le Seigneur ꝟiendra,
dict que tous les Chreſtiens, ny meſmes pluſieurs
d'iceux, ne ſçauent pas que le Seigneur Ieſus
Chriſt doiue ꝟn iour ꝟenir pour iuger les ꝟifs &
les morts, & rendre à chacun ſelon ſes œuures:
ains que cette ſcience n'eſt qu'en bien peu de perſonnes, ſçauoir eſt en ceux qui ſont preordon-
nez à ſalut. Penſes tu, dict il, que ceux qui ſe
reſiouyſſent, quand ils ont mal faict, & ſe glori-
fient en choſes meſchantes & malheureuſes, ou
ſçachent, ou penſent que le Seigneur ꝟiendra?
S'ils le diſent, n'en croy riẽ. Car celuy qui ſe dict

Serm. 3. in
vigil. Na-
tiuit.

auoir la cognoiſſance de Dieu, & ce pendant ne
garde ſes Commandemens, eſt vn menteur. Ils
confeſſent, dict l'Apoſtre, qu'ils cognoiſſent
Dieu, mais par actions ils le nient: attendu que
la foy ſans les œuures eſt morte. Certainement
ils ne ſe ſouilleroient ainſi de toute ordure de peché, ſ'ils ſçauoient, ou craignoient, que le Seigneur deuſt venir, ains feroient le guet, & ne
laiſſeroient ainſi miſerablement percer leurs cõ-
ſciences. Voila les paroles de ce ſainct Docteur.
Auſquelles ſi lon vient, comme à vne certaine
touche, eſprouuer la plus part des Chreſtiens de
maintenant, on trouuera qu'ils ſont autant eſloignez du Chriſtianiſme, que la lumiere des tenebres, & qu'ils n'õt de Iacob que la ſeule voix,
mais les mains, & tout le dedans entierement,
d'Eſau. Pour à quoy remedier, quelques vns ont
faict des Traictez expres, touchant les quatre
fins de l'homme, & notamment le bon Pere,
& excellẽt en ſçauoir, Denys Rikel Chartreux,
qui de cecy a compoſé vn liure bien ample, affin
de repreſenter au vif à l'homme les choſes qui
luy touchent, ou de la beatitude, ou de la miſere
eternelle. Quant à moy, y a plus de quatre ans,
que me ſouuenant d'vn quidam, qui auoit faict
vn poëme touchant le premier aduenement du

1. Io. 2.
Tit. 1.
Iac. 2.

Fils de Dieu, il me vint en l'entendement de faire aussi quelque chose en vers sur le second. Et de faict, deslors ie commençay à mettre la main à l'ouurage. Mais estant vn peu auant en matiere, & me sentant trop foible d'espaules pour soustenir le faix d'vn tel argument, qui à la verité requeroit bien vne veine plus riche, & ne deuoit estre manié que par vn personnage, qui peust dire auec sainct Paul, Le monde m'est crucifié, & moy au monde, & non par moy, ne mes semblables, ie desistay incontinent de poursuyure le labeur entrepris, & m'éployay à autres choses, n'ayant pas grande intention de iamais le reprendre & continuer. Toutefois depuis vn an en çà, Monsieur le Prieur de la nouuelle Chartreuse de bonne Esperance lez Gaillon mon frere, en ayant leu quelque petite page, & se persuadant, plus pour la grauité de la matiere, que pour le merite de l'ouurage, que s'il estoit paracheué, ceux qui ont leur salut en recommandation, en pourroient parauenture tirer quelque fruict, a tant faict enuers moy, que quictât toutes considerations, qui me pouuoient tirer au contraire, i'ay remis la main à l'œuure, & tellement quellement acheué ce que i'en auois autrefois encommencé. Et d'autant que tout cecy

Gal.6.

est party d'vne trop pauure boutique , pour me-
riter d'estre gratieusement recueilly par les Lecteurs, il m'a semblé qu'il estoit bon de l'accom-
paigner de deux petits Traictez , l'vn de sainct
Basile, qui est fort conuenable à la matiere con-
tenue en nos Vers , & qui leur peut seruir comme de certain auant-propos, l'autre de son grand
Achates sainct Gregoire Nazianzain , qui
pour les belles & grandes sentences , dont il est
plein , ne peut estre que tresagreable à toutes personnes studieuses de vertu . Or, Monsieur, &
Reuerend Pere, considerant l'affection, que de
vostre grace me portez , & les bien-faicts spirituels , que i'ay receu de vous , lesquels de tant
plus sont à priser par toutes personnes de bon
iugement , que les choses spirituelles sont à preferer aux temporelles , il m'a semblé , que mon
deuoir requeroit d'en monstrer quelque signe de
recognoissance . Parquoy , n'ayant pour le present en main chose plus preste à mettre en lumiere , ie me suis aduisé de vous faire present de ce
petit Liure, duquel ie sçay que la matiere vous
est, non seulement familiere , mais aussi delectable . Car au lieu que les mõdains & voluptueux
n'ont rien en plus grand horreur , que tels discours, au contraire ceux, qui fauorisez de la gra-

ce diuine meinent vne vie saincte, & conforme aux Commandemens & conseils de nostre
Seigneur, y prennent vne merueilleuse consolation. Dont, Monsieur, pourautant que non seulement estes du nombre, mais aussi chef & general de ce grand ordre des Chartreux, dont la pieté
& admirable austerité de vie, depuis sa premiere
institution s'est tousiours maintenuë de telle sorte, qu'au lieu que presque toutes choses sont depuis allees, & vont encores tous les iours, en decadence, au contraire il semble que de iour en
iour elle se renforcisse, & deuienne plus fer-
uente, ie puis, & de vous, & de vos semblables, à bon droict dire, ce que sainct Paul disoit aux Thessaloniciens, Mes freres, vous n'e-
stes en tenebres, affin que ce iour là vous attrape
comme vn larron : ains estes tous enfans de lumiere, & fils de Dieu. Receuez donc, s'il
vous plaist, en gré ce petit present, & quoy que
pour vostre regard n'en ayez non plus de besoing, que les riches & opulents ont des petites
miettes des pauures fameliques, toutefois prenez en bonne part cette telle quelle declaration
du desir que i'ay de recognoistre en plus grande
chose, si i'en auois le moyen, la bienueillance,
& les bien-faicts, dont ie vous suis redeuable.

Et sur ce poinct,
Monsieur, apres m'estre bien humblement re-
commandé à vos tresdeuotes prieres, ie supplie le
Createur vous donner la perfection de ses sain-
ctes graces. De sainct Denys en France, le 17.
de Feburier. 1 5 7 6.

Vostre bien humble & affectionné à
vous faire seruice Iacques de
Billy, Abbé de sainct
Michel en l'Her.

IEAN CHATARD, NA-
tif d'Aigueperse, au Liure.

VA va Liure sacré, ne crains poît la carriere.
Ton son est bien plus haut, que celuy de
   ton frere.
Il couloit doucement: mais du son escouteur
N'a esté le Serpent d'vn si doux enchanteur.
Le sommeil est trop grand, dont la France est
   saisie,
Pour penser l'esueiller par douce poësie.
Trop coulant est le son du Luth harmonieux.
Prens moy donc le Cornet, qui est plus furieux.
Aux plaisans argumens suffit bien la Musette:
Mais au grand Iugement est besoin de trom-
   pette.
Ton frere en ses Sonnets estoit comme vn ruis-
   seau,
Qui pour couler trop doux, n'entroit iusque au
   cerueau.
Va donc côme vn torrét, pour esueiller la Frâce,
Portât la peur aux Boucs, aux Brebis l'esperâce.
Tu es semblable à l'Arche, où estoit d'vn costé
La celeste liqueur, qui auoit sustenté
Si long temps au desert le peuple Israëlique:
Et d'autre part estoit la verge Aaronique.
Les Brebis pour leur part la manne au ciel au-
   ront:
Et les Boucs à iamais la verge sentiront.

SONET AV LECTEVR
Chreftien, par A. Sorbin, D. Saincte-foy.

S I la crainte de Dieu eft l'appuy tref-certain
 Qui retient les mortelz en fa grace diuine:
Si elle ne permet à peine vne racine
Du mal germer en haut, ou croiftre en noftre
 fein:
On peut apprendre icy à cognoiftre le gain
 Qui vient de reuerer fa tref-faincte iuftice,
 Forte pour chaftier le miferable vice,
 Iniufte poffeffeur du pauure cœur humain.
Mon François, ton Billy, fans nul repos fe peine
 A t'offrir fes labeurs, d'vne poictrine faine
 Et d'vn cœur genereux trauaille inceffammet.
Embraffe fon defir, & en ton ame emprainte
 Des iugemes de Dieu coferue en toy la crainte,
 Pour viure en bon Chreftien, & mourir fain-
 ctement.

Plus bien que rien.

TRAICTE DV IVGE-

ment de Dieu, propre pour faire conceuoir vne haine de toutes discordes & diuisions, & vne salutaire crainte d'offenser Dieu, par la consideration de ses seueres & espouuentables iugemens à l'endroit de certaines personnes, qui pourroient sembler n'auoir cōmis que bien petites fautes: traduict du Grec de S. Basile le grand en François.

YANT esté par la benignité & misericorde de Dieu, & la grace de no-stre Seigneur Iesus Christ, & l'operation du sainct Esprit, racheté de l'erreur des Gentils, & dés mon commencemét nourry de pere & mere Chrestiens, i'ay dés mon enfance esté instruict chez eux aux lettres sainctes, qui me menoient à la cognoissance de la verité. Depuis estant paruenu en aage viril, & ayant voyagé plusieurs fois en estrange païs, &, comme il est vraysemblable, eu cognoissáce de beaucoup d'affaires,

ie trouuois qu'en toutes les autres arts & scié-
ces à quoy on s'addonnoit, tous generalement
s'accordoient fort bien les vns auec les autres:
au côtraire, en la seule Eglise de Dieu, pour laquelle Iesus Christ est mort, & sur icelle a tres-
abondamment espandu son sainct Esprit, ie y
voyois vne merueilleuse & presque incroyable dissension, tant des vns auec les autres, que
de la plus part d'iceux auec les diuines Escri-
tures:& qui est plus horrible que tout le reste,
les chefs mesmes & prelatz d'icelle estoient en
contention les vns côtre les autres, pour le regard des opinions & articles de la Foy, & se
côportoient tellement au contraire des Commandemens de nostre Saueur Iesus Christ, &
cruellement mettoient en pieces l'Eglise de
Dieu, & troubloient sans aucune pitié sa bergerie, qu'est en eux accomply (si iamais le fut)
ce qui est escrit, Et d'entre vous mesmes s'esle-
ueront des personnes tenans parolesperuerses
affin de tirer derriere eux desdisciples. Voyant
ces choses, & autres semblables, & d'auantage
auecvne grâde perplexité d'esprit recherchant
quel estoit le motif d'vn si grand mal, premierement ie marchois comme en profondes tenebres, & comme en vne balance maintenant
ie pendois d'vn costé, maintenant de l'autre:
tantost vne pensée me tirât à soy par le moyen
d'vne longue & inueterée coustume deshom-
mes, tantost de rechef me repoussant pour raison de la verité que ie recognoissois en l'Escri

Act.20.

ture saincte. Et ayát esté long temps ainsi pas-
sionné à la recherche d'vne telle cause, me vint
en memoire ce qui est couché au liure des Iu-
ges, où l'Escriture recite, que chacun faisoit ce *Iud.21.*
qui estoit droict deuant ses yeux, & pareillement en declare la cause, disant au parauant,
En ces iours là il n'y auoit point de Roy en
Israël. M'estant donc resouuenu de cela, ievins
aussi à considerer en moy mesme, touchát l'e- *Dont vient*
stat des affaires où nous sommes à present, ce *la cause des*
qui paraduenture est terrible & insolent à di- *dissensiös tát*
re, mais neantmoins se trouue tres veritable, *en matiere de*
assauoir si maintenant aussi pour auoir reiecté *religiõ qu'en*
le seul & vray Dieu, & grand Roy de toutes *autres choses.*
choses, cette si grande discorde & contention
n'arriue pas en l'Eglise : chacun se retirant de
la doctrine & enseignemét de nostre Seigneur
IesusChrist, & s'authorizant iusques là, que de
quereller pour maintenir certaines proposi-
tions & doctrines particulieres , & aimant
mieux auoir la preeminence & superiorité au
party contraire à nostre Seigneur, que non
point luy obeïr & se rédre suiect à luy. Ayát
pensé cecy en moy mesme, & estant tout estó-
né pour la grandeur de cette impieté, & dis-
courát encore de plus en plus sur vne telle recherche, neantmoins ie me resolu tousiours à
ce poinct, mesme par la consideration des affaires mondaines, que la cause susdicte estoit
veritable. Car comme ie voyois que tout vn
peuple autant de temps se maintenoit en bon

ordre & cõcorde, que tous d'vn commun accord obeïſſoient à vn certain Prince : ainſi au
contraire ie trouuois que toute diſcorde & di-
uiſion, voire la dominatiõ cõfuſe de pluſieurs
enſemble, ne procedoit d'autre choſe que de
ne vouloir ſe ranger ſouz l'obeïſſance de perſonne. Meſme i'ay veu autrefois vn grand a-
mas de mouſches à miel, ſuyuant par certaine
loy naturelle leur Capitaine, & marchant en
belle ordonnance apres leur Roy. Et m'ont
paſſé pluſieurs ſemblables choſes par les yeux,
& pluſieurs auſſi par les oreilles. Et en ſçauét
encore d'auantage ceux qui ſont verſez en cela : De façon que de cecy paroiſtra veritable ce
que ie dis. Car ſi le propre de ceux qui regar-
dét d'obeïr à vn ſeul chef, & ne recognoiſſent
qu'vn Roy, eſt de viure auec vn bon ordre &
concorde, certainement au contraire tout de-
bat & diſſenſiõ eſt vn ſigne qu'il n'y a perſonne qui tienne la principauté. Et par ainſi cette
ſi grande diſſenſion qui ſe trouue, tant à l'encontre des Cõmandemens du Seigneur Dieu,
que des vns aux autres, eſt vn argument, ou de
l'eſloignement du vray Roy, ſuyuant ce qui eſt
eſcrit, Seulement celuy qui retient à preſent,
retiéne, iuſques à ce qu'il ſoit mis hors, ou bien
du renoncement d'iceluy, ſelon ce qui eſt eſcrit ailleurs, Le fol a dict en ſon cœur, il n'y a
point de Dieu. De quoy comme vn certain
ſignal & preuue, il adiouſte par-apres, Ils ont
eſté corrompuz & renduz abhominables en

2.Theſſ.2.

Pſal.52.

leurs eftudes & exercices. Car en ceft endroit
le Prophete a monftré la mefchanceté qui ap- *La mefchan-*
paroiffoit, comme vne certaine marque d'vne *ceté apparête*
telle impieté qui eftoit cachée au fond de l'a- *eft argument*
de l'impieté
me. Auquel propos auffi le bien-heureux Apo *cachée.*
ftre fainct Paul incitant auec plus grande ve- *Rom.1.*
hemence à la crainte des iugemens de Dieu
ceux qui n'ont point perdu le iugement, dict,
que ceux qui n'ont tenu cópte de la vraye cognoiffance de Dieu, reçoiuent au lieu de fup-
plice cette condemnation. Car voicy fes propos : Et comme ils n'ont trouué bon d'auoir
Dieu en cognoiffance, Dieu pareillement les a
liurez en fens reprouué, pour faire chofes qui
ne font conuenables, eftans rempliz de toute
iniuftice, iniquité, auarice, mefchanceté, pleins
d'enuie : & ce qui fenfuit. Et me femble que
l'Apoftre n'a point cogneu de foy mefme ce
iugement (attendu qu'il auoit en foy Iefus- *2.Cor.13.*
Chrift parlant) ains qu'il a efté conduict à cela
par ce propos, où il dict, que pour cette caufe *Matt.13.*
il parle à la tourbe en paraboles, affin qu'ils
n'entendent les diuins myfteres de l'Euangile, d'autant qu'au precedent ils ont fermé leurs
yeux, & ont durement ouy de leurs oreilles, &
efpeffy leur cœur fol : affin que au lieu de fup-
plice & de tourment ils fouffrent vn aueuglement en chofes de plus grande confequence,
pour auoir au preallable fermé les yeux de
leurs ames, & feftre aueuglez & plógez en tenebres. Ce que Dauid craignant qu'il ne luy

Pſal.12.

arriuaſt, diſoit, Illumine mes yeux, de peur que
ie ne m'endorme à la mort. De cecy donc, &
ſemblables choſes, ie reputois en moy meſme

*Dont vien-
nent les pe-
chez.*

eſtre tout clair & apparent, que generalement
les vicieuſes affections ne procedent que par
faute de cognoiſtre Dieu, ou bien de ne le cognoiſtre comme il appartiét: & de rechef par-
ticulierement la diſſenſion que pluſieurs ont
les vns auec les autres, ne vient d'autre part, ſinon pour nous eſtre renduz indignes du regi-
me & gouuernement de Dieu. Que ſi quelquefois ie propoſois en moy meſme de conſiderer ce gére de vie, il ne m'eſtoit pas poſſible
de meſurer la grandeur d'vne telle ſtupidité,
ou beſtiſe, ou fureur, ou ie neſçay de quel nom
ie dois vſer, tant cette meſchanceté eſt exor-
bitante. Car ſi nous trouuons la concorde mutuelle tellement eſtre entretenuë, meſme entre
les beſtes brutes, à raiſon de l'obeïſſance que
elles portét à leur chef, que dirons nous, eſtans
trouuez en telle diſſenſió les vns auec les autres, & ſi grande repugnance aux Cómande-
mens de Dieu ? Quoy ? Ne penſons nous
point, que cóme toutes ces choſes nous ſont
maintenant propoſées par ce bon Dieu pour
noſtre enſeignement, & pour exciter en nous
vne erubeſcence, ainſi au grád & terrible iour
du iugement par luy meſme nous ſeront propoſées à la confuſion & condemnation de
ceux, qui n'auront faict leur profit de telle in-
ſtruction ? attendu que luy meſme a dict , &

dict encore touſiours , Le bœuf a cogneu ſon *Eſa.1.*
poſſeſſeur,& l'aſne la creſche de ſon ſeigneur;
mais Iſraël ne m'a point cogneu, & mon peuple ne m'a point entendu: & pluſieurs autres
ſemblables paroles. Et en pareil cas ce qui a e-
ſté dict par l'Apoſtre, Si vn membre ſouffre, *1.Cor.2.*
tous les autres membres ſouffrent enſemble:ſi
vn membre eſt honoré, tous les membres pareillement ſe reſiouiſſent. Et de rechef, Affin *1.Cor.12.*
qu'il n'y ait point de ſchiſme au corps,ainſque
les membres ayent vne meſme ſolicitude les
vns pour les autres,côme eſtans pouſſez d'vne
meſme ame habitant en eux,pour quelle cauſe
a il eſté ainſi ordonné ? Certainement, ſelon
mon iugement , c'eſt affin qu'vn tel ordre &
conuenance ſe conſerue.Combien donc pluſtoſt ſe doit cecy prattiquer en l'Egliſe deDieu,
de laquelle il eſt dict , Vous eſtes le corps de
Ieſus Chriſt,& membres de membre:d'autant
qu'vn ſeul vray chef , c'eſt à dire Ieſus Chriſt,
lie & aſſemble chaſque membre à vn autre par
le moyen de concorde ? Et partant ceux qui *Les amateurs*
ne gardent la concorde, ne le lien de paix, ne *de debats ne*
la douceur & clemece en l'eſprit, ains au con- *ſe peuuet dire*
traire ont debats & contentions & enuies les *membres de*
vns contre les autres, ce ſeroit veritablement *Ieſus Chriſt.*
vne grande temerité de les appeller membres
de Ieſus Chriſt, ou les dire eſtre regiz par iceluy. Au côtraire ce ſeroit le faict d'vne perſonne ſimple & ouuerte, de dire librement que
l'affection de la chair y tient la domination &

principauté: selon ce que dict l'Apostre, parlant ainsi resolument : Celuy à qui vous vous representez serfs en obedience, à iceluy consequemment estes vous serfs, d'autant que luy obeïssez . Et autre part declare ouuertement quelles sont les proprietez d'vne telle affectió, disant, Veu qu'entre vous y a enuie, contétion & diuision, n'estes vous pas charnels? Et monstre ensemblément, cóme par maniere de certain arrest, combien l'effect en est dangereux, & qu'il n'y a nul commerce ny accointáce entre tel vice & la pieté, disant, L'affection de la chair est inimitié enuers Dieu : car elle ne s'assuiectist point à la loy de Dieu. Aussi ne le peut elle faire.   Car comme dict nostre Seigneur, Nul ne peut seruir à deux maistres. D'auantage, veu que mesme le fils vnique de Dieu nostre Seigneur & Dieu Iesus Christ, par lequel toutes choses ont esté faictes, crie tout haut, Ie suis descendu du ciel, non affin que ie face ma volonté, mais la volonté de mon Pere qui m'a enuoyé : & de rechef, De moy mesme ie ne fais rien: & encore en vn autre endroit, I'ay receu commandement de ce que i'ay à dire, & quels propos ie doy tenir: & semblablement le sainct Esprit, combien que ce soit luy qui depart les grandes & admirables graces, & qui opere toutes choses en tous, toutesfois il ne dit rié de soymesme, ains tout ce qu'il a entédu de nostre Seigneur: cóment n'est il beaucoup plus necessaire, que l'Eglise de Dieu s'e-

Rom. 6.

1. Cor. 3.

Rom. 8.

Mat. 6.

Ioan. 6.

Ioan. 12.

Ioan. 16.

ſtudiant de garder l'vnité d'eſprit au lien de *Eph.4.*
paix, accompliſſe ce qui eſt dit aux Actes des
Apoſtres, De la multitude de ceux qui auoient *Act.4.*
receu la foy, eſtoit le cœur & l'ame vne, de façon que nul d'étre eux n'eſtabliſſoit ſa propre
volonté, ains tous en general cherchoient en
vn ſainct Eſprit la volôté du ſeul Seigneur Ieſus Chriſt, qui auoit dit, Ie ſuis deſcendu du *Ioan.6.*
ciel, non à ce que ie face ma volôté, mais la volonté de mon Pere, qui m'a enuoyé. Auquel
addreſſant ſa parole, il tenoit vn tel propos :
Non ſeulemét ie prie pour ceux cy, mais auſſi *Ioan.17.*
pour ceux qui par le moyen de leurs paroles
croiront en moy : affin que tous ſoient vn. De
cecy & de pluſieurs autres textes que ie paſſe
ſouz ſilence, eſtant apertement & indubita-
blement acertené, que neceſſaire eſt la côcorde
& vnion de toute l'Egliſe enſemble ſelô la volonté de Ieſus Chriſt au ſainct Eſprit, & au côtraire que c'eſt vne choſe perilleuſe & perni-
cieuſe de deſobeïr à Dieu, en ayant diſſenſion
les vns auec les autres (car celuy, dit il, qui deſ-
obeïſt au Fils, ne verra la vie, ains le courroux *Ioan.3.*
de Dieu demeurera ſur luy) il m'a ſemblé eſtre
conſecutif d'examiner puis apres quels genres
de pechez ce ſont, qui peuuét obtenir pardon
de Dieu : & de rechef quels & combien grâds
pechez faut qu'vn homme ait commis , pour
eſtre coulpable du crime d'inobediéce. Donc,
prenât en main les Eſcritures ſainctes, ie trou- *En quoy con-*
ue tant au vieil qu'au nouueau Teſtament, que *ſiſte l'inobe-*
                                                   dience.

ce n’eſt ny en la multitude des pechez, ny en la grandeur & grauité d’iceux, ains en la ſeule tranſgreſſion de quelque Commandemét que ce ſoit, que l’hóme eſt códemné d’inobedience à l’endroit de Dieu, & que ceſte códemnation eſt commune & generale contre toute choſe, en quoy Dieu n’eſt obey.   Ce qui ſe voit au vieil Teſtamét, en liſant cette terrible fin d’Acham, ou bien l’hiſtoire de celuy, qui auóit amaſſé du bois au iour du Sabbat: dont l’vn & l’autre ne ſe treuuent au precedent auoir oncques offenſé ne Dieu ne les hommes, ſoit peu ſoit grand. Et neantmoins l’vn deux, pour vne ſeule & premiere fois qu’il auoit amaſſé du bois, fut puny ſans aucune remiſſion, ne luy eſtant meſme dónné loiſir de faire penitence.   Car par l’expres commandement de Dieu il fut ſur le champ lapidé par tout le peuple. Et quant à l’autre, pour auoir ſeulemét deſrobbé quelque choſe des Anatheſmes, qui n’eſtoient encor’ apportez à l’aſſemblée, & que meſme ceux qui auóiét charge de telle choſe, n’attendoient aucunement, fut cauſe de ruïne & perdition, non ſeulemét à ſoy, mais auſſi à ſa femme & ſes enfans, voire iuſques à ſon pauillon, & tous ſes biens entierement.   Meſme le mal d’vn tel peché alloit ja comme vne certaine flamme eñuahir tout le peuple, & ce nonobſtant qu’il ne ſceuſt rien de ce qui ſ’eſtoit paſſé, & ne fuſt aucunement coulpable ne conſentant du crime, ſi ſoudainement par la mort

de ceux qui auoient esté puniz, il ne fust venu
à contrition, cognoissant l'ire de Dieu, & Iosué ne se fust ietté à terre auec les Seigneurs,
& eust espars de la pouldre, & par tel moyen
ayãt esté le malfaicteur descouuert par le sort,
eust receu la punitiõ q̃ dessus. Mais peut estre
dira quelqu'vn, qu'il est bien à coniecturer que
ceux cy auoient cõmis d'autres pechez, & qu'à
l'occasion de cela, ils furent icy surpris : mais
que l'Escriture saincte ne faict seulemẽt mention que de ceux cy, cõme estãs les plus griefs,
& dignes de mort. A cecy ie respons, que c'est
vne grande temerité à celuy qui tient tel propos, de vouloir adiouster & soustraire quelque
chose à l'Escriture saincte. Mais quand bien la
chose iroit ainsi, quoy? voudra il pareillement
taxer de grande multitude de pechez Marie
sœur de Moyse, la vertu de laquelle ie ne pense estre incõgnuë à nul des Chrestiens ? Et neantmoins aussi tost qu'elle eut seulement dit
vn petit mot par maniere de reprehension à
l'encontre de Moyse, & ce conformément à la
verité (car, dit elle, il a prins en mariage vne féme d'Ethiopie) elle feit vne telle preuue de
l'indignatiõ de Dieu, que mesmes la priere de
Moyse n'eut tant de pouuoir, que de luy remettre la peine d'vn tel peché. Et quãt à Moyse mesme, ce grand personnage & seruiteur
de Dieu, & dont il auoit tant receu d'honneur
& de tesmoignages, iusques à oüyr ces paroles, Ie te cognois sur tous, & tu as trouué grace

Num. 12.
Autre exẽple de l'ire de
Dieu contre
les pecheurs.

Exemple de
la mesme cho
se sur Moyse.
Exod. 33.

deuant mes yeux, le voyant à l'eau de contradiction, non pour aucune autre cause, sinon
pour auoir seulement tenu ce langage au peuple qui murmuroit pour faute d'eau, Quoy?
vous tirerons nous de l'eau de ce roc? soudain
la menace luy fut faicte, qu'il n'entreroit en la
terre de promission, qui estoit lors le sommet
de toutes les promesses qui estoiét faictes aux
Iuifs. Voyant donc vn tel personnage en vain
dressant prieres à Dieu pour obtenir pardon
de cette faute, le voyant dy ie, nonobstant tát
de vertuz qui estoient en luy, pour cette seulè
petite parole estre excluz de pardon, certainement en cela ie cognois la seuerité de Dieu, affin que i'vse du terme de l'Apostre. Certainement ie me persuade cette parole estre veritá-
ble, Si le iuste à grand peine est sauué, où pa-
roistra le meschant & pecheur? Mais pourquoy tiens ie vn tel propos? Quand i'escoute
cette terrible sentence de Dieu, laquelle il pro-
nonce côtre celuy qui a seulement transgressé
par ignorance vn Commandement, ie ne puis
assez redouter la grádeur de l'ire de Dieu. Car
il est escrit: Et l'ame qui a peché, & faict côtre
vn de tous les Commandemens, & n'a eu cognoissance, & a offensé & commis peché, elle
portera vn mouton sans macule à pris d'argét
au sacrificateur : & le sacrificateur priera pour
luy, & pour l'ignorance en laquelle il est tombé, & luy sera remise ceste offense, car il a offensé deuant moy. Que si le iugement est si se-

Num. 21.

Rom. 11.

1. Pet. 4.

Leuit. 5.

uere contre les offenſes commiſes par ignorãce,qu'il eſt neceſſaire d'en offrir ſacrifice pour
l'expiation(comme meſme l'Eſcriture teſmoi-
gne du iuſte Iob,qui ſouloit offrir pour ſes en- *Iob.1.*
fans) que pourrons nous dire de ceux qui pechent ſciemment , & ſe delectent & repoſent
en leurs pechez ? Et affin que ne ſembliõs ſeulement colliger par coniectures vrayſembla-
bles le courroux & indignatiõ de Dieu à l'en-
côtre de telles gens,il eſt requis de rechef mettre en auant l'Eſcriture ſaincte,laquelle eſt ſuf-
fiſante pour le preſent,voire par le recit d'vne
ſeule hiſtoire,nous repreſenter deuãt les yeux
la condemnation de telles perſonnes . Et
les enfans du grand preſtre Hely , enfans meſ- *1.Reg.2.*
chans & pernicieux. Or d'autant que ſe com-
portans ſi meſchamment,il ne les chaſtia aſſez
ſeuerement , à cette occaſion il eſmeut la cle- *1.Reg.4.*
mence diuine à tel courroux , que ſ'eſtans les
Philiſtins eſleuez contre les Iſraëlites , les enfans d'iceluy en vn meſme iour furent occiz
en bataille,& tout le peuple vaincu , & grand
nombre taillé en pieces . Et d'auantage arriua
à la ſaincte Arche de l'alliance de Dieu ce que
iamais on n'auoit oüy au parauant : de façon
que au lieu qu'il n'eſtoit licite, voire aux Iſraëlites,ny meſmes à tous les preſtres , de la toucher,ny en tout temps , ny de la colloquer in-
differément en tout lieu, lors au contraire elle
eſtoit par les mains des meſchans & eſloignez
de la vraye religion tranſportée de lieu en au-

tre, & au lieu du Sanctuaire où on la souloit mettre, elle estoit posée au temple des Idoles. A l'occasion de quoy il est aisé à iuger, cóbien en arriuoit de risée & moquerie, voire au nom mesme de Dieu, enuers les Philistins. Et d'auátage il est escrit, que Hely mourut miserablement, ayant au preallable receu cette menace, que sa semence seroit desbutee de la dignité sacerdotale : comme de faict il aduint . Voila ce qui arriua au peuple , & ce que souffrit le pere pour le peché de ses enfans: cóbien qu'au demeurant il n'eust esté taxé, ny iamais accusé touchant sa propre vie, & mesme quant à ses enfans il n'eust cóniué à leurs fautes, ains souuentesfois les eust admonnesté de n'y perseuerer , disant : Non non, mes enfans, non : le bruit que i'entens de vous, n'est bon ny hóneste. Et encor pour exaggerer le peché, & les estonner d'auantage , il leur mettoit deuant les yeux la grádeur du peril. Car, dit il, si vn homme peche contre vn homme, on pourra bien prier pour luy enuers le Seigneur Dieu : mais s'il peche contre Dieu, qui pourra faire prieres pour luy ? Et neantmoins, d'autant que, comme i'ay dit cy deuant, il ne monstra vn tel zele qu'il appartenoit à l'encontre d'eux , arriua ce que dessus. Voila ce que ie trouue au vieil Testament quant au iugement & condemnation de toute sorte de desobeïssance au Commandement de Dieu. De rechef quand ie viens au nouueau, où nostre Seigneur Iesus Christ, bien

qu'il ne laiſſe aller ſans punitió les fautes meſmes qui ſont commiſes par ignorance, toutesfois il vſe de plus grande menace contre celles
qui ſont faictes ſciemment, diſant, Le ſeruiteur *Luc.12.*
qui aura cogneu la volonté de ſon ſeigneur, &
qui ne ſe ſera appareillé ny fait la volonté d'i-
celuy, ſera fort battu: d'autre part celuy qui ne
l'aura cognuë, & qui aura cõmis fautes dignes
de chaſtiment, ſera moins battu: quãd ie trouue telles ſentences du Fils vnique de Dieu, &
telles indignations des ſaincts Apoſtres à l'encontre des pecheurs, & ſi grandes & rigoureu-
ſes punitions de ceux qui n'auoient commis
qu'vn peché, tãt leger que ce fuſt, certes en cela
ie recognois vne autãt grande, voire plus grande ſeuerité du iugement, que celle du vieil Teſtament, cy deuant mentionnée. Et de fait, celuy à qui on a plus commis de choſes en char- *Luc.12.*
ge, plus auſſi luy demandera lon. Pour exemple de quoy, ſainct Paul monſtrãt tout enſemble l'auctorité de ſa vocation, & ſon indignation contre toute maniere de pechez, tient vn
tel propos: Les armes de noſtre guerre ne ſont *2.Cor.10.*
charnelles, ains ſpirituelles, puiſſantes à Dieu
pour demolir les forchereſſes, & deſtruiſans les
penſées & toute hauteur qui ſeſleue contre la
cognoiſſance de Dieu, & reduiſans en captiuité toutes cogitations à l'obeïſſance de Ieſus
Chriſt : & d'auantage eſtans preſts de venger
toute deſobeïſſance. Auquel endroit à quiconque voudra diligément peſer & eſplucher

chasque de ces paroles, il est aisé de cognoistre l'intention de l'Escriture saincte: laquelle
ne nous permet de nous laisser seduire par
fausses opiniõs, & laisser tomber nos ames au
precipice de peché, pour nous persuader qu'il
y ait certains pechez, dont vengeance soit faicte, & d'autres de rechef, dont on n'encoure
nulle punition. Car que dit il? Destruisans les
pensées & toute hauteur qui s'esleue contre la
cognoissance de Dieu? de façõ que toute sorte
de peché, à l'occasion du mespris qui se com-
met contre le Commandement de Dieu, est
appellée hauteur s'esleuant contre la cognoissance de Dieu. Ce que aussi plus clairement est
declaré au liure des Nombres. Car apres que

Dieu eut faict vn denombrement des pechez
non volontaires, & ordonné les sacrifices qu'il
falloit offrir à raison d'iceux, voulant puis a-
pres aussi ordõner selon qu'il estoit requis des
volontaires, commence en cette maniere: Et
l'ame qui aura en main faict superbeté. Auquel lieu par la main de superbeté il entend
l'audace & temerité de ceux qui pechent volontairement. ce que l'Apostre appelle hauteur s'esleuant cõtre la cognoissance de Dieu.
L'ame donc, dit il, qui aura faict en main superbeté, soit de ceux qui sont natifs du pays,
soit des estrangers, qui ont embrassé le Iudaïsme, par tel moyen prouoque Dieu à courroux, & sera cette ame exterminée du milieu
de son peuple, d'autant qu'elle a mesprisé la
parole

parole du Seigneur,& diſſipé ſes Commande-
mens.Cette ame là ſera du tout briſée:ſon peché ſera en elle. Auquel paſſage il faut obſer-
uer,que ſi cette ame là n'eſt du tout briſée,ſon
peché ne ſera point en elle ſeulemét,mais auſſi
ſur ceux qui n'auront faict paroiſtre vn bon &
ſainct zele pour la punition du malfaict,cóme
il eſt eſcrit en pluſieurs lieux, & ſouuentesfois
auſſi a eſté praticqué.Et affin que par les moin
dres fautes nous appreniós combien eſt choſe terrible de tomber aux plus grandes, regar-
dós au Deuteronome, quelle a eſté l'indignation de Dieu à l'encontre de ceux qui ſe ſont
monſtrez deſobeïſſans au grand Sacrificateur
ou au Iuge.Dict donc l'Eſcriture, Et l'homme
qui aura faict en ſa main ſuperbeté , en refu-
ſant d'obeïr au Preſtre qui aſſiſte pour ſacrifier
au nom du Seigneur Dieu,ou du Iuge qui ſera
en ce temps là,cet homme ſera mis à mort, &
tu oſteras ce meſchant d'Iſraël : & tout le peuple entendant cela,cóceura crainte, & deſiſte-
ra de cómettre impieté. Dict apres l'Apoſtre,
Reduiſans en captiuité toutes cogitatiós à l'o-
beïſſance de Ieſus Chriſt. Il ne dict point cette cy,ou cette là: mais toutes en general. Et e-
ſtans preſts de venger. Icy de rechef il ne dict
point cette cy ou cette là : mais generalement
toute deſobeïſſance. Et partant la meſchante
couſtume nous a grandemét deceuz,& la peruerſe tradition des hommes nous a eſté cauſe
de gráds maux , en ce que elle reiette bien cer-

*Noſtre meſ-
chante cou-
ſtume trahiſt
noz ames.*

B

tains pechez, mais quant aux autres, indifferé-
ment elle les embrasse : & faict bien semblant
de se courroucer griefuement contre certaine
espece de fautes, comme contre le meurtre &
l'adultere & semblables crimes, mais quât aux
autres , elle ne les iuge dignes mesme d'vne
simple reprehension, comme le courroux, les
outrages de paroles, l'yurongnerie, l'auarice, &
autres de mesme sorte. Côtre tous lesquels tou
tesfois sainct Paul, parlant en Iesus Christ, ailleurs en a prononcé mesme sentence, disant:
Ceux qui font telles choses , font dignes de
mort. Or où toute hauteur s'esleuant contre la
cognoissance de Dieu est demolie, & toute
pensée est reduicte en captiuité à l'obeissance
de Iesus Christ, & pareillemét est exercée vengeance contre toute inobedience, là rien n'est
laissé sans estre demoly & receuoir punition,
rien ne demeure hors de l'obeissance de Iesus
Christ. Car l'Apostre sainct Paul a môstré, que
en toute desobeissance gisoit vne commune
& tresgrande impieté, tenant vn tel langage:
Toy q̃ te glorifies en la Loy, tu mesprises Dieu
par la transgression de la Loy. Mais quoy? Ne
font ce que paroles simples que cecy , & non
point effect? Non, nô. Car voicy en Corinthe,
celuy qui entretenoit la femme de son pere,
n'estant accusé d'autre forfaict que de cettuy-
cy, non seulemét est liuré à Satan en perdition
de la chair, iusques à ce q̃ par fruicts dignes de
penitence il eust corrigé ses fautes: mais aussi

Rom. 1.

Rom. 2.

1. Cor 4.

toute l'Eglise entierement , pour n'auoir faict
punition d'vn tel peché , fut accusée en cette
maniere par l'Apostre: Que voulez vous? Que
ie vienne à vous auec la verge. Et peu apres :
Et vous estes enflez, & n'auez pas plustost mené dueil , affin que fust osté du milieu de vous
celuy qui auoit faict cet acte ? Que diray ie de
Ananias, dót il est faict métion aux Actes des *Act. 5.*
Apostres? Quel autre mal trouue l'on qu'il ait
faict que cettuy là? Et en quoy semble vne tel- *Exemple de*
le faute digne de si grand courroux ? Ayát vé- *la seuerité du*
du son propre heritage , il en apporta l'argent *iugement de*
& le posa aux piedz des Apostres, en ayát sou- *Dieu sur*
straict quelque chose du pris de la vendition. *Ananias.*
Et à l'occasion de cela, tout à la mesme heure
il fut auec sa femme condamné à mort, ne luy
ayant esté faicte cette grace d'entendre paroles aucunes de penitence touchant ce peché,
ny donné le loisir de conceuoir en son cœur
compunction, ny terme de se repentir. Et quát
au ministre d'vn tel & si espouuentable iugement, & executeur d'vne telle indignation de
Dieu à l'encontre du delinquant , sçauoir est
sainct Pierre, lequel auoit esté prepose à tous *Exemple de*
les Apostres, & receu plus illustre tesmoigna- *la mesmecho-*
ge que tous les autres disciples , & que le Fils *se sur sainct*
de Dieu auoit prononcé estre bienheureux, & *Matt. 16.*
luy auoit commis les clefs du royaume des
cieux, quand il vint à entendre de nostre Sei- *Ioan 13.*
gneur cette parole, Si ie ne te laue, tu n'auras
part auec moy : y a il cœur si pierreux , que la

crainte & tremeur des iugemens de Dieu ne
flechiſſe ? attendu qu'en cela il n'auoit mõſtré
apparence de peché, ny de conténement, ains
au contraire vſé de merueilleux honneur à
l'endroit de ſon maiſtre, & monſtré vne reuerence conuenable à vn ſeruiteur & diſciple.
Car ayant veu ſon Dieu, & de tous en general
ſon ſeigneur & roy, & maiſtre, & precepteur,
& ſauueur, & bref qui eſtoit toutes choſes, ſe
ceindre d'vne ſeruiette en mode de ſeruiteur,
& vouloir luy lauer les piedz, ſoudain cõme
recognoiſsãt ſon indignité, & admirãt infinie-
ment la dignité de celuy qui venoit à luy, ſeſ-
cria, Seigneur, tu me laues les piedz. Et de rechef, Tu ne me laueras iamais les piedz. A raiſon de quoy il receut vne telle menace, que ſi
de rechef, cognoiſſant la verité des paroles de
noſtre Seigneur, il ne ſe fuſt haſté de corriger
par obeïſſance cette contradiction, ny toutes
ſes precedentes vertuz, ny les beatitudes que
noſtre Seigneur luy auoit données, ny les benefices & promeſſes qu'il luy auoit faictes,
ny meſme la reuelation du bon plaiſir du Pere à l'ẽdroit de ſon Fils vnique, n'euſt eſté ſuf-
fiſante pour luy obtenir pardon d'vne telle
deſobeïſſance. Mais ſi i'entreprens de racom-
pter tout ce que ie trouue tant au vieil qu'au
nouueau Teſtament, le temps peut eſtre me
defaudra. Et quand ie viens aux paroles de noſtre Seigneur Ieſus Chriſt, lors qu'il doit venir
pour iuger les vifs & les morts, & qui ont plus

de foy à l'endroit de tous fideles que toute
histoire & tout argument que l'on pourroit a-
mener, ie trouue en icelles vne merueilleuse
necessité, qui nous est enioincte, d'obeïr à Dieu
en toutes choses, & au côtraire qu'il n'y a chose aucune, où soit pardonnée la desobeïssance
à ceux qui n'en aurôt faict penitence: si ce n'est
que quelqu'vn soit encor' de nouucau si te-
meraire, que voire seulement penser quelque
chose contre si ouuerte & si claire sentence, &
tant absoluë. Car le ciel, dit-il, & la terre passe-   *Mat. 24.*
ront : mais mes paroles ne passeront point. Il
n'y a point icy de difference, il n'y a point de
distinction, il n'y a rien d'excepté. Il n'a point
dict, Ces paroles icy, ou celles là, ains, mes paroles, c'est assauoir toutes vniuersellement, ne
passeront point. Car il est escrit, que le Sei-   *Psal. 144.*
gneur est certain & veritable en toutes ses paroles, soit qu'il defende quelque chose, soit
qu'il commande, soit qu'il promette, soit qu'il
menace, soit en quelque actiô des choses prohibées, soit en quelque omission des commandées. Car que egalement soit exercée punition, tant pour l'operation des mauuaises œuures, que pour l'omission des bonnes, pour en
donner vne certaine preuue, au moins à vne a-
me non du tout infidele, le iugement qu'auôs
au precedét amené de sainct Pierre, estoit bien
assez suffisant: lequel n'ayât rien faict de ce qui
estoit defendu, ny de rechef rien obmis de ce
qui estoit commandé (ce qui argüe vne negli-

gence, ou contemnement de l’ometteur) ains
feulement ayant faict difficulté de receuoir le
feruice & l’honneur que fon maiftre luy fai-
foit, receut à cette occafion vne fi grande me-
nace:laquelle encor n’euft il aucunement eui-
tée, fi, comme nous auons dit au parauant, il
n’euft preuenu l’indignatiõ de noftreSeigneur
par la foudaineté de fa correction. Mais d’autant qu’il a pleu à ce bon Dieu & mifericor-
dieux, & plein de douceur & longanimité en
noftre endroit, nous monftrer fouuétesfois&
par plufieurs manieres la mefme chofe, affin
que l’ame baignée & comme forcée par con-
tinuels enfeignemens puiffe à la parfin reietter
au loing fon inueterée accouftumáce de def-
obeïr à Dieu, il eft pour le prefent feulement
requis de nous fouuenir de ceux, qui en ce
grand & terrible iour du iugement affifteront
à la gauche de noftre feigneur Iefus Chrift,
aufquels dira celuy qui a receu de fon pere
toute puifsáce de iuger,& qui doit venir pour
efclarcir les chofes cachées des tenebres, &
defcouurir les confeils des cœurs, Allez arriere de moy maudictz au feu eternel, qui a efté
preparé au diable & à fes anges. Et amenant
puis apres la caufe:Nõ,dit-il,pour ce que vous
ayez commis meurtre, ou acte de paillardife,
ou mety,ou faict tort à quelqu’vn,ou faict autre chofe defendue, tant petite qu’elle foit.
Mais quoy?Par ce que n’auez tenu compte de
faire bonnes œuures.Car i’ay eu faim,& vous

1.Cor.4.
Mat.25.

ne m'auez point dóné à mãger. I'ay eu soif: & vous ne m'auez point dóné à boire. I'ay esté estranger: & vous ne m'auez recueilly. I'ay esté nud : & vous ne m'auez point vestu . I'ay esté malade, & en prison : & vous ne m'auez point visité . Ces choses & autres semblables nous doiuent bien esmouuoir à nous retirer de la coustume qu'auons eu de suyure nos propres volótez, & de cheminer seló l'Euangile de nostre seigneur Iesus Christ, & de mener vne vie qui luy soit plaisante & aggreable, en nous retirans soigneusement de toutes choses prohibées & defenduës, & executant diligemment celles qui sont commandées: à ce que au futur siecle d'immortalité nous puissiós fuir l'ire qui doit tomber sur les enfans d'inobedience , & estre trouuez dignes de la vie eternelle & du royaume celeste, qui a esté promis par nostre seigneur Iesus Christ à tous ceux qui gardent son alliance, & se souuiennent d'obseruer ses Commandemens.

F I N.

B iiij

DV DERNIER
IVGEMENT.
Liure premier.

L'ARGVMENT.

Au commencement de ce liure est faicte vne
sommaire description des vices & heresies
qui doiuent courir à la fin du monde. Puis
est traicté de la venuë de l'Antechrist, de ses
mœurs, & de la cruauté qu'il doit exercer
contre les vrays membres de Iesus Christ :
pareillement de la resistance que luy feront
Enoch & Elie, & de leur fin. En apres est
couchée par escrit la calamité que souffrira
l'Eglise. Finablement Dieu le Pere, pour l'a-
mour de ses Eleuz abbregeant le cours du
monde, enuoye son Fils en terre pour iuger
les humains.

Riste, & d'aspre douleur
ayant le cœur serré,
Pour les maux que l'on
voit en ce siecle ferré,
Vn soir ie m'endormy pour
charmer le malaise,
Qui ma chair & mes oz cõsumoit cõme braise.

Mais las, en tel sommeil, où plongé ie m'estois,
Pour adoucir l'aigreur du mal que ie sentois,
En peine me trouuay si dure & si piquante,
Que le penser encor' à present me tourmente,
Me faict dresser le poil, & trembler de frayeur.
Car estre il me sembloit en ce iour de rigueur,
Lors que viendra des cieux en royale apparence
Iesus Christ pour donner à chacun sa sentence.
O Dieu, quelle terreur, & quel estonnement
Aura ce iour dernier, puis qu'en tel tremblement
Soudain me suis trouué, n'en voyāt que l'image,
Qui me vint en dormant au deuant du visage!
Et de peur qu'aux humains ie ne semble forger
De trop vaines frayeurs, & dans moy les loger,
Ie veux compter mon songe. Et pleust à Dieu
*   que i'eusse*
Vne si forte voix, qu'auec elle ie peusse
Parlant d'vn lieu bien haut, aux oreilles entrer
De tous les fils d'Adam, & les cœurs penetrer:
Affin que redoutans d'vn tel iour la furie,
Ils tinssent le chemin qui du droict ne varie.
Et toy, fils eternel du Dieu, dont la grandeur
S'estend par l'vniuers, aspire à mon labeur.
Car c'est toy que ie chante, & qu'icy me propose
Pour matiere & suiect, au vers que ie compose.

*   Ia le vice croissant de iour en iour, estoit*   Descriptiō
En vn degré si haut, que rien ne luy restoit,   de l'estat du
                                                    mõde tirāt

sur safin: où
tacitement
est descrit
l'estat de
maintenãt.

Qu'il ne fust en estat si triste & si damnable,
Que nul esprit forger n'ë pourroit de semblable,
S'estãs tous les pechez de tous siecles conioincts,
Pour en faire vn enorme & meschant de tous
    poincts.

Car de l'amour diuin, qui au mal remedie,
Estant presque en tous lieux la flamme refroidie,
Tout monstre de peché sur la terre abondoit.
L'orgueil estoit si grand, que chacun demandoit
Tenir le premier lieu d'honneur & de puissance.
De parens honorer, ou le vieillard cassé,
L'euesque ou le pasteur, le temps estoit passé.
Si grande estoit la haine, & du feu de discorde
Tel estoit le brasier, que sans misericorde
Chacun à tous propos venoit à denigrer
Et blasmer son prochain, le battre & massacrer,
Ou le liurer à mort par fausse calomnie.
L'auarice causoit aux cœurs telle manie,
Que plus croissoiët les biens, plus croissoit le desir
D'en auoir d'auantage, & le riche saisir
Nullement ne doutoit par force & violence,
Du foiblet orphelin l'auoir & la substance.
Tout son plaisir estoit tous les iours d'acquester,

Esai.5.

Comme si seul en terre il deuoit habiter.
Mesme estoit si hardy, si fol, que d'entreprendre
Sur les biens de l'Eglise, & la main y estendre.
Que diray-ie l'excez, & despens superflus;

Qui ſe faiſoient alors, les banquets diſſoluz,
Pour flatter cette chair, qui tourne en pourriture?
Diray-ie en quel bourbier , diray-ie en quelle or-
　　dure
De ſalle volupté le monde eſtoit plongé,
S'eſtant ſi lourdement du Seigneur eſtrangé,
Qu'à inceſtes & rapts il couroit teſte ouuerte,
Et ſi peu de ſalut il eſtimoit la perte,
Que du peché brutal, qu'a nature en horreur,
Et qui tomber du ciel a faiɛt le feu vengeur,
Pour Sodome encendrer d'vne façon eſtrange,　　Gen.19.
Nullement ne craignoit ſe veautrer en la fange ?
Blaſphemer, pariurer, detraɛter, ſe moquer,
Les ſorciers & deuins hanter & prattiquer,
Tromper l'vn, trõper l'autre , auoir en parabole,
En fable, & en meſpris, du grãd Dieu la parole,
Ioüer, danſer, ſauter, embraſſer tous plaiſirs,
En tout temps de la chair accomplir les deſirs,
Oppreſſer l'innocent par extreme iniuſtice,
C'eſtoit du monde alors l'ordinaire exercice.
Si cent bouches i'auois, ſi cent langues auſſi,
Si de bronze la voix, ou de fer endurcy,
Nombrer tant de pechez, ny au vif les deſcrire
Ne pourrois en cẽt iours, tãt ſceuſſay-ie biẽ dire.
Car alors tout eſtoit par tout ſi desbordé,
Que par la voix de tous preſque eſtoit accordé
(Tant d'eternel ſalut on alloit en arriere)

Le vice estre vertu, l'obscur estre lumiere:
De façon que celuy qui plus meschant estoit,
Plus peruers & maling, plus de gloire emportoit.
Et quoy qu'en diuers lieux la iustice diuine
La guerre eust enuoyé, la peste, & la famine,
Eust faict trembler la terre, affin d'admonnester
Chacun de viure mieux, & le vice quitter,
De rien n'auoit pourtant seruy la medecine,
Tant le mal auoit pris aux cœurs ferme racine:
Ains au contraire alloit tousiours en empirant,
Et d'eternel salut plus loing se retirant.
Que si les mœurs estoient tellement peruerties,
Mieux n'estoient en la foy les ames assorties.
C'estoit pitié de voir les grands flots irritez,
Battans de Iesus Christ la nef de tous costez,
De voir tant d'escadrons, de sectes furieuses,
Semans par cy par là leurs erreurs venimeuses:
De voir tãt de sangliers, tant de loups affamez,
A piller les brebis de Christ tant animez:
De voir le seducteur, de voir le faux prophete,
Preschãt non à l'obscur de la nuict plus secrette,
Mais au midy plus clair, contre Dieu tout-
   puissant
De ses lourdes erreurs la poison vomissant.
Car si bien il donnoit au mensonge apparence,
Si bien le desguisoit par le fard d'eloquence,
Si subtil il estoit, si fin & captieux,

Qu'eſtre falloit vn Linx, d'Argus auoir les yeux
Affin de diſcerner la ſalubre doctrine,
De celle qui eſtoit des ames la ruine,
Et pouuoir recognoiſtre au vray le bon paſteur
D'auecques l'infidele, & meſchant ſeducteur.
Qui faiſoit accourir vn nombre innumerable
De gens pipez au ſon de la voix delectable
De ces loups enragez, qui au lieu de couler
En eux le ſuc vital, leur faiſoit aualer
Leur mort ſi doucement, qu'ils croyoient d'aſ-
ſeurance,
Que diſtilloit en eux la vie en abondance:
Meſme voyans les chefs d'erreur accompagnez
De miracles ſi grãs, que preſque eſtoiët gaignez,
Preſque attirez eſtoient à leur fauſſe cordelle
Les plus ſaincts, & choiſiz à la vie eternelle.
Voyant vn tel eſtat, & ſi piteux arroy,
Surpris de grand douleur ie vins dire à par-moy:
» Si par la cauſe on peut tirer quelque preſage
» De l'effect, ſi preuoir on peut vn triſte orage
» D'vn tourbillon venteux, venant à ſ'obſcurcir
» Le ciel de toutes parts, & de pouldre eſpoiſſir,
» Ha Dieu, tant de pechez, dont la terre eſt cõblée,
» Sont certain argument, que par toy deſolée
» En bref elle ſera. Proche eſt ton iugement,
» Le vice eſtant au bout de ſon accroiſſement.
» Ia, Seigneur, ia ie voy tout à clair la fumée

„ *De ton courroux ardent, ie voy ta main armée.*
„ *Ie voy l'arc que tu tiens, tant d'ans y a, tendu,*
„ *Apres auoir le monde en vain tant attendu,*
„ *Tout prest à deſcocher, pour venger l'arrogance*
„ *De ceux qui en meſpris ont eu ton ordonnance.*

De l'Ante-
chriſt.

Ie n'eu finy ces mots, qu'il me vint apparoir
Vn monſtre ſi hideux, que le cœur eſmouuoir
Me faiĉt le ſeul recit, me faiĉt pallir la face,
Me faiĉt dreſſer le poil, me r̄ed plusfroid q̃ glace.
C'eſtoit vn homme grand, ſi l'on doit appeller
D'vn tel nom le tyran, qui ſ'oſoit egaller
Au Dieu de l'vniuers, & dont tout l'exercice
Eſtoit de renuerſer tout droiĉt, toute iuſtice,
De guerroyer la Foy, d'extirper en tout lieu
Tout bien, toute vertu, tout ſeruice de Dieu.
Si difforme il eſtoit, ſi vilain de figure,
Qu'on l'euſt diĉt eſtre faiĉt en deſpit de nature.
Le feu qui luy ſortoit des yeux, & tout le front
Plein d'vn orgueil felon, par vn indice prompt
Monſtroit ouuertement quelle eſtoit ſon audace.
D'vne horrible impudence eſtoit peinĉte ſa face,
D'inſolence & meſpris : & telle cruauté
Logeoit ſouz ce grand corps, que pluſtoſt alaiĉté
Sembloit auoir eſté d'vne Tigre cruelle,
Qu'auoir ſuccé le laiĉt d'vne douce femelle.
De deux beſtes eſtoit en luy la qualité,

Aug. enar.
in Pſal. 9.

L'aſtuce du ſerpent, l'audace & la fierté

Du Lyon furieux, contre qui nulle beste
Ne peut, tant fort il est, durer ne faire teste.
De ces armes se meit si bien à escrimer
Ce barbare, qu'en bref se rendit & de mer
Et de terre seigneur, gaignant par douceur feinte
Les vns subtilement, & les autres par crainte.
Estant volé si haut, à tous sans fiction
La peau tout à l'ouuert va monstrer de Lyon,
Se monstrant si cruel, & plein de telle rage,
Qu'il feit en mois d'ũ an plus de mal & rauage,
Que n'en eust peu songer en cinq cens ne Neron,
Ne tous ceux qui ont eu de cruels le renom.
Car ce meschant estoit si cupide d'espandre
Le sang, qu'il en pensoit tout son plaisir depēdre.
Pour loix il n'auoit rien qu'vn inique vouloir,
Pour royale douceur qu'vn superbe pouuoir.
Penser tirer de luy quelque douce parole,
C'estoit vne esperance inutile & friuole.
Aspre il estoit à tous, & trop impetueux,
Mais sur tous à ceux là, qu'il sentoit vertueux.
Car de meschanceté son ame estoit si pleine,
Que mesme il ne pouuoit des bons porter l'aleine.
Cette odeur luy estoit en aussi grand' horreur,
Comme est à tous serpens de la vigne la fleur.
Et quoy qu'en general ce tyran detestable
Eust en haine & horreur toute chose loüable,
A ceux là toutefois plus de haine il portoit,

En qui de Dieu l'amour & la crainte habitoit.
C'eſtoit contre ceux là, que cette beſte fiere
Plus ſouloit deſgorger l'aigreur de ſa colcre.
Encor' outre cela depuis vint à paſſer,
Et du grand Dieu voulut la memoire effacer:
Voulut, en imitant l'orgueil & l'arrogance
Des eſprits apoſtats, par folle outrecuidance
Se faire au lieu de Dieu ſeruir & reuerer,
Se faire ſeul cognoiſtre, & de tous adorer.
Pour à quoy paruenir, auant qu'vſer de force,
Voulut premierement y aller par amorce,
Faiſant de grands preſents, pour attirer à ſoy
Ceux qui fermes n'eſtoient en la diuine foy,
Et leur donnant à boire en vne riche couppe,
Pour les enſorceller & ranger de ſa trouppe,
Ayant faiƐt de Babel ce breuuage apporter,
Pour plus facilement leurs eſprits enchanter.
Et par vn tel moyen, ſuiuy de doux langage,
D'erreur feit aualler preſque à tous le breuuage,
Qui ſous luy ſe rangeoiët ſans vn ſeul coup ferir,
Pour du monde aimer mieux les faueurs, qu'ac-
    querir
Les richeſſes du ciel, & l'eternelle gloire.
Peu fut à ce tyran de ſi grande victoire.
Car ſi plein de fureur, & d'audace il eſtoit,
Et d'vn cœur ſi enflé, que ſi de foy reſtoit,
De bonté, de vertu, ſur terre aucune marque,

Penſoit

L'Ante-
chriſt ſe
veut faire
reuerer cõ-
me Dieu.

Penſoit à titre faux porter nom de Monarque.
Parquoy de rage eſpris, pour voir quelques guer-
　　riers
Non plus ne ſ'esbranler, que tresfermes piliers,
Ou murailles d'airain , pour toutes ſes promeſſes,
Pour ſes dõs & faueurs, pour ſes fauſſes careſſes,
Par ediɛt commanda, que ſans plus arreſter,
La foy de Ieſus Chriſt chacun euſt à quitter,
Sur peine de la mort, & peine inſupportable,
Contre les infraɛteurs de loy tant deteſtable.
Si eut tant de pouuoir cet ediɛt publié,
Que pluſieurs qui n'auoient ne pour hõneur plié,
Ne pour biẽs preſentez, ne pour faueur mõdaine,
Se rendirent ſoudain pour crainte de la peine.
Les autres qui eſtoient de cœur plus genereux,
Meſpriſans & menace, & propos doucereux,
Reſolurent pluſtoſt d'endurer tout ſupplice,
Que de Chriſt ſ'eſlongner vn ſeul pas du ſeruice:
Reſolurent pluſtoſt mille morts ſouſtenir,
Que pour crainte de mort, de ſalut ſe bannir.
Donc ardant de courroux, & fureur incroyable,　Cruauté de
Ce barbare Tyran, de ſang inſatiable,　　　　　l'Antechriſt
Vifs les vns feit roſtir, les autres eſcorcher,　contre les
Et couper par morceaux, aux autres arracher　fideles.
Du ventre miparty, le cœur & les entrailles:
Des vns au plus profond enfoncer des tenailles
Toutes rouges de feu, les autres empaler.

C

On voyoit de leur sang les ruisseaux decouler,
Leur chair, de grands trauaux & ieusnes toute
    maigre,
Ouurir en mille lieux,& frotter de vinaigre.
On voyoit à toute heure auec ongles ferrez
Leurs corps en mille lieux persez & deschirez:
On en voyoit tenir des iours plus de quarante
Entre mains de bourreaux, & mourir de mort
    lente:
Affin que si la force & la grande rigueur
Du mal ne les domtoit,les domtast la longueur.
Plustost nombré i'aurois de la mer forcenée
Les flots,& les espics d'vne fertile année,
Plustost les fleurs d'Apuril, q̃ ne pourrois cõpter
Les tourmens si diuers,dont ce tigre matter
Essaya iour & nuict le cœur de ces gensdarmes.
Et tant de durs assauts leur dõna,tant d'alarmes,
Tant d'eux en massacra,que le reste esperdu
Pour telles cruautez s'estoit presque rendu,
Posoit les armes bas,& de toute allegeance
Auoit quasi perdu pour iamais l'esperance:

<table>
<tr><td>L'arriuée
d'Enoch &
Elie.</td><td>Quand du ciel arriuer voicy deux chefs hardis,
Pour reschauffer le cœur des guerriers refroidis,
Tous deux braues de cœur, tous deux de grand</td></tr>
</table>

    courage,
Tous deux perles de prix,lumiere de leur aage,
Tous deux de l'Eternel tellement honorez,

Que vifs il les auoit de la terre tirez
(Signe de grand faueur & marque trescertaine
De la grande vertu, dont leur ame estoit pleine)
Les reseruant au ciel vn si long temps, affin
De secourir le monde approchant de sa fin,
Et par eux remparer son Eglise assaillie.
L'vn Enoch s'appelloit, l'autre auoit nom Elie:
Tous deux de zele ardant, pour le peuple tenir
En la foy de leur Dieu, quoy qu'il deust aduenir.
Quelle est la douce pluye, ou la tendre rosee,
Sur la face tombant de la terre embrasee
D'vne longue chaleur : quel au vieillard trem-
          blant,
Dont le corps affoibly va tousiours chancellāt,
D'vn baston le support: telle au vray fut trouuee
De ces hardis guerriers la ioyeuse arriuee.
Si va le Thesbitain, ce grand amy de Dieu,
Du Chrestien escadron se fourrer au milieu.
Et pour animer ceux, qui failliz de courage
Commençoient à bransler, leur tint vn tel lan-
          gage,
    Et quoy, Freres treschers, où sont allez ces
          cœurs,
Qui rendre vous souloient en tous assauts vain-
          queurs?
Où est allé la foy par vous à Dieu iuree?
Est-ce icy que vous est vie heureuse asseuree,

Harangue
d'Elie.

E iij

    ,, *Non ennuys & labeurs? Est-ce icy que deuez*

Pſal. 35. ,, *Du celeſte torrent en ioye eſtre abbreuuez,*

Mat. 10. ,, *Et non boire du vin, dont Ieſus a couſtume*

    ,, *D'abbreuuer ſes eſleuz ence lieu d'amertume?*

    ,, *N'eſt-ce icy que ſemer faut en pleurs & ſouſpirs,*

Pſal. 125. ,, *Puis ailleurs moiſſonner en ioye & tous plaiſirs?*

    ,,

Ioan. 15. ,, *Le ſerf eſt il plus grãd q̃ ſon ſeigneur & maiſtre?*

    ,, *Eſt il ſi delicat, & ſi mol, qu'il vueille eſtre*

    ,, *Quitte à meilleur marché, que, pour en gloire en-*

    ,,   *trer,*

    ,, *Le Seigneur n'a eſte? n'eſt-ce par endurer*

    ,, *Mille & mille rigueurs, mille iniures vilaines,*

    ,, *Souffrir mille meſpris, & douleurs inhumaines,*

    ,, *Par faim, & grands labeurs, par contradiƈtions*

    ,, *De ſon peuple mutin, par triſtes paſſions,*

    ,, *Qu'au ciel il eſt entré? Par quel autre paſſage*

    ,, *Sont entrez les martyrs au celeſte heritage?*

    ,, *Eſt-ce en faiſant banquets & feſtins ſomptueux,*

    ,, *Qu'ils ont rauy du ciel les biens delicieux,*

    ,, *Et non pas en paſſant par les flammes ardantes,*

    ,, *Par le glaiue tranchant, par les ondes bouillãtes,*

    ,, *Par les ongles de fer, par les dents des Lyons,*

    ,, *Paſſant par le fourneau de mille affliƈtions,*

    ,, *Qu'ils ont gaigné le prix, & la riche couronne,*

    ,, *Qui des braues vainqueurs les teſtes enuironne?*

Nazian. ,, *Heureux cent & cẽt fois, qui ont ſçeu pratiquer,*

in laud. ,, *Si bien en cet exil, & ſi bien trafiquer,*

Cypr. ,,

„ Qu'auec vn peu de sang, & de peine enduree,
„ Ont acquis le thresor d'eternelle duree!
„ Et vous qui mesmes nom, mesmes armes portez,
„ Qui mesmemēt de Christ en la croix vous vātez,
„ Pour auoir mesmes biens n'irez vous mesme
„   route?
„ Feindrez vous d'espuiser vostre sang goutte à
„   goutte
„ Pour Christ, dont tout le sang est pour vous es-
„   pandu,
„ Pour vous en croix il a pieds & mains estendu,
„ Affin que par son sang, & sa peine soufferte,
„ Du celeste palais vous fust la porte ouuerte?
„ Et quoy? si de present le combat euitez,
„ Si du danger de mort vostre chair exemptez,
„ Si faillans au deuoir de fideles gensdarmes,
„ Laschemēt vous rēdez & mettez bas les armes,
„ Pourrez vous pour cela de mort vous garantir?
„ D'icy ne faudra il tost apres departir?
„ En bref ne faudra il, affin de satisfaire
„ A nature, payer le tribut necessaire?
„ Ne faut il quelque iour à tous ou tost, ou tard,
„ De la Parque passer par l'homicide dard?
„ Que si de ces tourmens, ĝ d'heure en heure inuēte
„ Contre vous ce Tyran, l'horreur vous espouuāte,
„ Où sont du fils de Dieu les saincts enseignemēs?
„ Sont ils si tost issuz de voz entendemens?

Nazianz. in
laud. Mach.

                    C iij

Matt.10.   *Ne craignez nullement, dit il, ceux qui meurtris-*
"   *sent*
"   *Les corps, & puis apres tous leurs pouuoirs finis-*
"   *sent:*
"   *Mais biē de craīdre Dieu soyez tousiours recors,*
"   *Qui peut au feu d'enfer ietter l'ame & le corps.*
"   *C'est luy de qui deuez tousiours la saīcte craīte,*
"   *Et nō d'homme viuāt auoir au cœur empreinte.*
"   *Ha Dieu, combien de gens ont eu desir de voir*
"   *Les iours que vous voyez, pour le moyen auoir*
"   *De cōbatre pour Christ, pour luy leur sāg espādre,*
"   *Pour luy de cœur gaillard la mort mesmes at-*
"   *tendre,*
"   *Pour luy ne refuser nul mal, nulle douleur,*
"   *Voire le monde estant en sa plus belle fleur,*
"   *En son plus beau printēps, lors q̄ par sa plaisance*
"   *De tromper il auoit beaucoup plus de puissance.*
"   *Et sur quoy pourrez vous vostre excuse fonder,*
"   *Si au monde flestry vous laissez mignarder,*
"   *Et si estant remply de maux innumerables,*
"   *D'erreurs, & de trauaux, de soucis, miserables,*
"   *Ne laissez de l'aimer de telle affection,*
"   *Que d'en perdre à present la belle occasion,*
"   *Qui se presente à vous, pour gaigner par martyre,*
"   *Le seiour où des bons l'esprit fidele aspire?*
"   *Sus donc, freres treschers, sus sus iettans au loing*
"   *Toute mondaine peur, prenez armes au poing.*

„ *Fourrez vous au côbat, où le cœur magnanime,*
„ *La foy, la verité, contre le vice escrime,*
„ *Contre erreur & le faux, contre infidelité,*
„ *Contre vn barbare fier, & plein de cruauté.*
„ *Ia Iesus tient en main le laurier de victoire,*
„ *Et pour orner voz chefs, la couronne de gloire.*
„ *Ia les Anges au ciel ie voy vous attendans,*
„ *Ia les saincts biē-heureux les bras à vous tēdās,*
„ *Pour ensemble iouir en parfaicte asseurance,*
„ *Des biens dont à present n'auons q̃ l'esperance.*

    Il n'eut finy ces mots, que d'vn consentemēt
Tous se vont escrier, qu'endurer tout tourment
Plus tost ils estoient prests, q̃ quitter la doctrine,
Qui aux biens eternels les ames achemine:
Que quitter le vray Dieu, quitter sa saincte Loy,
Et laissans follement le party du bon Roy,
Au ioug dur & seruil du Tyran se soumettre,
Qui ne vouloit à nul en la terre permettre
D'honorer le Seigneur, ains taschoit à bannir
Du cœur de tous humains de luy le souuenir.
Si reprindrent adonc les armes reluysantes,
Dont l'Apostre munist les ames tresvaillantes, Ephes.6.
Pour resister au iour mauuais & orageux.
Car tout en premier lieu ces soudars courageux
Vont prendre de salut l'armet, & puis droicture
Au lieu de corcellet, pour pauois la foy pure,
Qui les flesches ne craint, que l'homicide archer

Ne cesse iour ne nuict sur nous de descocher.
Pour glaiue leur estoit la parole tranchante
Du Dieu de l'vniuers, plus auant penetrante
Que cousteau, tãt soit il trãchãt des deux costez.
Voilà comment estoient ces guerriers apprestez,
Pour l'effort soustenir du barbare & la rage,
Qui creuoit de les voir en si brusq' equipage,
Creuoit de voir en front ces deux chefs appro-
                cher,
Et de premier abbord hardiz luy reprocher
,, *Son orgueil en disant: O traistre abominable,*
,, *Qu'attend de iour en iour la flamme intolera-*
,,   *ble,*
,, *O peruers, ô larron, ô faux vsurpateur*
,, *De l'honneur du treshaut, ô meschant affron-*
,,   *teur,*
,, *Qu'enfer pour engloutir attend à gueule bée,*
,, *Pour vanger du grand Dieu la gloire desrobee,*
,, *Pour vanger griefuement en toute eternité*
,, *Tant de sang innocent, qu'espand ta cruauté,*
,, *Va meschãt & maling ailleurs chercher pasture:*
,, *Icy n'est ton gibier: plus tost la terre dure*
,, *Quittant son bas seiour, du ciel le lieu tiendra,*
,, *Et le ciel d'autre part en terre descendra:*
,, *Plus tost les oisillons en mer iront à nage,*
,, *Et les poissons auront le Ciel pour heritage:*
,, *Plus tost à mont aller on verra les ruisseaux,*

Heb.4.

» *Plus tost tout renuerser, que de Christ les trou-*
          peaux,
» *Pour se soumettre au loup, du pasteur se desraget,*
» *Et fols de leur salut pour ta crainte s'estran-*
          gent.
Adonc de noir courroux ayant le cœur fendu
Ce maudit ennemy, ne permeit qu'estendu
Fust plus loing le propos que tenoit ce Prophete.
Si commãda soudain mettre au vent sa cornette,
Batre force tabours, force clairons sonner.
Puis donna le signal aux siens de cheminer
Au grand pas contre l'ost, qui marchant en cam-
          pagne,
Rien n'auoit que la Croix de Christ pour toute
          enseigne.
Car le soudard Chrestien pour briser tout effort   La Croix
De Satan & des siens, n'a plus ferme support,   est la force
Que ce bois tresheureux, qui nous sert d'vne es-   du Chre-
          chelle   stien.
Pour monter seurement à la gloire eternelle:
Ce bois qui sur les flots de toute aduersité
Faict marcher le Chrestien, sans en estre emporté.
Vray Dieu que lors estoit la partie mal faicte!
Qu'ë bref eust des brebis la trouppe esté desfaicte
Par loups si furieux! douter certes ne faut,
Que si Dieu n'eust armé les siens en tel assaut,
Et remparé leurs cœurs de force & d'asseurance,

Voyans des ennemis l'audace & la puissance,
Leuer n'eussent osé les yeux, pour regarder
Vn camp si fort & roide, & moins se hazarder
Au danger du combat . Car de force conioincte
Marchoient Gog & Magog à la premiere poin-
    Cte,
Armez de pied en cap, si fiers & pleins d'orgueil,
Qu'ils ne pensoient auoir au monde leur pareil.
L'Antechrist conduisoit la bataille en personne,
Plus ardent qu'vn Lion, ou qu'vne Ourse felõne,
A qui subitement, lors que absente elle estoit,
On a pris ses Oursins, qu'encor elle allaictoit.
A costez il auoit pour luy seruir en guerre,
Vn grãd nombre de Roys & Princes de la terre,
Qui tous auoient iuré ce iour de foudroyer
Tous ceux qui ne voudroiët sous ce Tigre ployer.
Si vont Gog & Magog, qui menoient l'auant-
    garde,
Attaquer l'escadron, qu'Elie auoit en garde,
Auec horribles cris, affin de l'estonner.
Là de grãs coustelats veit on maïts coups dõner,
Maintes fleches tirer, leuer en l'air la poudre,
Pour le hurt des cheuaux aussi roide que foudre.
Là maint hardi Chrestien combatãt vaillãment,
Pour Dieu vint à finir ses iours heureusement,
Du sang & de la vie auec gloire & louange,
Et les thresors du ciel, faisant vn bel eschange.

Apoc. 20.

Bataille de
l'Ante-
christ con-
tre l'armee
fidele.

Là d'ennemis auſſi grand bloc de terraſſez
Peut on voir, qui eſtoiët d'outre en outre perſez,
Non de lance, ou de fer, ou de coups de piſtole,
Mais bien par le tranchant de la ſaincte parole,
Dont auoit le Seigneur armé les combatans,
Qui pour ſon nom alloient au danger ſe mettãs.
Que ſi le preux Elie auoit bien des affaires
Pour ſouſtenir l'effort de ces deux aduerſaires,
Moins n'en auoit Enoch. Car d'vn bras enragé
Fut tout au meſme temps fort viuement chargé
Par le fils de peché, la peſte generale
De tout bien & vertu, qui de fureur brutale
Marchoit, pour les ſoudars & le chef engloutir,
Ou bien par ſa terreur leurs eſprits peruertir.
Mais comme vn fort Sanglier rompant quelque
    cloſture,
Ou vn mur eſpineux, pour ſe faire ouuerture
En quelque vigne grande, affin de la brouter,
Sent de mille poinçons ſa chair enſanglanter:
Ainſi ce fier Tyran, ainçois vne tempeſte,
Donnant de grand vigueur, & de cul & de teſte
Dedans le bataillon, qu'Enoch auoit quarré,
Le trouua ſi nerueux, ſi fort & ſi ſerré,
Qu'auant que de l'ouurir & ſe faire paſſage,
Fut faict de ſes ſoudars vn eſtrange carnage.
Mais en fin ſur le flanc donna ſi roidement,
Qu'il ouurit l'eſcadron, & lors cruellement

2. Theſſ. 2.

Similitude
d'vn San-
glier & de
l Ante-
chriſt.

Il se fourra dedans, & d'ardeur nompareille
Rendit du iuste sang la campagne vermeille.
Cent fois pour massacrer Enoch il esleua
Son homicide bras, cent fois le preserua
Iesuchrist, en faisant tomber soudain à terre
De ce barbare en vain le sanglant cimeterre:
Donc alors ne pouuant le chef liurer à mort,
S'en va dessus ses gens descharger son effort,
Frappant deça delà, faisant telle tuerie,
Qu'horreur estoit de voir si triste boucherie.
Car plus de sang couler il voyoit, & plus chaud
Il estoit de tuer, comme aussi tout son ost.
Adonc estoit des bons la totale desfaicte,
Sans la nuict qui suruint, & feit faire retraicte,
Au grand dueil du Tyran, & soudain separer
Les osts entremeslez, & du champ retirer.
Là fut du sainct party desfaict par main hostile,
Combatant vaillamment pour Christ plus de dix
   mille.
Mais qu'ay-ie dict desfaicts, ô de Dieu vrays
   amis,
O bons soudars, me soit ce mot par vous remis.
Desfaicts ne fustes vous, ains à tous est notoire,
Que vers vous demeura l'hõneur de la victoire.

Amb. lib. 5.
offic. cap. 5.

Car comme vn bon luteur, pour dessous se ieéter,
Par tel art faict souuent son homme culbuter,
Et tomber à l'enuers: tout en pareille sorte

Le Chrestien en mourant victoire heureuse em-
    porte,
Imitant son Seigneur, & Roy de tous les roys,
Qui lá force a brisé de Satan en la croix.
Si ne perdit le cœur ce diuin exercite
Pour tel nombre de morts. Car le cœur où habite
L'esprit de Dieu, ne perd pour la calamité,
D'estre brusq & gaillard, & plein de fermeté:
Ains venant à sentir quelque fascheux orage,
C'est lors qu'il se renforce, & prend plus de cou-
    rage.
Et tout ainsi qu'on voit qu'vn gros chesne tõdu
A coups de fer tranchant, plus riche en est rendu,
Ainsi l'affliction de plus en plus anime,
Et rend chaud au combat le Chrestien magna-
    nime.
Depuis par trois Estez ne fut tout le soucy
Des deux chefs qu'à rẽplir leur ost fort esclarcy,
Gaignans à Iesuchrist, & à son Euangile,
De iour en iour soudars, qui venoient à la file
Pour s'enrooller sous eux, estans prins & rauiz
Par leurs diuins propos, de miracles suiuiz
Si grands, que de plus grands n'estoit en nulle hi-
    stoire,
N'au nouueau Testament, n'au vieil nulle me-
    moire.
Car ils auoient tous deux sur le ciel tel pouuoir,

Qu'en leurs iours le fermer, & garder de pleu-
 uoir,
Tourner auſsi les eaux en ſang auoïet puiſſance,
Et ſur terre exercer des pechez la vengeance,
Luy faiſant endurer ſans nul retardement,
Selon qu'il leur plaiſoit, toute playe & tourmẽt.
Dont aduint que pluſieurs des gens de l'aduer-
 ſaire
Vindrent à ſe ranger du party ſalutaire.
Voyant donc ce meſchant, que peu à peu les ſiens
Se tiroient du coſté des genſdarmes Chreſtiens,
Va ſon oſt redreſſer, & bien au long remonſtre
A ſes gens aſſemblez, qu'à la prime rencontre
Falloit tout d'vn effort, ſans nul autre ferir,
Sur les chefs ſe ruer, & les faire mourir:
Sachant bien que desfaiɛt eſtãt cil qui cõmande,
En route incontinent ſe meɛt toute la bande.
Ha Dieu, que i'ay beſoing d'vn langage piteux,
Pour deſcrire à preſent ce iour calamiteux.
Au palais tient ma langue, & ſens ma bouche
 cloſe,
Quand parler de ce iour tant triſte ie propoſe,
Iour digne d'eſtre mis en eternel oubly,
Et du nombre des iours à iamais aboly:
Iour fatal aux Chreſtiens, où la terre fut teinte
De leur ſang, & leur force en vn coup toute
 eſteinte.

Iob. 5.

Ce iour là le soleil debile & tenebreux
Tout à regret courut par la voute des cieux.
Mesme au poinct du cõbat se couurit de nuage,
Tant d'horreur eut de voir tel meurtre & tel ra-
uage.
La lune aussi la nuict, qui l'estour preceda,
De sang teinte alentour, au malheur s'accorda.
Qui plus est, furent veus par la celeste plaine
De grãds feux predisans la desfaicte prochaine.
Et quand vint à planter les enseignes en l'air,
Pour marcher au combat, on en veit distiller
Le sang de toutes parts: qui donnoit grãd augure
A ceux du sainct party d'vne triste aduenture.
Mais rien de ces guerriers le cœur tant n'estõna,
Rien si grande frayeur ce iour ne leur donna,
Rien tãt ne leur promit quelque grãde trauerse,
Que quãd vindrẽt tõber leurs chefs à la renuerse
Au premier desmarcher: signe presagieux
D'vn succes lamentable, & par trop ennuyeux!
Mais non-obstant cela tous deux par apparence
Monstrãs ioyeux semblãt, & gaillarde esperãce,
Alloient de rang en rang, par tout ordre mettãs,
Et leurs gens au combat brauement exhortãs.
Et, quoy que fort faschez pour si tristes indices,
De bons chefs ne laissoient à faire tous offices.
Si va droit les charger d'vn bras non endormy,
Et se ruer sur eux ce mortel ennemy

Seconde bataille de l'Ante-christ cõtre les Chre-stiens.

De tous ceux qui de cœur non feint & variable
Gardoient de l'eternel la Loy tresequitable.
Or comme vn fleuue grãd enflé de grands ragas,
En vain du champ voisin tasche à faire degas,
Quand il est remparé d'vne large leuee,
Qui par aucun effort ne peut estre creuee:
Mais si foible elle vient à cauer & s'ouurir,
Lors soudain on le voit par les plaines courir,
Et faire vn tel desordre, & causer tel dommage,
Que dire ne s'en peut, ne penser d'auantage,
On le voit prez & champs & vignobles gaster,
Mettre à bas les moulins, les maisons emporter,
Reduire en vn moment par sa grand violence
Mille hommes opulens en extreme indigence:
De mesme, ayant tenté par trois fois d'enfoncer
Les bataillons Chrestiens, par trois fois repousser
Se sentit lourdement ce barbare execrable,
Estans ces Coulonnels pour mur inexpugnable
A leurs braues soudars, & pour ferme rĕpart.
Voyant donc le Tyran, que venoit de leur part
Et de leur vaillantise, & prudente conduite,
Tout l'effort courageux du diuin exercite,
Les va tous deux charger d'vn coup si rudemĕt,
Qu'apres vn long combat tous deux finablemĕt
Naurez en mille lieux furent portez par terre.
Si descend le Tyran, & tous deux les enferre
D'vn estoc qu'il tenoit, & tant frappa sur eux,

Qu'il sepa-

Similitude
d'vn fleuue
& de l'An-
techrist.

Mort d'E-
noch & d'E
lie.
Apoc.11.

Qu'il separa du corps les esprits bien-heureux.
Or s'estant par leur mort faict vne ample ou-
  uerture,
Adonc il feit des bons si grand' desconfiture,
Qu'ayant esteint la fleur, occiz les principaux,
Tout le reste se meit à fuyr monts & vaux.
Adonc en mon sommeil voyant vn tel esclan-
  dre,
De pleurs vn grand ruisseau vins souddain à re-
  spandre,
Iecter de grands sanglots, me plaindre & tour-
  menter,
Et de tant de soudards la perte regretter,
Gemir amerement, me ruer contre terre,
A ma barbe & cheueux faire vne forte guerre.
Bref, i'estois tellement de douleur oppressé,
Qu'à me voir on eust dict, que i'estois insensé.
Ores ie regrettois Enoch, ores Elie,
Et du sainct escadron la force defaillie,
Tant de braues guerriers (la force & le support
De l'Eglise de Dieu) tous d'vn coup mis à mort.
O chartiers d'Israel, disois-ie en voix dolente,
O forts entre les forts, qui de main si vaillante
Auez toufiours de Dieu le party defendu,
Ia plus douter ne faut, que tout ne soit perdu.
Quant à moy, i'en ay ia quitté toute esperance.
Car si du Dieu viuant l'inuincible puissance

Reg. 4. c. 2
Complain-
te sur la de-
faicte des
Chrestiés.

D

» *Euſt voulu la victoire à ſa troupe donner,*
» *Et du Tygre cruel la force exterminer,*
» *C'euſt eſté par voz mains, c'eſt choſe idubitable:*
» *Autre n'euſt eu que vous cette charge hõnorable:*
» *C'euſt eſté par voz mains, i'en ſuis tout aſſeuré,*
» *Que du ioug du Tyran ſon peuple il euſt tiré.*
» *Mais pour noz grands pechez, noſtre extreme*
    iniuſtice,
» *Voulant en ſon courroux renuerſer l'edifice,*
» *A mis bas les piliers, oſté le fondement,*
» *Qui ſouloit ſupporter la maiſon fermement.*
» *O Dieu, que d'Iſrael eſt la gloire amortie!*
» *Combien eſt ſa grandeur, & force aneantie!*
» *O qu'à bon droict luy peut d'habit faire changer*
» *Vn ſi triſte accident, & de noir ſe charger.*
» *Ne ſoit d'vn tel meſchef la ſiniſtre nouuelle*
» *Portee en Babylon. Car la rogue & cruelle,*
» *Qui ſe paiſt de mes maux, & qui de ma douleur*
» *Se rit & s'y eſgaye, & en forge ſon heur,*
» *Seroit de trop grand aiſe incontinent eſpriſe,*
» *Sachant l'eſtat piteux où eſt ore l'Egliſe.*
» *O Enoch, ô Elie, ô guerriers de haut pris,*
» *Comme auez vous eſté tous deux ainſi meurtris?*
» *O triſte deſtinée, ô trop dure fortune,*
» *A vous, à tous Chreſtiẽs trop fiere & importune!*
» *Mais quoy? ſuis-ie en bon ſens? parler faut au-*
    trement,

'' *Si faillir ie ne veux par trop groſſierement.*

'' *O vous trois fois heureux, qui hors de la tem-*
   peſte,

'' *Hors des flots & rochers à preſent faites feſte.*

'' *Heureux qui maintenãt exẽpts de tous trauaux,*

'' *Exempts de tous combats, d'ennuys & de tous*
   maux,

'' *De ces biens iouyſſez en paix & alegreſſe,*

'' *Dont Ieſuchriſt a faict aux martyrs la promeſſe.*

'' *Heureux qui par la mort vous ont accompagné,*

'' *Et au ſang de l'aigneau leur veſtement baigné.*

'' *Heureux chefs & ſoudars, qu'vne mort hono-*
   rable

'' *A faict d'icy paſſer à l'heur touſiours durable.*

'' *Heureux & tresheureux que la mort a tirez,*

'' *Pour ne ſentir les maux où ſommes demeurez,*

'' *Les maux dont n'a eſté de ſemblables nouuelle,*

'' *Non plus que du Tyran qui contre Dieu rebelle.*

Ce propos fut rompu par vn nouueau tourment,

Qui me ſaiſiſt alors.car ie veis en dormant

Les vainqueurs tout ſoudain,tenãs baſſe la teſte,

Donner d'vn tel ſucces tout l'honneur à la beſte,

Le louer,le chanter,tout haut le publier

Autheur de la victoire,& l'en remercier.

Tout à clair i'entendy leur meſchante parole,

Qui de tiltres diuins honoroit cet idole.

Et ſi bien me ſouuient,leur langage eſtoit tel:

Bienheu-
reux ceux
qui ſont
morts
pour Ieſu-
chriſt.

Apoc.13.

D ij

Propos. „ *Honneur à toy Seigneur, à toy los immortel,*
des mes- „ *A toy gloire à iamais. Car c'est chose infallible,*
chans à „ *Que la force & roideur de ton bras inuincible,*
l'Ante- „ *Ton esprit incroyable, & ta subtilité,*
christ.   >> *Nous a cette victoire & triomphe apporté.*
>> *Par ton sens merueilleux, & grande experience,*
>> *Auons ainsi brisé leur trop folle arrogance,*
>> *Qui fols sur le secours de leur Dieu s'asseurans,*
>> *En vain de sa faueur la victoire esperans,*
>> *Se sont trouuez deceuz, & bien loing de leur*
     compte,
>> *N'ayans au lieu d'honneur receu que perte &*
     honte.
>> *Aussi n'y a pouuoir en terre, ny aux cieux,*
>> *Qui soit pareil au tien. Car ton bras furieux*
>> *Sçait froisser comme verre, & en cendre reduire*
>> *Ceux qui font de ployer refus sous ton empire.*
Mõ Dieu, quelle douleur m'estoit, & quelle mort,
D'ouir vn tel propos, voir aussi de renfort
Tant de corps des occiz priuez de sepulture,
Seruir aux chiens & loups, & corbeaux de pa-
sture!

Apocal. 11. *Voir encore outre plus (car bien i'en suis recors)*
Des deux chefs entrainer à Sodome les corps,
Non pour leur faire honneur, ains pour plus d'in-
famie,
Et à rire apprester à la tourbe ennemie,

Qui de cœur si felon, & si brutal estoit,
Que d'insulter aux morts encores ne doutoit!
Et quand penser venois aux pauures colombelles, La misera-
Qui les ongles fuyoient de ces bestes cruelles: ble calami-
Quand penser aux brebis, qui tremblantes de   té des Chre
    peur,   stiens.
Erroiet par cy par là, sans guide & sans pasteur,
Cherchans pour se tappir quelques vieilles cister-
    nes,
Se fourrans en l'obscur des profondes cauernes,
Ou à force grimpans en quelque aspre rocher,
Pour là trouuer endroit où se pouuoir cacher,
Aymans mieux habiter auec bestes agrestes,
Que de tomber és mains de si cruelles pestes:
Lors ie fondois en pleurs, & pour d'vn si grand
    dueil
Sortir, ie desirois la mort & le sercueil.
La mort à tout propos i'appellois, tant d'enuie
I'auois qu'elle tranchast le filet de ma vie.
Mais qui plus de beaucoup mon tourment au-
    gmenta,
Fut vn subtil moyen, que ce Tigre inuenta,   Apocal. 13.
Pour du tout renuerser nostre Foy pure & nette,
Comme vn Pin qui couppé iamais plus ne re-   Herodor.
    iette.
Car il va commander par edict impiteux:
Qu'eust & grand & petit, & riche & souffre-
                    D iij

teux,
Serf & libre à porter sa marque en la main
    droite,
Ou au milieu du front, faisant defense estroite
A tous contreuenans, de ne rien achepter,
Ne vendre, ou de la mort aux douleurs s'ap-
    prester.
Si fut à cet edict tant inique & damnable
Obey par tous ceux, à qui l'heur perissable
Du mõde estoit plus cher, & les biẽs & hõneurs,
Les plaisirs & estats, & les fausses faueurs
Du superbe Tyran, que non pas la richesse,
Dõt le Seigneur là haut aux Esleus faict largesse.
Tous ceux là sans rougir cette marque portoient
Au front, ou en la main: les autres qui estoient
De cœur plus genereux, & qui la foy non feinte
Au plus profond du cœur auoient au vif em-
    preinte,
Plus cher de tout trafic eurent d'estre priuez,
Que leurs maïs ou leurs frõts auoir ainsi grauez.
Plus cher eurent de glan sustanter leur nature,
Plus cher d'arbres auoir la fueille en couuerture,
Plus cher de se loger dans vn antre escarté,
Plus cher estre reduicts en toute extremité,
Qu'à tel pris acheter les plaisirs de ce monde,
En perdant le Monarque en qui tout heur abõde.
O estat deplorable, ô grand' confusion,

De voir ainſi les bons en triſte affliction,
Chaſſez comme lepreux, chaſſez cõme vermine,
Les voir tranſir de froid, voir la faim qui les
   mine,
Leur faict dix mille morts par chaſque heure en-
   durer:
Et voir d'autre coſté les malins proſperer,
Eſtre gras & refaicts, auoir en abondance
De tous plaiſirs mõdains & tous biẽs iouiſſance.
Celuy certainement, qui n'euſt eu d'autres yeux
Que du corps, euſt iugé ceux là plus malheureux,
Que le meſme malheur: ceux cy tout au con-
   traire
D'vn heur eſtre cõblez & plaiſir non vulgaire.
Mais biẽ autres de Dieu ſõt les ſaincts iugemẽs,
Que ne ſont des humains. car de diuers tourmens
Il exerce les ſiens de labeur & mal-aiſe,
Pour les purger ainſi que l'or en la fournaiſe:
Et pour faire trembler le meſchant, quand il voit
Que tant ſouffre celuy qui touſiours marche
   droict.
Car que doit eſperer le bois ſec & aride,
Eſtant ainſi traicté le verd & tout humide?
Que doit la paille vile & le foin eſperer,
Quand à l'or & l'argent il faut tant endurer?
Mais quoy qu'icy les bons ſouffrent maintes mi-
   ſeres,

Grande af-
fliction des
gẽs de biẽ.

Les iuge-
mens de
Dieu ſont
bien diffe-
rés des no-
ſtres: &
pourquoy
il afflige les
bons.
Luc.23.

Matth.3.

Côsolatiõ des gens de bien.   *Quoy qu'ils soient affligez en diuerses manieres,*
Ne faut qu'ils perdent cœur pour quelq̃ afflictiõ,
Qui leur puisse arriuer. car telle affection,
Tel amour en tout tẽps le Monarque leur porte,

1.Cor.10.   *Et tãt biẽ il leur sçait pouruoir, qu'en nulle sorte*
Iamais il ne permet qu'outre force tentez,
Soient cõtraints de ceder aux flots d'aduersitez.
Si estoit neantmoins l'orage & la tourmente,
Qui lors pressoit les bons, si rude & violente,
Et la fureur du vẽt, qu'ils auoiẽt droict au nez,
Les auoit tellement battuz & estonnez,
Qu'en danger ils estoient d'vn bien piteux nau-
     frage,
Quand Dieu voyãt du ciel son trescher heritage
Acquis à si haut pris, traicté si rudement:

Apocal.6.   *Oyant aussi les cris de ceux, qui hautement*
De leur sang espandu pour sa saincte defense,
Iour & nuict demandoient d'vn accord la vẽ-
     geance:
Et sçachant oultre plus que des predestinez
Le nombre estoit complet, qu'il auoit ordonnez
Pour succeder aux Cieux, dont Satan & sa bãde
S'estoient precipitez pour leur audace grande,
Icctãt vn grãd souspir, pour le mal qu'il sentoit
De voir tant de peruers, dont la fin proche estoit,
Conclut & de finir le monde, & le lignage
Des humains, en parlant au Fils en tel langage.

,, Sus, mon Fils eternel, mon vnique plaisir,
,, Entens à mon propos: tu sçais que le desir
,, Du salut des humains a eu si viue force
,, En moy, que pour tollir & rompre le diuorce,
,, Qu'Adam auoit causé, quand trop legerement
,, Il vint outrepasser mon sainct commandement,
,, Apres mille moyens, dont pour briser le vice,
,, Et des hommes dresser les cœurs à mon seruice,
,, En vain me suis seruy (car pour instructions,
,, Pour biens, ne pour faueurs, ne pour punitions,
,, N'ont laissé de pecher) en fin pour eux descēdre
,, T'ay faict du ciel en terre, & chair humaine
,,   prendre.
,, Tu as, pour appaiser le courroux où i'estois,
,, A raison du peché que tant ie detestois,
·, Souffert mille trauaux, mille grosses iniures,
,, Mille & mille brocards, & des peines si dures,
,, Que d'horreur le Soleil ses rayons retira,
,, Et le voile du temple en deux se deschira:
,, Aussi les gros cailloux à l'heure se fendirent,
,, Et des morts à ta mort les sepulchres s'ouurirēt.
,, Par l'espace tu as de trois ans tous entiers
,, Du ciel au monde ingrat enseigné les sentiers:
,, Mais ce traistre & cruel, rebelle & phrenetique,
,, Embrasé de fureur barbare & Satanique,
,, Contre toy se rua, faisant celuy mourir,
   Qui venoit pour les corps & les ames guarir:

Propos de
Dieu le Pe-
re au Fils.

Benefices
de Dieu en-
uers les hō
mes.

Matt.27.

Cruauté du
monde cō-
tre Iesus-
Christ.

  ,, *Contre toy se rua ce meschant & perfide,*
  ,, *Qui venois luy seruir de salutaire guide.*
  ,, *Et toy pendant en croix(ô quelle charité!)*
  ,, *Me priois d'oublier si grande iniquité.*
  ,, *Et pour à ton exemple à tous hommes appren-*
  ,,   *dre,*
  ,, *Que tousiours pour le mal le bien est bon de ren-*
  ,,   *dre,*
  ,, *Au lieu de foudroyer,comme auois le pouuoir,*
  ,, *Tes bourreaux inhumains,leur faisois vn lauoir*
  ,, *De ton sang innocent, pour purger les ordures*
  ,, *Des pechez qui tachoiët leurs ames tresimpures.*

Dureté   ,, *Mais de rien pour cela n'a le monde endurcy*
du môde. ,, *Iamais eu de salut plus de cure & soucy.*
Io.3.   ,, *Tousiours a preferé l'obscur à la lumiere,*
  ,, *Tousiours il à de moy tourné la face arriere.*
  ,, *Iamais n'a pour cela laissé de m'offenser.*
  ,, *Se peut il aucun mal,aucun crimé penser,*
  ,, *Tant enorme soit il,auquel par grande audace*
  ,, *Il n'ait voulu courir,mesprisant ma menace?*
  ,, *A il depuis cessé de guerroyer mes sainEts?*
  ,, *De plonger en leur sang ses sacrileges mains?*
  ,, *A il cessé depuis d'oppugner mon Eglise,*
  ,, *Que mourant tu m'auois si cherement acquise?*
  ,, *A il cessé depuis pour quelque aduersité*

Brutale   ,, *De tousiours demeurer en sa meschanceté?*
stupidité ,, *Ne vois tu comme il vit en la mesme maniere,*
du môdc.

» Que ſi rien ne croyoit de la peine derniere?
» Ne vois tu comme il rit, & ioue à ieux diuers,
» N'ayant cure du ciel, ne ſoucy des enfers?
» Ne vois tu pas comment de mes loix il deuie?
» Ne vois tu comme il meine vne Epicurique vie,
» Mangeant, beuuant, ſautant, & des plaiſirs   1.Cor.15.
»   charnels
» Preferant la douceur aux ſainɔts & eternels,
» Viuant ainſi que ceux, qui deuant le Deluge
» Se moquoient de Noé, voyans que pour refuge   Gen.6.
» Songneux cõtre les eaux vne Arche il baſtiſſoit,   2.Pet.2.
» Et de quitter le mal ſouuent aduertiſſoit
» Les humains, en pleurer, en auoir deſplaiſance,
» Affin de deſtourner de leurs chefs ma vēgeance?
» Cecy bien tu leur as remonſtré clairement,
» Et diɔt qu'ainſi ſeroit du futur iugement,
» Qui viendroit ſur tous ceux qui habitēt la terre,
» Cõme vn ſoudain eſcler, ou vn coup de tonnerre: Mat.24.
» Viendroit comme vn filet, où ſe prend l'aileron   Luc.21.
» De l'oiſeau buiſſõnier, ou biē comme vn larron,
» Qui par l'obſcure nuiɔt, lors que moins on y pēſe,   2.Pet.3.
» Surprēd celuy qui dort, & ſes iours luy auance.
» Mais le monde plus ſourd, qu'vn aſpic, eſcouter   Pſal.57.
» N'a voulu tes propos, ne l'oreille y preſter.
» Qui plus eſt, il ſe rit, ſe moque & tourne en fable   Le monde
» Ce que preſché tu as de ce iour redoutable,   ſe rit de tou
» Où tous les reprouuez, ſans nulle exception,   tes ſainɔtes
                                            remõſtran-
                                            ces.

,, *Auront de toy l'arrest de leur punition.*
,, *Il se rit des grands biens, dont les bons ont pro-*
,,   *messe,*
,, *Et du tourment aussi, que l'ardeur vengeresse*
,, *Doit causer aux meschans. Et pour comble de*
,,   *mal,*
,, *Ne feint ouuertement le traistre & desloyal*
,, *Flechir ses deux genoux deuant ton aduersaire,*
,, *En tout luy faire honneur, & seruice ordinaire,*
,, *Taschant par tous moyens tirer à son party,*
,, *Ce qui de toy ne s'est encores departy.*
,, *Sus dõc, puisque en son mal tousiours il perseuere,*
,, *Ie veux sans plus tarder, que ta face seuere*
,, *Ia le face trembler: ie veux presentement,*
,, *Puis qu'auoir n'a voulu, ny ne veut nullement*
,, *Le desir de sentir ta clemence propice,*
,, *Qu'il sente la rigueur du bras de ta iustice.*
,, *Cecy est arresté: car aux membres infects,*
Ouid.1. ,, *Et qui gastent ceux là, qui sont gras & refects,*
Metam.   ,, *Plus ne faut que le fer, & l'ardeur du cautere.*
,, *Va dõc, Fils bien-aymé, va t'en, plus ne differe.*
,, *Va, non vil & abiect, non en humilité,*
,, *Ainsi qu'à l'autre fois, ains en ta maiesté,*
,, *En royale grandeur, & terrible apparence,*
,, *Pour des cœurs reprouuez chasser toute espe-*
,,   *rance.*
,, *Va, mõ Fils, mettre à part le grain pur & entier,*

,, *Pour apres le loger au celefte grenier,*
,, *Et mettre à part aufsi la paille & la nielle,*
,, *Pour foudain la ietter en la flamme eternelle.*
,, *Va des boucs trefpuants les brebis feparer,*
,, *Et l'innocent troupeau de ta dextre honorer,*
,, *A la gauche logeant les boucs, comme ils me-*
,, *ritent,*
,, *Affin que pour iamais les flammes ils heritent.*
,, *Et d'autant que le monde en pechez effronté,*
,, *A la terre & les eaux & tout l'air infecté,*
,, *Ie veux que l'air & les eaux, & la terre pollue,*
,, *Se purgent par le feu, c'eft chofe refolue.*

Luc. 3.

Fin du premier liure.

DV DERNIER
IVGEMENT
Liure second.

L'ARGVMENT.

En ce second liure est parlé premierement des
signes, qui doiuent preceder le iugement.
Puis de la glorieuse & triomphante descente de nostre Seigneur Iesus Christ, & du
grand estonnement qu'elle causera aux meschans. En apres comme au son de la trompette estans les morts ressuscitez, est faict cō-
mandement à tous vniuersellement de se representer deuant ce grand Iuge. Quoy faict,
font rigoureusement espluchez & examinez
les faicts d'vn chacun, & principalement de
ceux, qui ont eu en ce monde de grandes
charges.

E*Stant vn tel propos de la bouche forty*
De celuy, qui la terre & le ciel a basty,
D'obeir y fut prompt le Fils sans contredire.
Car comme il est au Pere egal en son Empire,
Vn & mesme en nature, en gloire et en pouuoir:

Ainsi est il à luy d'vn & mesme vouloir.
Mais tout ainsi qu'vn corps de robuste nature,
Lors qu'il viet à sentir de la mort la poincture,
Et commence à decheoir sa force, & la vigueur
Des muscles & des nerfs en mortelle langueur,
Endure vn tel tourment, & douleur si amere,
Que toute autre douleur aupris d'elle est legere:
Ainsi quand de sa fin approcha l'vniuers,
Il sentit des efforts si fascheux & diuers,
Que bien eust esté plein de brutale ignorance,
Qui par là n'eust preueu sa proche decadence.
Car outre que lon veit & les beaux oliuiers
Steriles deuenir, & tous arbres fruictiers:
Que lon veit & la vigne & terres cultiuees,
De leur fruict coustumier du tout estre priuees:
Qu'on veit soudainement & vaches & tau-
   reaux,
Brebis & gras moutõs perir à grands monceaux:
Voire mesme la terre, oubliant sa constance,
Trembler en mille lieux, & mettre en euidence
Son sein le plus caché, s'ouurant incessamment:
La mer encore vint à s'enfler tellement,
Et faire vn si grand bruit, que d'vn bout de la
   terre
Iusque à l'autre en estoient tous les hommes en
   serre.
Par l'air couroient des vẽts, les plus impetueux

Similitude d'vn corps tirant à la mort, & du monde ti-rant à deca-dence.

Hab.3.

Matt. 24.

Qu'on auoit iamais veus, & plus pernicieux:
Dont estoient & chasteaux & citez renuersees,
Les espesses forests tout à coup terrassees.
Couroient lances de feu, si terribles à voir,
Que mesme aux plus hardis auoient bien le pou-
  uoir
D'enter la peur aux cœurs, & chasser tout cou-
  rage.
Encor outre cela, pour plus certain presage
Du malheur des peruers, la couleur du Soleil
Commença tout soudain se teindre de vermeil.
Puis du tout se chargeant d'vn noir espouuen-
  table,
Priua tout l'Vniuers de lueur desirable.
La terre aussi quittant sa plaisante clarté,
Se teignit tout de sang, & puis d'obscurité.
Mesme vn nombre tresgrand d'estoilles delais-
  ferent
Leur seiour coustumier, & en terre tomberent.
Tout cecy se ioignant à mille & mille morts,
Que la peste causoit, & à tant de discords,
Tant de troubles fascheux, tãt de guerres ciuiles,
Qui couroient par les champs, par bourgades, &
  villes,
Fut comme à vn fieureux de grand douleur es-
  pris,
Vn succroist de douleur, chassant tous ses esprits,
Et par

Et par l'ardeur du mal, dont son ame est saisie,
Et qui le faict en fin entrer en phrenesie,
Le rangeant à tel poinct, que son entendement
Est priué de bon sens, & force entierement.
Pour le dernier signal de la proche arriuee
De Christ, fut veuë au ciel vne Croix engrauée,
Signe tresasseuré que l'espoux approchoit:
Puis que ia par le ciel son enseigne marchoit.
Qui autant estonna les meschans & rebelles,
Que d'aise elle remplit le cœur de tous fidelles,
Qui leuerent leurs yeux, tenans pour tout certain, Luc. 21.
Que l'autheur de salut des cieux viendroit sou-
   dain.

Aussi sans plus tarder, sur la nuict plus profōde Descēte de
Vint descendre du ciel ce grand iuge du monde. Iesuchrist.
Si feit en bref à tous sa descente sçauoir.
Car iamais on ne veit si dru gresle plouuoir,
Ne neige au cœur d'hyuer tomber dessus la terre,
Que de coups on ouyt de foudre & de tonnerre.
Aussi comme iadis & les Consuls Romains, Similitude
Et tous ceux qui tenoiēt la iustice en leurs mains, des Cōsuls
Faisoient par les sergents des haches bien aiguës, &du Fils de
Et des verges aussi porter parmy les ruës: Dieu.
Ainsi le Fils de Dieu pour iuger arriuant
Le monde vniuersel, feit marcher en auant
Sa foudre & ses esclairs, ses sagettes flamban-
   tes,

E

Ses charbons tous ardens, ses trõpettes bruyãtes.

Triõphan-
te venue de
Iesuchrist.

Et pour chanter l'estat illustre & glorieux
Que tenoit ce grand iuge, en descendãt des cieux,
Telle lueur sortoit de sa face royale,
Que trouuer ne s'en peut au monde qui l'egale.
Sur vn char il n'estoit tiré par Elephans,
N e Lyons, comme estoient iadis les triomphans:

Psal.17.

Mais bien estoit porté pour plus grãde excellence
Par flambans Cherubins , & monstrant sa puis-
    sance,

Dan.7.

Auoit autour de soy d'Anges cent millions,
Chantans tous sa louange, & tant de legions
De Martyrs et de saincts, qu'etrer en vn abysme
Seroit, que d'en vouloir nombrer voire la disme.

Psal.96.
Hab.3.

Vn feu le precedoit pour brusler ses haineux,
Et deuant luy marchoit d'vn pas fort furieux
La mort tenant en main son dard ineuitable.
Sous ses pieds il auoit (chose à voir effroyabl e)
Des nuages espais & pleins d'obscurité.
Bref, telle estoit sa pompe, & telle maiesté
De sa face sortoit, qu'en trembloient les campa-
    gnes,
Et d'effroy se brisoient en pieces les montagnes,

Psal.96.

Ou bien venoient à fondre & du tout escouler,
Ainsi qu'on voit au feu la cire distiller.

Estonne-
ment des
meschans.

Lors voyãs les meschãs tels signes & desastres,
Furent si esperdus, que leurs faces noirastres

Deuindrent comme vn pot, où cuire on faict la
   chair.   Ioel. 2.
Si debiles estoient leurs genouils, que marcher
N'estoit en leur pouuoir. Leur ioye & asseurãce,
Leur espoir mal fondé, leur folle outrecuidance,
L'orgueil qui tellement leur enfloit les esprits,
Que d'auoir les humaïs, et Dieu mesme ẽ mespris,
Et du monde trompeur la pompe tant aymee,
Tout soudain disparut comme au vẽt la fumee.
Bien cogneurent alors, de grand peur oppressez,
Que ne l'or ne l'argent, ne thresors amassez,
Rubis ne diamans n'ont aucune puissance   Pro. 11.
De secours apporter au iour de la vengeance.
Lors le Dieu d'Israel, que (pour si longuement
D'eux auoir attendu fruict & amendement)
Ils pensoiẽt ou point n'estre, ou biẽ n'estre q̃ pere
Tousiours doux et bening, sans estre aussi seuere,
Si dur & rigoureux à eux se presenta,
Et de telle façon leurs cœurs espouuenta,
Que pour d'vn tel danger euiter la menace,
De tous costez cherchoiẽt q̃lque obscure creuace,
Affin de s'y fourrer, & tous desesperez
Disoiẽt: Tõbez sur nous, ô mõts et nous coũurez   Luc. 23.
Mais où pourroit aller le pecheur miserable   Psal. 138.
Pour ne tomber és mains de ce Dieu redoutable?   L'ire de
Si de monter au ciel, pour de luy s'escarter,   Dieu est in-
Il s'efforce, ou d'enfer au gouffre se ietter,   euitable
                         E ij   aux pe-
                                         cheurs.

Il est en tous les deux. Si chargeant son plumage,
De mer il va chercher le plus lointain riuage,
Pour se cacher de luy, là il le conduira,
Et sa puissante main au col le saisira.
Que si son compte il fait que la nuict tenebreuse
Peut estre luy sera propice & gratieuse,
C'est en vain : car à Dieu n'est moins claire la
    nuict,
Que l'heure où le Soleil plus clair en terre luit.

Penitence inutile des reprouuez.
Voyant donc cette gent de peur toute esperdue,
Que penser se cacher c'estoit peine perdue,
Que font ils, de peril pour leurs ames tirer?

Mat. 25.
A ceux qui vendoient l'huile, ils vont sans dif-
    ferer,
Pour leurs lampes fournir : sçachans que de pa-
    roistre
Deuant vn tel Seigneur, vn tel iuge, vn tel mai-
    stre,
Sans cela n'estoit seur, & que sa saincte voix
Les auoit aduertiz de cela mille fois.
Mais en vain furent là: car en telle misere
Pour or ne pour argent, ne pour humble priere,
Ils n'en peurent auoir, & de douleur estreints
A vuide retourner chez eux furent contraints.
Estans ainsi frustrez de leur vaine esperance,
Pour leur dernier recours imploroient la clemēce
De Christ, le supplians quelque temps leur dōner,

Pour mieux à leur salut pourvoir & ordonner,
Luy faisãs mille vœux, mille & mille promesses,
De quitter leurs pechez, & mieux de leurs ri-
	chesses
Vser, qu'au precedent: mais à iuste raison
Fut lors iettee au loing leur tardiue oraison.
Car touchez ils n'estoiẽt d'amour chaste et loyale
Ne d'horreur de peché, ne de peur filiale:
Mais biẽ c'estoit l'horreur et craite des tourmẽs,
Qui lors souspirs & pleurs & grãds gemissemẽs
Arrachoit de leurs cœurs: c'estoit le proche orage
Qui leur faisoit alors tenir vn tel langage.
Car si d'vn tel danger eussent peu se tirer,
Plus tost les eust on veu d'heure en autre empirer,
Que se tourner en mieux, et marcher par la voye,
Qui droit l'homme conduit en l'eternelle ioye:
Plus tost sa noire peau le More eust il changé
En blanc, & le Leopard plus tost se fust purgé
Des diuerses couleurs, dont il est remarquable,
Que sans feinte quittans leur vie abominable,
Et des plaisirs charnels l'ordure & le bourbier,
A Dieu se fussẽt ioincts de cueur pur & entier.
Aussi de cette tourbe à mal tant desbordee
Ne fut par Iesus Christ la requeste accordee.
Ioinct que ia de semer n'estoit plus la saison,
Ains de cueillir le grain, et mettre en la maison.
Le iour estoit passé, où faut que l'on trauaille.

E iij

La repen-
tance des re
prouuez ne
procede d'a
mour.

Hier.13.

De faire œuure la nuict, qui valluſt vne maille,
Nul moyen n'y auoit. Ia de l'arc desbandé
Sortoient les traits ardens, & le courroux bridé
Si long temps, & reſtreint du mors de patience,
Ia ſur eux vomiſſoit l'aigreur de la vengeance.

Mat.3.   Ia la congnee eſtoit dans l'arbre infructueux,
Pour le mettre par terre: & de gaigner les cieux,
Naz. Orat. Clos eſtant le trafic, n'eſtoit plus de nouuelles.
de Bapt. Si rempliſſoient de cris & complaintes mortelles
Tant les monts que les vaux, & de leur repentir
Trop tardif en venoit tout l'air à retentir.
Lors en pleurs ils fondoient, voyans l'heure eſtre
    prompte
L'orgueil Qu'il falloit ſans tarder au Seigneur rẽdre cõpte.
des reprou- Leur cœur, au parauant fierement orgueilleux,
uez ſe tour- Eſtoit lors auſſi bas que leurs pieds : et leurs yeux,
ne en eſtõ- Qui rien ne ſouloient voir q̃ plaiſir & verdure,
nement. D'vn coſté ne voyoïet que la fange & l'ordure,
Dont eſtoit tout le beau de leurs ames gaſté:
D'autre part ils voyoient Dieu cõtre eux irrité,
Pſal.74. Et en grande fureur verſant iuſque à la lie
Le vin de ſon courroux, pour punir leur folie.
En tels termes eſtoient, chantans triſtes helas,
Pour ſe voir eſloignez d'eſpoir & de ſoulas,
Quand pour croiſtre leur mal, & frayeur vehe-
    mente,
Ieſus Chriſt
met à mort Va tout droit Ieſus Chriſt à ſa prime deſcente
Antechriſt.

Charger cet ennemy, qui de sa maiesté
Vouloit rauir l'honneur par grand' temerité.
Mais que dy-ie charger? D'vne seule halenee
Par luy fut tout à coup la beste exterminee.
Par vn seul soufflement fut soudain culbuté
Ce meschant, & tout mort contre terre porté.
Luy qui faisoit le Dieu, & par trop fiere audace
Souuent mesmes vsoit contre Dieu de menace:
Luy qui tant se vantoit que son regne puissant
De siecle en siecle iroit tousiours en accroissant:
Qui aux siens promettoit d'vne voix piperesse
Leur estre pour rempart, & seure forteresse,
Pour ferme boulcuert, pour vn pauois bien seur,
Enuers & contre tous leur estre en defenseur:
Il gisoit côme vn tronc, à tous faisans cognoistre
Par sa mort, que fol est, qui se prẽd à son maistre.
Si fut bien au Sapin à pleurer & heurler,   Zach.11.
Voyant le Cedre haut ainsi par terre aller.
Ce fut bien aux soudars d'auoir le cœur en serre,
Voyans ainsi leur chef donner du nez en terre.
Aussi tous desconfits, tous assommez de peur,
Gisoient à la renuerse en extreme langueur,
Quand pour les resueiller, & plus tristes les rẽdre, 1.Cor.11.
Ie vins soudainement vne trompette entendre,
Faisant vn si grand bruit, q̃ plus sourd eusse esté
Qu'vn riuage marin, de flots persecuté,
Si tel son, excedant toute humaine merueille,

E iiij

N'euſt alors bien-auant entré dans mon oreille.
Car il eſtoit ſi grand,& ſi loing ſ'eſpandoit,
Que de tout l'vniuers à clair on l'entendoit.
Ne ſalue il ne ſonnoit,ne gaillarde ioyeuſe,
Aubade ne chanſon,douce & voluptueuſe:
Mais bien il entonnoit vn expres mandement
A tous de comparoir au dernier iugement,
Tãt ceux qui lors viuoïĕt,q̃ ceux la tous en ſõme
Que la mort auoit prins depuis le p̃mier homme.

Reſurre-
ction des
morts.

Si toſt que la trompette eut ſonné,tout ſoudain
Par le puiſſant vouloir du Prince ſouuerain,
Tous ceux q̃ les corbeaux auoïĕt eu pour paſture,
Et qui des vers auoient eſté la nourriture,
Et ceux auſſi qu'auoit la flamme deuoré,
Bref tous ceux que la mort auoit à ſoy tiré,
Tout au meſme moment en eſtre retournerent,

Ezech.37.

Et leurs ames au corps de rechef ſe logerent.
Les oz il me ſembloit voir aux oz ſe coupler,
Muſcle à muſcle ſe ioindre,et nerfs ſe r'aſſẽbler,
Puis renaiſtre la chair,& la peau tout de meſme.
Me ſembloit puis apres le Monarque ſupreſme
Y enter vn eſprit,qui tout ſubitement
Apportoit à ce corps & vie & mouuement.

Les Philo-
ſophes n'õt
peu croire
la reſurre-
ction : &
pourquoy.

Ainſi ſe confutoit par certaine practique,
Tant des Sadduceans la doctrine heretique,
Que des ſages mondains,qui d'vn enflé ſçauoir
Voulans reglerpar eux le celeſte pouuoir,

Et ne pouuans comprendre en leur folle ceruelle,
Comment resusciter à la vie immortelle
Pouuoient les corps humains, & pleins d'aueu-
   glement,
Pour penser tout sçauoir, & trop estroictement
Embrasser leurs raisons, & _aulner_ la puissance
Du Dieu de l'vniuers à leur intelligence,
Se mocquoient de ceux là, qui fermes asseuroiết,
Que les morts à la vie vn iour retourneroient.
Si auois tous mes yeux fichez en tel spectacle,
Et le cœur tout rauy, pensant à ce miracle,
Ne voyất plus ne sourds, n'aueugles, ne boiteux,
Ne manchots, ne bossuz, ne percluz, ne le-
   preux,
Ains tous en general exempts de pourriture,
En meur aage, & de corps en parfaicte droi-
   Cture:

Les corps resuscite-rốt sains & entiers de tous mem-bres.

Quand soudain à mes yeux se vint encore offrir
Vn bien autre spectacle, & le cœur me ferir
D'vne telle frayeur, qu'en nul iour de ma vie
Ne pense auoir souffert vne telle agonie.
Qu'on ne mette en auant ne la peur que sentit
Le nepueu d'Abraham, quand iadis il sortit

Gene.19.

De Sodome, fuyant le peril de la flame,
Qui tomboit sur le peuple en tous pechez infame:
Ne celle où d'Israel la race se trouua,

Exod.14.

Quand le Prince d'Egypte à dos luy arriua,

Et que pour euiter la tyrannique rage,
Par la mer se voyoit estouppé le passage:
Ou celle qui transsiz les rebelles rendit,
Lors que le feu du ciel en Carmel descendit,
Pour monstrer aux mutins, par vn signe admi-
    rable,
Que le Seigneur estoit le seul Dieu veritable.
Ces peurs là n'estoient rien au pris de celle cy,
Qui me rendit alors si tremblant & transy,
Que bien peu s'en fallut que l'esprit tout à l'heure
Du corps son hostelier ne quictast la demeure.
Car ie vey tout soudain par le vouloir de Dieu
Tous les hommes du mõde assembler en vn lieu,
Pour estre de chacun pesee à la balance
La vie, & pour donner à chacun sa sentence.
Mais helas, ò Seigneur, combien estoit diuers
Le maintien des Esleuz, & celuy des peruers!

Car alors des Esleuz la troupe bienheureuse
Monstroit vn front gaillard, vne face ioyeuse,
Vn chef haut esleué, tesmoings seurs & certains
Du tresheureux espoir, duquel ils estoient pleins.
Aussi n'estoit raison qu'ils feissent triste chere,
Se voyans approcher de la claire lumiere.
N'estoit raison que fust leur esprit esperdu,
En approchant du bien si long temps attendu.
C'estoit aux Reprouuez d'auoir triste la face,
Monstrer vilain minois, faire laide grimace,

Ietter de gros souspirs, fondre en larmes &
  pleurs,
Se sentans approcher des peines & douleurs.
Aussi tel estoit lors leur port & contenance,   Triste mi-
Tel leur triste maintien, donnant claire appa-   nois des re-
  rence,   prouuez.
Que pour tant de pechez, que commis ils auoïet,
Nul espoir de salut en leurs cœurs ne couuoient.
Iamais vn criminel qu'on met sur la sellette
Pour son dicton ouyr, ne sentit telle estraite,
Ne tel estonnement, que tous ces reprouuez
Sentoient en leurs esprits d'esperance priuez.
I'en voyois qui auoient les espaules panchantes
Et le dos tout courbé, pour les charges pesantes
Qu'ils portoient de pechez. D'autres qui re-   Triste main-
  nommez !   tien des hy
Estoient de leur viuant, & du monde estimez   pocrites.
Gens de bien & d'honneur, grands en vie & do
  ctrine,
Qui faisoient toutefois si triste & grise mine,
Qu'eux-mesmes se iugeoient, & leur front tout
  hideux
Monstroit que tout espoir s'estoit esloigné d'eux.
Et de faict, ils n'auoient la robbe nuptiale,   Matth. 22.
Qu'il faut pour se trouuer à la table royale.
Si estois en grand' peine & grand perplexité,
N'ayant que sur cela mon penser arresté,

Quand soudain i'entēdy nō vn son d'espinettes,
Ains le bruit furieux des diuines trompettes.
Et qui plus mettre fin me feit à mes discours,
Dan. 7. Ce fut quand arriuer ie vey le Vieil des iours,
Pour donner les arrests: mais en telle maniere,
Que quand bien le soleil en quictant sa carriere
Eust esté là planté, si n'eust il toutefois
Rendu ce lieu si clair, qu'alors ie le voyois.
Similitude de Iesu-christ & du Soleil. Or comme du Soleil la lumiere admirable,
De tous ne se reçoit d'vne sorte semblable:
(Car ceux qui les yeux ont de mal interessez,
En voyant ses rayons se trouuent offensez,
Mais de ceux, qui la veuë ont ferme & asseuree,
A voir vn Soleil, l'œil se plaist & recree:)
Autre simi-litude de ceux qui ont la iau-nisse, & des reprouuez. Psal. 44. Et cōme à ceux qui sont du mal royal attains,
Amer semble le miel, qui tresdoux est aux sains:
Ainsi ce grād Monarque, & qui tous hommes passe
En beauté de visage, en douceur & en grace,
De ceux là qui auoient sa loy saincte gardé,
Estoit d'vn œil gaillard & ioyeux regardé.
Au contraire ceux là, qui de cœur volontaire
En mespris auoient eu sa loy tressalutaire,
Preferans les plaisirs de ce monde trompeur
Aux biens par luy promis, sentoient horrible peur,
La veuë En voyant ce grand iuge: & sa face seuere

Leur empliſſoit le cœur de douleur treſamere:
Et tout autant de fois que leurs yeux ils iettoient
Sur luy, ale coups autant en leur ame ils ſentoiẽt.
Autãt qu'en ſa fureur il leur iettoit d'œillades,
Autant ſentoient au cœur d'aſſauts & d'alga-
    rades.
Et quand à regarder venoient ſes belles mains,
Et ſes pieds contempler, que de cloux inhumains
Autresfois ils auoient percez pargrãde iniure,
Quand auſſi le coſté, dont fut faicte ouuerture:
Alors de coups d'eſclair autant voir leur ſem-
    bloit,
Alors & leur eſprit tout d'effroy ſe troubloit,
Et tout le corps auſſi plus froid cent fois que
    marbre,
Trembloit ainſi qu'au vent on voit la fueille en
    l'arbre.
Alors ils deploroient, mais ſans vtilité,
La durté de leurs cœurs, & grande cecité.
Alors ils deploroient leur grande ingratitude,
De n'auoir embraſſé la douce ſeruitude
D'vn Seigneur tant bening, tant doux & gra-
    cieux,
Qui tãt auoit ſouffert pour leur ouurir les cieux.
Et comme en tels regrets, ou plus toſt en tels pie-
    ges,
Eſtoient ces malheureux, on va poſer des ſieges,

Dan.7.   *Et vn throne au milieu tout rouge & flāboyāt,*
Où le iuge s'asseit, à ses costez ayant,
Combien qu'en lieu plus bas, sa troupe Aposto-
 lique.

Vestement
de Iesu-
Christ.
Matth.7.   *Vne robbe il auoit fort riche & magnifique,*
Aussi blanche que neige, & si blancs les che-
 ueux,
Que la laine plus fine en riē n'approchoit d'eux.
D'auantage il auoit autour de sa personne,
De celestes esprits vne telle couronne,
Que plus tost que d'auoir vn tel nombre compté,
En nombre on auroit mis tous les grains de l'e-
 sté.

Dan.7.   *Au surplus on voyoit vne ardente riuiere*
De sa face sortir, & courir treslegere.
Bref, tout estoit alors si plein d'estonnement,
1.Pet.4.   *Que mesme les plus saincts n'estoient sans trem-*
 blement.

Et de faict, y a il vertu tant accomplie
De tous poincts, qui deuant ce grād iuge ne pliē?
Qui maigre ne se trouue, & de peu de vigueur,
S'il la veut esplucher en son aspre rigueur?
Veu que mesme du ciel les estoilles luysantes
Ne sont deuāt ses yeux de tache assez exemptes,
Et mesme aux escadrons diuins a peu trouuer
Dequoy tresiustement les perdre & reprouuer?
Donc en tel appareil & tant espouuentable

Apres que fut aßis ce iuge inexorable,
Lors on ouurit le liure, ou estoient d'vn chacun
Les faicts escrits au long, sans qu'obmis en fust
   vn.
Mais q̃ di-ie les faicts? là estoiẽt en grãd roolles,
Les pensers plus legers, & plus simples paroles.
Et qui rendit alors les pecheurs bien camus,
C'est que fut pratiqué, ce qu'on dict q̃ Momus
En l'homme desiroit, accusant la Nature,
Pour n'auoir en luy faict au corps quelque ou-
   uerture,
Affin de voir à iour, sans qu'il peust rien celer,
Si du cœur le dedans respondoit au parler.
Car lors furent renduz les corps si diaphanes,
Qu'à trauers on voyoit & les vices prophanes,
Et les vertus außi : lon voyoit clairement,
Qui mal auoit vescu, qui bien & sainctement.
Et d'autãt que n'auoient, estans encor au mõde,
Les meschans voulu voir leur vie orde & im-
   monde:
N'auoiẽt voulu ne voir, lors qu'en estoit le tẽps,
Ne pleurer leurs pechez, ains en vain se flatans,
Les auoient mis à dos, pour n'en auoir la veuë,
Affin par tel moyẽ que d'eux n'en fust cogneuë
L'horreur, la grauité, l'ordure & puanteur,
Qui leur eust peu causer au cœur quelq̃ douleur:
Le Seigneur à bõ droit, pour leur grãde vergõgne,

Au iour du iugement les pechez serõt expo-sez à la co-gnoissanc- de tous.

Aug. enar. in Psal. 48.

Droit en face leur meit alors telle charongne:
Et qui pourroit assez de ceste nation
En cent vers declarer la grand' confusion,
Quand ils veirent leur vie en pechez toute vsee,
De tous estre en public à la veuë exposee?
Quãd leurs actes vilains, voire les plus cachez,
Et dont en pleine nuict ils s'estoient entachez,
Et leurs plaisirs charnels, & dont ils faisoient
    gloire,
Ou ceux dont ils auoient perdu toute memoire,
Leur furent tous alors en bloc representez?
O Dieu, cõbien estoient leurs cœurs espouuëtez,
Combien triste leur front, combien leurs faces
    blesmes,
Estans de tous les saincts l'horreur, voire d'eux-
    mesmes!

<table>
<tr><td>Similitude des vlcerez & des reprouuez.</td><td>Car comme on voit ceux là, qui d'vlceres diuers
Ont les membres pourriz, ou corrõpuz de vers,
Eux-mesmes se hayr, eux-mesmes s'estre en peine,
Eux-mesmes abhorrer l'odeur de leur haleine:</td></tr>
</table>

Ainsi ces reprouuez venans ore à sentir
(Quand ia plus ne portoit de fruict le repentir)
De leurs pechez infects l'horrible camarine,
Et la puante odeur sortant de leur poitrine,
En venoient iusques là, qu'eux-mesmes s'abhor-
    roient,
Et pouuoir se fuir eux-mesmes desiroient.

O Dieu

O Dieu, qui est celuy de si grande eloquence,
Qui pourroit en vn iour descrire à suffisance
Le trouble où ils estoient, voyans contre eux
    rangez
D'vn costé les forfaicts, où ils s'estoiēt plongez,
Les diables d'autre part en nombre innumera-
    ble,
Qui de Christ attendoient l'arrest inuariable,
Pour leurs griffes ietter sur eux, & les tirer
Au lieu, dont il ne faut de sortir esperer:
Voyans aussi le iuge en face furieuse,
Et d'enfer au dessous la maison tenebreuse:
Voyans tout l'vniuers en flambe, & au dedans
Leurs cœurs estans bruslez de regrets tresardās!
D'accusateur seruoit contre eux leur propre of-
    fense.
Pour tesmoing suffisoit leur seule conscience.
Celuy pour iuge auoient, à qui tout apparoist,
Qui clair comme le iour tout voit & tout co-
    gnoist.
Ainsi pour ennemis auoient leurs domestiques,
Pour Iuge l'Eternel, terreur de tous iniques.
De penser le gaigner par grace ou par faueur,
Par or & par argent, ou piteuse clameur,
Ou bien par le coulant d'vne langue polie,
C'eust esté perdre temps, & certaine folie.
De penser le tromper par subtils argumens,

Terrible
espouuéte-
ment des
reprouuez.

Rom. 2.

Matth. 10.

F

Par le vray desguiser, ou bien par faux sermens,
Nul moyen n'y auoit. Car là plus de puissance
Auoit la pureté de saincte conscience,
Que non pas ne les mots subtils pour deceuoir,
Ne les coffres tout pleins de richesse & d'auoir.
O qu'ils estoient confus, n'ayans en tel escládre,

Naz. orat.
in plag.
grand.

Que pouuoir alleguer, ne dequoy se defendre,
Quand ce Iuge eternel mettoit deuant leurs yeux
Les grands biens d'vne part, & dons tant pre-
cieux,
Que faicts il leur auoit, dont le plus memora-
ble
Estoit d'auoir liuré d'vn amour pitoyable
Tout son corps à tourmës, et douleurs de la mort,
Affin par tel moyen de rompre le discord,
Estant entre son Pere & l'humaine Nature:
D'autre part les pechez & la vilaine ordure,
Où plongez ils s'estoient, au lieu de respecter
Son sainct nom en tout temps, & honneur luy
porter!
Plus muets que poissons à si iuste reproche
Se monstroient les malings, qui plus fermes que
roche
Faussement se pensoient, lors que pleins de santé,
Ils viuoient en plaisirs, & grand' prosperité:
Tout ainsi qu'vn soudard de cœur lasche & ti-
mide,

Qui faict le braue en paix, mais bien tost s'inti-
  mide,
Quand il se trouue en place, où d'vn plus furieux
Il luy faut soustenir le choc impetueux.
Alors pour se sauuer il veut gaigner la fuite.
Mais l'ennemy faict tãt par la roide poursuite,
Qu'il l'attrappe & renuerse, & soudain d'vn
  bras fort
Il descharge sur luy tel coup, qu'il le rend mort.
Or quoy que grãd rigueur fust lors à tous tenuë,
Si ne fut neantmoins à la tourbe menuë
Tenu tant de rudesse, & de seuerité,
Qu'il fut contre les grands en grade & dignité.
Car les choses qu'on tient icy pour honorables,
Estoient en ce lieu là fardeaux insupportables.
Lors estoiët rudemët traictez Princes & Rois,
Qui leurs peuples n'auoient regy par bõnes loix,
Qui d'emprunts excessifs, de tailles & subsides,
Les auoient oppressez, se monstrans si rigides,
Ou plus tost si cruels, que d'eux tout cœur humain
S'ëbloient auoir chassé, prenãs le sceptre en main.
Lors estoient durement traictez gens de iustice,
Qui tousiours auoient faict mestier & exercice
De vendre à purs deniers les loix, & pour argent
Peruertir le bon droict du pauure & indigent.
Mais ceux là, qui de tous par ce iuge seuere
Estoient examinez de plus rude manière,

Marginalia:

Similitude d'vn mauuais soudard & des Reprouuez.

Quæ hic honorant, illic one-rant. Les grands sont plº rudemēt examinez du fils de Dieu.

Pasteurs de l'Eglise plº rudement examinez que nuls autres.

Et à qui fut alors auec plus de rigueur
Demandé le profit de leur charge & labeur,
Furent les mauuais chefs, & pasteurs de l'Eglise,
Qui des douces brebis ayans la laine prise,
En ayans beu le laiĉt, bien peu du demourant
Se donnoient de soucy, voire qu'allast mourant
De faim tout le troupeau: peu se dõnoïet de peine
De veiller iour & nuiĉt pour leur garde certaine:
Ezech.34. Bien peu de visiter ce qui mal se portoit,
Bien peu de conforter ce qui debile estoit,
Bien peu de rechercher la brebis esgarée,
Et la remettre au lieu, dont estoit separée:
Si que pour le deffaut de pasteurs bien apprins
A garder les troupeaux qu'en charge ils auoient
    prins,
Les Loups & les Lyons pleins de rage & furie,
Forçans de prime abbord la haye & bergerie,
Auoient cruellement tout prins & rauagé,
Et les pauures brebis sans respit esgorgé,
Brebis dont Iesuchrist faisoit estime telle,
Que pour elles mourir d'vne mort trescruelle.
Lors donc à ces pasteurs (si pasteurs est raison
De nommer telles gens, qui prenoient la toison,
Non le soing & labeur, ny la garde & defense
De leurs foibles troupeaux) d'vne terrible in-
    stance
Le iuge commandoit de respondre, & pour eux,

Et pour tous leurs troupeaux, dont si peu sou-
   cieux
S'estoiët icy mõstrez : les sommoit à voix haute
De respondre du sang de ceux qui par leur faute,
Et pour n'auoir iamais sur leur salut eu l'œil,
De la mort eternelle en l'eternel sommeil
S'estoient enseueliz : response toute prompte
Il vouloit auoir d'eux, & qu'ils rēdissent com-
   pte
De leurs talents receuz, & qui plus encor est,
Des talents demandoit le fruict & l'interest.
Sur tel interrogat ne sçachans que respondre
Ces pasteurs malheureux, desiroient pouuoir fon-
   dre
En abysme profond : mesme estans harassez,
Ores par leurs troupeaux, qui pres d'eux amassez
Leurs pestes les nommoient, leur scandale, &
   ruïne,
Ne leur ayans donné ne Chrestienne doctrine,
N'exemple bon & sainct : ores d'vn nõbre grãd
De pauures souffreteux, qui d'vn cry penetrant Les Eccle-
Les appelloient larrons, qui par vray brigãdage siastiques
Auoient à soy rauy leur plus riche heritage, abusans du
Portans à leurs despens le Satin & Damas, bien dont
Faisans de iour en iour d'escus nouuel amas, ils ont la
Ou bien consumans tout au plaisir de la panse, charge, sõt
En chiens & en oiseaux, & semblable despense. vrays lar-
                                                   rons.

F iij

Leur estant tels propos iettez deuant le nez,
O vray Dieu, qu'ils estoiët confuz & estônez!
O comme ils blesmissoient!ô quel espais nuage
De tristesse & douleur leur couuroit le visage!
Alors ils maudissoient leur pourpre, & leurs
    chappeaux,

Leurs amples reuenuz, leurs palais et chasteaux,
Leurs grandes dignitez, & leurs superbes titres
De saincts & reuerends, leurs crosses & leurs
    mitres,
Se souhaitans auoir esté simples chartiers,
Simples becheurs de terre, ou pauures iardiniers,
Au lieu de grands palais n'auoir eu que burons,
Au lieu de mets exquis, qu'herbes & potirons,
Au lieu de beaux habits qu'vne pauure canie,
Au lieu de grands thresors auoir questé leur vie:
Comme aussi faisoient ceux qui n'auoient faict
    deuoir
De bien & sainctement vsé de leur auoir,
Ains toustours adoré l'argent en ce bas estre,
Pour leur Dieu, pour Seigneur, & pour vnique
    maistre.

Si vins encor à voir autre espece de gens
Fort pesneux & troublez, & se descourageans,
Qui d'autres mal-heureux trainoient vne grãd'
    suite,
Pleine de dueil amer, en pleurs toute confite.

C'eſtoiet ceux, qui pouſſez du vent d'ambition,
De la robbe de Chriſt auoient faiɛt ſeɛtion,
Verſans au plus parfond des ames trop legeres,
Le ſuc pernicieux des erreurs menſongeres,
Pour ſannoblir en terre, & celebrer leur nom.
Mais bien cher leur couſtoit adõc vn tel renom.
Car autãt qu'ils auoient par leur doɛtrine ſ.tuſſe
Faiɛt treſbuchier d'eſprits en l'heretique foſſe,
Autant eſtoit auſſi par vn droiɛt iugement
Alors mis de ſurcroiſt à leur peine & tourmẽt.
Bref en eux & en tous, tant pour peſer le vice
Que la vertu, par tout fut vſé de iuſtice.
Tout y fut balancé d'vne telle equité:
Si bien & meurement tout y fut diſcuté,
Que les fols de iadis (car fols à iuſte cauſe
Bien nommer ie les puis, voire dire les oſe
Eſtre les vrais Geans, contre le Roy des cieux
Vomiſſans aigrement propos ſi furieux)
Qui de Dieu tout à plat nyoient la ſapience
Eſtendre iuſque à nous ſon œil de prouidence,
Le diſans n'auoir ſoing que des celeſtes corps,
Ne pouruoir ꝗ là haut aux ſpheriques accords,
Laiſſant tout icy bas rouler à l'aduenture,
Sans reigle, & ſans raiſon, ſans ordre, & ſans
    meſure,
Alors furent contrainɛts à Dieu gloire donner,
Et leur meſchãt propos deſmordre & condãner:

F iiij

Theod. lib.
2, De pro-
uid.

Cõtre ceux
qui niét la
prouidéce
de Dieu.

Diogenes. Côme auſſi fut ce chiẽ de mœurs & bouche ſale,
Que Sinope porta, qui diſoit que d'Harpale,
Homme inique & meſchant, l'heur & felicité
Confutoit clairement des Dieux l'authorité,
En ce qu'vn tel larron, digne de tout ſupplice,
En toute choſe auoit fortune ſi propice.
A ces cenſeurs alors fut force de baiſſer
Leur orgueilleuſe teſte, & tout haut confeſſer,
Voyans tout à ce iour paſſer par la balance,
Que vrayement y auoit vne diuine eſſence,
Qui aux dicts de chacũ, & faicts garde prenoit,
Et du ciel le plus haut ce monde gouuernoit:

La proſpe- Et que voir icy bas touſiours vn doux zephire
rité des Pouſſer heureuſement du meſchant le nauire,
meſchants N'eſtoit vn argument de diuine faueur,
eſt vn ſigne Ains plus toſt vn ſignal de ſon ire & fureur,
de l'ire de Qui d'autant que plus d'heur & plaiſir il luy
Dieu.   donne,
D'autant qu'à ſes deſirs plus icy l'abandonne,
D'autant plus de tourmẽs & plus griefues dou-
       leurs
En ſon iuſte courroux il luy prepare ailleurs.
Si que trop meilleur eſt, & trop plus deſirable,
La debte icy payer au pecheur miſerable,
Qu'eſtre icy eſpargné, pour puis apres ſentir
Vn feu, dont à iamais n'eſt poſſible ſortir,
Et d'vn plaiſir ſi court en payer pour vſure

Vn regret, vn tourment, vn dueil qui tousiours
    dure.

Or comme de ceux-cy les propos forcenez,
Par Christ furent alors de pres examinez:
Ainsi fut bien au loing cette excuse iettee,
Qu'auoient quelques mondains auec eux appor-
    tee,
Qui leur faultes pensoient couurir & excuser,
Pour dire qu'ils auoient esté contraints d'vser
Des coustumes & loix qui couroiët par le mõde,
Qui les auoit plongez en la fosse profonde,
Comme ayant en tous temps le tromper pour son
    art.

Et ceux-cy dõt ie parle, estoient pour la plus part
Ou personnes de Court, ou sacrez à Bellonne,
Ou bien de noble sang, qui d'vne ire felonne,
Pour le moindre propos, ou le tort plus leger,
Que l'esprit se pourroit d'aucun homme forger,
Se mettoient en furie, & perdans patience,
A rië plus ne songeoient qu'à vser de vengeãce,
Estimans faussement, que l'ire refrener,
Et l'outrage receu doucement pardonner,
Estoit faict de poltron, & indigne se rendre
De cet honneur, où doit la Noblesse pretendre:
Au contraire, sçauoir trouuer subtilement
Moyen de se venger, & tuer brusquement
Son hõme, ou bië le prendre à son grand auãtage,

Cõtre ceux
qui prefe-
rët les loix
& coustu-
mes du mõ
de à la loy
diuine.

Cõtre ceux
qui appetët
vengeance.

Estoit tour d'habile homme, ou de noble courage,
Et que qui autrement vser en eust voulu,
Et armes, & noblesse, & Cour luy eust falu
Par vn mesme moyen quitter, & se retraire
En quelque lieu loingtain, obscur & solitaire.

Excuse vai-
ne des cour
tisans.
Le Courtisan aussi d'vne tremblante voix,
Se disoit de la Cour auoir suyuy les loix,
Et que pour s'aggrandir en honneurs et richesse,

Mœurs des
mauuais
courtisans.
De la Cour luy faloit imiter la finesse,
En ensuyure les mœurs, feint estre & simulé,
Mettre peine d'auoir vn bec bien affilé,
Dire bien des presens, & les mordre en derriere,
Flatter ceux qui auoient la fortune prospere,
Eniamber sur autruy, mentir à tous propos,
Pour courtiser les grands se priuer de repos,
Laisser à part le soing de la vie eternelle,
Pour de Cour acquerir la faueur peu fidele,
Pour vn espoir douteux quitter sa liberté,
Pour ne desplaire à nul espargner verité,
Changer de iour en iour de mœurs plus qu'vn V-
lysse,

Psal. 9.
De bouche & non de cœur à tous offrir seruice,
Flatter les grãds seigneurs, & tousiours les louer
En leurs desirs charnels: d'eux par tout s'aduouer
Et soudain leur venant le vent estre contraire,
Les quitter tout à plat, & loing d'eux se di-
straire,

Pour prendre autre party, mõstrans ouuertemẽt
Qu'õ n'estoit amy d'eux ains de l'heur seulemẽt.
Mais rien ne luy seruit d'vser de ces paroles,
Rien de mettre en auant excuses si friuoles.
Car là toute raison, quelque belle couleur
Dont on la sceust parer, se trouua sans valeur.
Là ne femme, ne bœufs, ne rien pour dire en
    somme,   Luc. 14.
Ne pouuoit en tel temps seruir d'excuse à l'hõme,
De ne s'estre pourueu d'accoustremens requis,
Pour se pouuoir trouuer à ce festin exquis,
Qui au ciel attendoit les ames genereuses,
Qui auoient sur Sathan esté victorieuses.
Et de faict, commẽt eust ce grand Iuge approuué
Telle excuse, & comment y eust il conniué,
Veu que mesme aux vertus, aux biẽ-faicts et iu-
    stices,   Bern. serm.
Aux sainctes oraisõs, aux vœux, aux sacrifices, 55. in Cant.
Auoit l'œil de si pres, & si seuerement.
Chasque article espluchoit, que grãd estonnemẽt
Me vint saisir le cœur, voyant telle censure?
Car des vertus ostant l'escorce & couuerture,
D'vn œil tresuigilant au noyau regardoit,
Pour voir si le dehors au dedans respondoit.
Si se cogneut alors au vray la difference
Du diuin iugement, & de nostre ignorance,   Iugement
Qui iugeons biẽ souuẽt ceux là les plus parfaicts, incertain
                                  des hõmes.

Qui sont deuant les yeux de Dieu les plus infects:
Bien souuët reiettõs ceux qu'il louë & approuue,
Follement condamnons ceux que meilleurs il
   trouue:

1.Reg.17.   Comme aduint à Dauid, qui peu fut estimé
De son pere ignorant, mais de Dieu tant aymé,
Que ses freres laissez, de luy fut fait elite,
Affin de gouuerner le peuple Israëlite.
Mais quel besoin est-il prëdre exemples de loing,
Veu qu'en estoit ce iour si fidele tesmoing?
Où comme en fut trouué, dont la vertu louable
Receut du Fils de Dieu grand gloire & memo-
   rable,
Qui toutefois pour estre en leurs bien-faicts ca-
   chez,
Au mõde estre sembloïet de tout vice entachez:
Ainsi s'en trouua lors, voire vn bien plus grand
   nombre,
Qui de vertu n'auoient deuãt Dieu rië q̃ l'õbre,
Quoy qu'icy gës de bië & saincts on les iugeast,
Et des Eleuz heureux au rang on les logeast.

Mar.11.   Ie vey mille figuiers, & mille encor, & mille,
Ausquels ne fut trouué qu'vn fueillage inutile,
Et pour ne voir en eux nul fruict, tant se fascha
Iesus Christ, que soudain à iamais les seicha.

Contre les   C'estoïet ceux qui tenir souloïet propos hõnestes,
hypocrites.

Qui en Anges parloient , & viuoient comme
    bestes,
Ayans bien de Iacob la douce & simple voix, Gen.27.
Mais les mains d'Esau , rude homme, & mal
    courtois.
Ie vey mille vertus de si belle apparence,
De lustre si plaisant, que croyois d'asseurance
Leur pouuoir estre tel, que de guinder és cieux
Les hōmes, qui auroient tels biēs au dedās d'eux.
Mais comme on voit és corps de chaleur trop
    debile,
Et dont est l'estomach trop foible & imbecile,
S'engēdrer vne eau rousse, ou bien vn sang blaf-
    fard,
Et sereux, qui ne tient le corps brusq' et gaillard:
Ainsi sur ces vertus trouua bien que redire
Ce grand Iuge eternel, qui de premiere mire
En apperceut le vice, & veit bien clairement
Que ce n'estoit que fard, & tout desguisement.
Parquoy les ietta loing, cōme on faict la maree
Qui s'est gastee au port, & toute autre denree
Qui se sent du pourry, comme lon faict encor
La monnoye qui n'est d'aloy requis, & l'or
Qui n'a tous ses carats, ou bien que lon voit estre
Par mains sophistiqué d'homme à tromper a-
    dextre:
Ou bien comme lon voit le pauure laboureur,

Similitude d'vne humeur seruse &des hypocrites.

Comparai-
son d'vn
mauuais
payeur de
ferme, &
d'vn hypo-
crite.

Qui bõ et pur fourment doit rẽdre à ſon ſeigneur,
Si la terre qu'il tient, n'a eu bonne ſemence,
Si de bien labourer n'a pas faiĉt diligence,
Et les bleds verdelets en ſaiſon nettoyer
D'herbage vicieux, quand venant de payer
Le terme, à ſon ſeigneur autre choſe n'apporte
Qu'vn bled noir et poudreux, & nõ tel q̃ le porte
Le marché faiĉt entre-eux, bien loing eſt reietté,
Et à toute rigueur par ſon maiſtre traiĉté:
Ainſi le Fils de Dieu ne voyant que feintiſe,
Que fard en ſes vertus, non bonne marchandiſe,
Biẽ loing les rebuta, mõſtrant cõme il eſt ſainĉt,
Qu'auſſi veut il de nous vn ſeruice non feint.
Que ſi tu veux ſçauoir pourquoy tant de prieres,
Tãt d'hõneſtes labeurs, tant de ieuſnes auſteres,
Tant d'argẽt aumoſné, tant d'œuures vertueux,
A leurs maiſtres alors ne furent fruĉtueux,

Vaine gloi-
re eſt la tei-
gne des ver-
tus.

C'eſtoit qu'en ces vertus la teigne eſtoit entree,
S'y eſtoit quãt & quãt gloire humaine fourree,
Qui des vertus naiſſant, les ronge entierement,
Et en vices les faiĉt decheoir vilainement:
C'eſtoit que ces vertus eſtoient vuides d'hum-
　　bleſſe,
Se faiſoient en orgueil, & ſuperbe hauteſſe,
Auec vn cœur enflé: c'eſtoit que telles gens
Priſans haut leurs bien-faiĉts, & les autres in-
　　geans,

N'auoient qu'vne vertu feinte & Pharisaïque,
Ne s'estoient proposez iamais pour but vnique,
Du grand Dieu d'Israël la gloire & sainct hō-
    neur,
Ny son amour aussi, mais l'humaine faueur,
Et la gloire mondaine, & vaine renommee,
Qui tout soudain se perd cōme au vent la fumee:
Vrais masques desguisez, vrais sepulchres blan-   Mat. 13.
    chix,
Qui beaux par le dehors, & tres-bien enrichiz
De marbre Parien, & de belle peinture,
N'ont rien par le dedans que vile pourriture.
O gens tresmalheureux, qui souffrans vn labeur   Bern. Apo-
Pareil aux gens de bien, mais nō de mesme cœur,   log. ad Gu-
                                                   liel. Abbat.
Au lieu d'en receuoir le loyer desirable,
N'en reçoiuent que peine, & tourmēt miserable!
O gens tresmalheureux, qui pour n'auoir porté
De cœur franc & gaillard, & prompte volonté,
La croix de Iesus Christ, fardeau tant salutaire,
N'en reçoiuent aussi qu'vn bien triste salaire!
Nouueaux Cyreneans, qui grondans sous le fais,   Luc. 23.
Du fruict qui en reuient, se priuent à iamais.
O combien eust esté meilleur pour eux de suyure   Bern. vbi su-
Le chemin qui tout droict meine à la mort , &   prà.
    viure
En tout aise & plaisir, du bon temps se donner,
Iouer & nuict & iour, qu'en vain tāt se peiner!

N'eust-il pour eux esté beaucoup plus souhaita-
    ble,
Viure icy de façon plaisante & delectable,
Et puis du feu souffrir l'eternelle douleur,
Que non pas de misere aller à tout malheur,
Et sortant de tourment entrer en autre peine:
Se priuer de plaisirs en cette vie humaine,
S'assommer de trauaux, & leur chair rudoyer,
Puis au party d'icy n'auoir pour tout loyer,
Que le feu tenebreux, qui brusle & ne consume,
Que pleurs, & gros sanglots, regrets, & amer-
    tume?
O combien en tel cas estoit à preferer
Le sort des plus charnels, qui pour rien n'esperer
De bien ne de soulas, que durant cette vie,
Bien loing auoient chassé toute melancholie,
Et si peu qu'ils auoient de temps à viure icy,
Reiettans tous labeurs, bannissans tout soucy,
Ne s'estoient occupez à autres exercices,
Qu'à se donner plaisir, & suyuir les delices!
Combien estoit leur sort & leur condition
Meilleure que de ceux, qui pour l'affliction
Tant de corps que d'esprit, pour tant de peines
    dures,
Pour ieusnes rigoureux, pour chaleurs & froi-
    dures,
Pour tãt de grãds trauaux, dõt ils s'estoiẽt brisez,
                                        N'en

N'en estoient pour cela de rien fauorisez,

Ains tranchez en deux parts, et selon leurs me- Mat.25.
   rites

Estoit mise leur part auec les hypocrites.

Pourquoy? d'autant qu'en eux manquoit cette Sans chari-
   vertu, té n'est pos-
                                          sible entrer

Qui les autres couronne, & dont estre vestu en Paradis.

Faut pour entrer és cieux , où droict elle nous
   guide,

Et sans qui tout bien-faict est fade & insipide.

I'entens la Charité, le royal ornement

De bien & de vertu, le braue parement

De tout œuure louable, & tendant à la gloire.

Qui d'elle despourueu se flatte, & faict a croire

Que riche assez il est, & en biens florissant,

Par trop se mescognoist, & de vent se paissant,

En vain cuide tenir grand' richesse embrassee,

N'estant entre ses mains que vaine ombre a-
   massee.

Ne sçait le mal-heureux, que qui n'a charité,

Eust il tous autres biens, n'a rien que pauureté.

Qui sans amour diuin d'entrer au ciel fait compte,

Et au rang des Eleux estre escrit, se mesconte.

Il faut que cet amour luy trace heureusement

Le sentier pour aller au ciel: car autrement

En vain monter en haut se promet sans eschelles,

G

En vain il se promet voler sans auoir ailes.
Celuy trop se deçoit, qui pense estre enroulé
Entre les bien-heureux, sans estre signalé
De la marque de Christ: car amour faict cognoi-
   stre
Celuy qui est au vray disciple d'vn tel maistre.
Qui sans auoir empreint son amour dãs le cœur,
Vit biẽ au demeurãt, & du vice est vainqueur,
Semblable est à celuy, qui courant hors de voye,
Tant plus roide court il, & tant plus se desuoye.
Ne faut donc s'esbahir, si ceux cy furent lors
Logez au rang de ceux, qui monstrans au dehors
Vn honneste minois, & faisans bonne trongne,
En secret parápres sans aucune vergongne
A mille actes vilains, & crimes malheureux,
Venoient à se plonger, pensans fuyr les yeux
De ce Iuge seuere, & celeste Monarque,
Qui tout voit clairement, tout obserue, & re-
   marque,
Et qui lors ordonna sur eux double tourment,
Tant pour auoir peché, qu'aussi pour feinctemẽt
S'estre icy gouuernez, & rempliz de malice
Faulsement auoir pris le tiltre de Iustice.
A tant eut acheué. car quant à ses Eleuz,
De pechez ne les veit entachez ne polluz:
Car purgez ils estoient, ou par sanglant mar-
   tyre,

Io.13.

A qui res-
semble ce-
luy qui tas-
che à bien
viure sans
charité.

Diuerses
purgatiõs.

Ou par amour ardant, qui soudain comme cire
Faict fondre tous pechez : ou par ce desplaisir,
Et cette aspre douleur, qui le cœur vient saisir,
Quand l'homme est viuement touché de repen-
    tance,
D'auoir outrepassé la diuine ordonnance:
Ou bien apres leur mort par l'ayde des amis,
Qui pour eux en deuoir de prier s'estoient mis,
Faire aumosne pour eux, & offrir sacrifice,
Affin que le Seigneur leur fust doux, & propice:
Ou bien pour le dernier, auoient purgé ce peu
Qu'ils auoient de pechez, en passant par le feu.

Fin du second liure.

G ij

DV DERNIER
IVGEMENT
Liure troisiesme.

L'ARGVMENT.

En ce troisiesme liure est comprise la sentéce de
noʃtre Seigneur à l'endroit des bons. Ce qui
ʃe faict de telle ʃorte , que particularizant
cette ʃentence , il addreʃʃe ʃa parole aux vns
& aux autres ʃelon la diuerʃité des eʃtats. En
quoy tacitement eʃt declaré ce que chaʃque
ordre eʃt tenu de faire pour paruenir à ʃalut.
Apres cet arreʃt prononcé, les Eleuz tous rauiz de ioye, luy rendent graces, ʃe recognoiʃ-
ʃans indignes de ʃi excellente recompenʃe,
& admirans ʃa douceur & benignité enuers eux.

Gen.19.

R tout ainʃi que Loth de Sodome
   eʃtant hors,
Soudain le feu vangeur & peuple
   & ville alors

Perdit en vn moment: tout en pareille ʃorte
Ayant Dieu ʃeparé par ʃa puiʃʃance forte
Les reprouuez des bons, deʃlors en ʃa fureur

Plus ne monstra sur eux que sa iuste rigueur.
En quoy ie comparois ces ames malheureuses
Aux superbes chasteaux , & maisons sourcil-
    leuses,
Qu'on voit tomber en bas aussi soudainement,
Que des pilliers en est perdu le fondement.
Alors alors venoit cette tourbe maligne
A ietter des sanglots,& frapper sa poictrine,
Accusant son erreur,& grand' temerité,
Par mille & mille cris,d'auoir si mal traicté
Ceux qui par bonne vie,& par larmes ameres,
Par mille austeritez,par ardentes prieres,
Retenoient du grand Dieu le bras ia commençãt
A descharger sur eux son foudre rougissant.
Dõc estant des Eleuz la troupe à droict logee,
Et celle des malings à la gauche rangee,
Va Christ incontinẽt aux siens tourner ses yeux.
Et tel qu'estre souloit,quand doux & gracieux
L'air trouble il appaisoit, ou l'horreur de la bise,
Ou les flots de la mer estant de rage esprise,
Auec vn tel regard vint à les caresser,
Et d'vne heureuse voix tels mots leur addresser.
    Venez mes biẽ-heureux,& benits de mõ Pere,
Venez peuple choisy,venez troupe guerriere,
Venez preuds cheualiers , qui d'vn cœur braue
    & fort,
Auez sceu de Sathan en vous briser l'effort,

G iij

Comparai-
son des grã-
des maisons
allãs en ruï-
ne, & des re
prouuez.

Propos du
Fils de Dieu
aux Eleuz.

Repoulſans ſes aſſaux, deſcouurans ſes fineſſes,
Reiettans ſes conſeils, meſpriſans ſes promeſſes.
Venez qui de la foy ſur le ſeur fondement
Auez or & argent baſty ſoigneuſement,
Et des perles de pris, & non paille legere,
Ou du foin qui ne ſert au feu que de matiere.
Venez vous, qui auez ſouffert maintes douleurs,
Auez en voſtre exil ſemé larmes & pleurs,
Preferans du futur la certaine eſperance
Au plaiſir qui n'eſtoit qu'en ſonge & apparḗce.
Venez vous, qui ſ'eſtans contre vous preſentez
Trois puiſſans ennemis, ont eſté ſurmontez.
Car ny la chair n'a peu par ſes douces blandices
Vous gaigner, ny le monde emporter par delices,
Ny ce Dragon auſſi, qui par mille moyens
De vous faire tomber cherchoit en ſes liens.
Mais en vain cṓtre vous tous trois ont faiċt la
  guerre.
En vain: car tout trois ont eſté portez par terre.
Si bien auez de vous eſloigné le ſommeil,
Si bien de ce ſerpent reietté le conſeil,
Si bien luy auez clos en vous toute ouuerture,
Si bien auez forcé de la chair la nature,
Et du monde fuy les doux enchantemens,
Les appaſts dangereux, & faux allechemens,
Qu'en fin, eſtans aydez de ma grace propice,
Des trois enſemble auez eu victoire, & du vice.

Venez vous, qui voyans les bons auoir icy
De peine & de trauail beaucoup & de soucy,
Les voyans endurer des meschans les outrages,
Le ris & les brocards,mille & mille dōmages,
Voyans d'autre costé le vice auoir faueur,
N'auez rien pour cela quitté de la serueur,
Et l'amour tresardent,dequoy vostre ame esprise
Poursuyuoit de vertu la carriere entreprise:
Ains cōme vn fer tout rouge,en y iettāt de l'eau,
En est rendu plus fort à porter le marteau,
Ainsi pour endurer mainte & mainte destresse,
Croissiez de iour en iour en force & hardiesse.
Venez vous qui ça bas,d'auarice vaincus,
N'auez onques aymé d'amasser des escus,
Sachans bien que l'argent , & la riche cheuāce,
L'ame ayder ne pouuoiēt au iour de la vēgeance,
Et de rien ne seruoit la richesse amasser,
Qu'en mourant il falloit en terre delaisser:
Mais bien auez tousiours d'estre riches pris peine
En vertu,qui seule est la richesse certaine,
Imitans la Fourmy,qui au temps de l'Esté
Songe à l'Hyuer futur,& chasse oysiueté,
Faisant prouision pour la saison contraire,
Pendant que la moisson luy permet de ce faire.
Venez de qui i'ay veu les biens tout clairemēt,
Que faire vous souliez icy secrettement,
Affin de n'en tirer des humains nulle gloire.

Comparai-
son du fer
& du vray
Chrestien.

Prou.11.

Similitude
de la four-
my , & des
vrays Chre
stiens.

G iiij

Tout à clair les ay veus, & bien en ay memoire.
I'ay veu les oraisons, qu'à part me presentiez,
Veu les larmes et pleurs, ã de nuict vous iettiez,
Veu les durs traictemens, & dures disciplines,
Dont souliez extirper des pechez les racines.
I'ay veu souuẽtesfois, i'ay veu comme au desceu
De tous, à l'indigent pour vous ayde receu.
Ie l'ay veu, ie l'ay veu, i'ay veu cõme à cachette,
De vous il receuoit secours en sa disette.
En secret l'auez faict, mais tel ne le tiendray:
Ainçois aux yeux de tous ce biẽ ie vous rẽdray.
Plustost l'enfer iroit du ciel tenir la place,
Et le ciel tout au fond de la terrestre masse:
Plustost tout à rebours iroit, que d'oublier
Ie vinsse vn tel bienfaict, au lieu de le payer.
Venez qui pour garder ma loy, que l'infidelle
Vous vouloit arracher, ou la troupe rebelle
De ceux qui destournez du trac de verité
Taschoient vous abbreuer d'erreur & fausseté,
Auez non seulemẽt d'vn cœur plein de courage
Quitté biẽs & maisons, & tout vostre heritage:
Mais passans encore outre, auez virilement
Et d'vn cœur treshardy soustenu maint tourmẽt,
Cent fois aymans trop mieux qu'on vous ostast
    la vie,
Que sentir de vos cœurs ma doctrine rauie.
Venez sages serpents, qui pour le chef garder,

Mat. 10.

N'auez à tout peril doubté vous hazarder,
Me monstrans vne amour de tous poincts si
	parfaicte,
Que mesme elle n'a peu par mort estre desfaicte.
Car quelque cruauté qu'ait peu iamais trouuer
La barbare fureur d'vn Tyran, pour priuer
Vos cœurs de ma doctrine, ou bien quelque ma-
	lice,
Dont il ait essayé vous mettre en precipice,
Vaine a esté sa ruse, & vain tout son effort.
Iamais ne vous a peu faire quicter le fort
De l'inuincible Foy, qui ne craint ne la pluye,		Matth.7.
Tant son pouuoir est grand, ne des vents la fu-
	rie.
Iamais iamais n'a peu de vos cœurs l'arracher,
Ayans pour fondemẽt, non sable, ains le rocher.
Bien a il deschargé sur vous toute sa rage,
Bien mis nouueaux tourmens contre vous en
	vsage,
Mais iamais de vos cœurs n'a peu sa cruauté
Deparquer vostre Foy, ne vostre loyauté.
Tousiours tousiours auez eu bonne souuenance
De ne craindre ceux là, qui biẽ auoient puissance		Matth.10.
De tourmenter le corps, & le faire mourir,
Mais non occire l'ame, & la faire perir.
Tresbiẽ vous souuenoit de ma saincte doctrine,
Et mes propos auiez encrez en la poictrine,

Io. 16.

Où ie vous promettois, non plaisirs & esbats,
Non douceur & repos, mais douleurs & cõbats,
Et la haine du monde, & toute ingratitude,
Qui n'auroit autre soing, ny du tout autre estude,
Sinon vous tourmenter, & par despit de moy
Vous causer des ennuys, & tenir en esmoy.
Mais aussi vous disois, qu'apres telle tristesse
Suyuroient les doux plaisirs , & la grande alle-
* gresse,*
Et qu'vn orage bref apres soy tireroit
Le calme & le serain, qui fin iamais n'auroit.
Creu m'auez, & suyuant mon propos veritable
M'auez tousiours seruy d'vn cœur inuariable,
Et pour quelque tourment, qui se soit presenté,
N'auez iamais perdu constance & fermeté,
Plus cher aymãs mourir de mort la plus cruelle,
Que quitter le sentier de la vie eternelle.
Et partant receuez, ayans bien combatu,
De ma main le loyer de si grande vertu.

Aux per-
sonnes ma-
riees.

* Venez, qui sous le ioug de la commune vie,*
N'auez vostre ame aux biens vilemẽt asseruie,
Ne, pour plonger vos cœurs du tout aux volu-
* ptez,*
Ou bien pour esleuer vos fils en dignitez,
Mesprisé mes edicts, ains en grand' reuerence,
Et d'vn cœur tresloyal, & plein d'obeissance,
Les auez mis en œuure, & plus eu de soucy

De me plaire, qu'à femme, & vos enfans aussi.
Venez qui ne pour bœufs, ne terre aucune ac- Luc.14.
　quise,
Ny pour auoir aussi de nouueau femme prise,
N'auez en ce banquet faict refus d'assister,
Où par mes seruiteurs vous ay faict inuiter:
Ne rien en tout n'a peu de salut vous distraire,
Sachans le salut estre, & rien plus, necessaire. 　Luc.12.
Venez bons seruiteurs, qui au monde viuans,
N'auez du monde esté les vices poursuyuans:
Auez touché la poix, sans tache d'elle prendre: Ezech.13.
Auez au feu vescu, comme la Salemandre:
Qui au lieu de vous perdre, & pour femme &
　pour biens,
Ou pour trop embrasser les plaisirs terriens,
Auez tousiours esté si prudens & si sages,
Que tourner tout cela de salut aux vsages.
Car cela vous seruoit à salut d'instrument,
Qui souloit aux meschans causer empeschemēt.
Ainsi vous ressembliez au cachet qui conforme Similitude
Toutes choses à soy, sans changer de sa forme, d'vn cachet
Sachans bien discerner, que c'est que receuoir & du bon
Le Seigneur doit du serf, & quoy le mōde auoir. Chrestien.
Car au lieu de languir d'amour trop feminine,
A vos femmes donniez toute bonne doctrine,
Et viuiez tellement, que par vostre vertu
Soudain tout vice estoit en elle abbatu.

Les biens, qui des meschans estoient le precipice,
En vous, en vous estoient instrumēt de iustice.
Et de les partager quand estoit question,
Tousiours entre vos fils i'auois ma portion.
Iamais iamais alors ne fus mis en arriere,
Ains la part la meilleure auois & la premiere.
Car plus auiez de soing de vos enfans orner
De mœurs & de vertus, & les endoctriner
En ma crainte & mes loix, que non pas leur ac-
 querre
Force or & force argent, force estats, force terre:
Et quand en eux auez quelque faute trouué,
A la mode d'Hely n'y auez conniué,
Ny espargné la verge, ou plus seuere peine,
Selon qu'estoit la faute ou moins ou plus vi-
 laine.
Iamais iamais n'auez voulu dissimuler,
Les voyans fierement mes decrets violer:
Ains vous estes monstrez vrays & louables
 peres,
Estans à les punir tout soudain fort seueres.
Venez bons seruiteurs, qui viuans au milieu
Du monde, en vous n'auez au monde donné
 lieu:
Ains l'auez en son fort, par labeur & vail-
 lance,
Terrassé brauement, & pleins de vigilance

1.Reg.2.

Auez toufiours efté auec flambeaux ardans   *Matth.25.*
Mon retour nuptial fainctement attendans.
Venez auffi pafteurs, venez bande trefchere,   *Aux bons*
De la terre le fel, du monde la lumiere,   *pafteurs.*
Qui par graues fermõs, par efcrits, & par mœurs,   *Matth.5.*
De maints peuples m'auez graué dedans les
    cœurs,
Defcouurans au mefchant à clair fon iniuftice,
Ne taifans du puiffant & du riche le vice,
Ne dreffans deffous eux l'appuy d'vn oreiller,   *Ezech.13.*
Pour leur caufer en mal vn mortel fommeiller.
Venez qui franchement, & de face affeuree,
Auez contre l'orgueil, & foif defmefuree
Des biens & des honneurs, crié fort hautement,
Tonné contre ceux là, qui trop iniuftement
Oppreffoient leurs prochains, tonné contre l'v-
    fure,
Contre ceux qui bruflans d'vne infame luxure
En inceftes & rapts ne feignoient fe plonger,
Et fouler mefchamment le lict de l'eftranger.
Venez vous, qui voyans tout preft mon cime-   *Ezech.33.*
    terre
A tomber de roideur, & mon brillant tonnerre
Sur le chef des malings ia preft à f'efclater,
N'auez efté muets, ne lents à inuiter
Le peuple à faire mieux, & pleurer fon offenfe,
Pour deftourner de luy l'ardeur de ma vegeãce.

Venez qui auez faict au fier baisser le chef,
Auez porté secours au triste en son meschef,
L'abbreuuans du nectar de ma parole saincte,
Pour luy faire oublier sa douleur & sa plainte:
Et ployant sous le faix de durè aduersité,
L'auez par vos propos soustins & remonté.
Venez qui par le son de vos trompettes claires,
Et non point par canons,& forces militaires,
Iosue.6.   *Auez de Iericho les grands murs abbatu,*
2.Cor.10.   *Foudroyans les conseils des haineux de vertu,*
Et qui d'audace estrange,& fureur gigantine,
S'osoient bien attaquer à ma grandeur diuine.
Venez vous qui voyans mes brebis au danger
De ceux qui les vouloient meurtrir & esgorger,
Voyans à descouuert courir les faux prophetes,
Ou sous peau de brebis se couler à cachetes,
Et d'vn suc venimeux repaistre mes troupeaux,
Au lieu dë leur dõner bõne herbe,&bõnes eaux,
Io.10.   *N'auez tourné le dos,& comme mercenaires,*
Exposé mes brebis à ces loups sanguinaires:
Ains de cœurs treshardis , & prompts voire à
    mourir,
Plus tost que d'en laisser vne seule perir,
Les auez rembarrez, & vuides de paresse
Auez seruy de mur, seruy de forteresse
A ceux,qui par l'effort de mille & mille assauts
Commençoient à branler, & ia perdre les sauts,

Ou pipez par le fard d'vne fausse doctrine,
Quittoient ia le chemin, qui au ciel achemine.
Venez bons seruiteurs, & dont la loyauté
N'a point en mon endroit manqué de fermeté.
Puis qu'en peu de talents, & en charge petite,   Matth. 25.
M'auez esté loyaux, vostre deuoir merite
Que sur charge plus grande, & qui plus ait d'hõ-
    neur,
Soyez constituez. Entrez donc à bon heur,
Au port de tous repos, entrez ames fideles,
Entrez de vostre maistre aux ioyes immortelles,
Entrez pour à tousiours auoir fruition
Des plaisirs tresheureux de ma saincte Sion.
    Venez Nazariens, venez sacrez Leuites,   Aux bons
Venez forceurs du ciel, venez vrais Rechabites,   Religieux.
Venez gens de desir, & nouueaux Daniels,   Naz. Orat.
Nouueaux Anges du ciel, plus tost qu'hommes   1. de Pace.
                                                     & Carm.
    mortels,   Iamb. de
                                                     Virt.
Qui par sentiers estroicts, & voyes incognues,
Auez marché legers, ains volé comme nues.   Esa. 60.
Venez Eunuques saincts, qui pour lassus entrer
En mes biens n'auez feinct vous-mesmes vous
    chastrer,
Et ayans descouuert vne perle excellente,   Matt. 13.
Affin de l'acquerir auez tout mis en vente.
Venez qui d'vn grãd cœur, pour rauir paradis,
De tout plaisir caduc vous estes interdicts,

Auez laiſſé parens, laiſſé tous biens du monde,
Pour embraſſer ma Croix, en qui ſalut abonde:
Auez pris les deſerts, & lieux plus à l'eſcart,
Pour là plus librement vous tirer de ma part,
Pour là mieux me ſeruir, ſouffrans maintes mi-
ſeres,
Maints aſſaux perilleux, verſans larmes ame-
res,
Iettans de gros ſouſpirs, & cris au ſouuenir
De la ſainčte Sion, & des biens à venir,
Et couurans d'vn gros ſac, & toile heriſſee,
Voſtre chair de trauaux & peines oppreſſee,
Et luy tranchans ſi court le boire & le manger,
Que contrainte elle eſtoit humblement ſe ranger
Sous les loix de l'eſprit, & luy faire ſeruice,
Sans oſer le troubler en ſon ſainčt exercice:
Tant bien vous l'auez ſceu du tout aſſubiečtir,
Et ſes deſirs en vous eſteindre & amortir.
Venez qui prattiquans icy l'heureuſe vie
Des eſprits angeliques, en tout bien aſſouuie,
Eſtiez en telle ardeur, que meſme outre les iours,
Dõt iamais aſſez lõg ne vous ſembloit le cours,
Auez perſé les nuičts, eſtandans vos prieres
Depuis le prime ſoir, ſans fermer vos paupie-
res,
Ne vouloir accorder nul repos à vos yeux,
Iuſque au leuer total du Soleil radieux:

Que

Que mesmes accusiez, blasmans son arriuée,
Pour vostre ame en sentir du grãd plaisir priuée,
Que luy causoit l'obscur de la nuiĉt parauant,
Qui rend l'esprit en Dieu plus ioinĉt & plus
    feruent.

Cecy est
escrit du bõ
Hermite
S. Antoine.

Venez qui d'vn exil d'vne estrangere terre,
N'auez faiĉt vn païs, ains auez à grand erre
Tiré tout droiĉt au ciel, tout droiĉt en la cité,
Où logis est aux bons pour iamais arresté.
    Venez aussi, venez, sainĉtes vierges voilées,

Aux sain-
ĉtes vier-
ges.

Qui du monde pour moy vous estes exilées,
Auez & pere & mere, & biens abandonné,
Et suyuy du vulgaire vn chemin destourné,
Affin plus librement de me faire seruice.
Venez qui de vos corps m'auez faiĉt sacrifice,
Leur nians tout à plat le soulas & plaisir,
Dont leur auoit Nature engraué le desir.
Venez qui ayans pris la celeste carriere,
N'auez n'auez iamais tourné l'œil en arriere,
Et d'Egypte vne fois apres auoir sorty,
Pour du celeste espoux empoigner le party,
N'y estes du depuis ny de corps retournées,
Ny de desir aussi, mais du tout addonnées
A tout sainĉt exercice, auez heureusement
En fin paracheué le diuin bastiment,
Qu'auiez accommencé: ne faisans comme celles,
Qui m'ayans en public iuré d'estre fideles,

H

Ont renuersé le vœu de leur profeßion,
Et pariures se sont acquis damnation,
Pour m'auoir laschemẽt leurs promesses fausées,
Et voulu retourner aux choses delaissées.

Aux bõs &
vertueux
Princes.

Venez Marquis & Ducs, venez Princes
   & Roys,
Qui vos peuples auez regy sous bonnes loix,
Les auez peu chargez d'impost & de truages,
Loing d'eux auez chassé larcins & brigãdages,
Les auez gouuernez, non en esclaues vils,
Mais cõme vn pere doux & bõ traicte ses fils:
Auez tousiours tenu main forte à la iustice,
Addreßans telle charge à gens sans auarice,
Gẽs droicts, gẽs sãs faueur, gẽs exquis en sçauoir,
Et qui n'euſſent mãqué pour rien en leur deuoir,
Pesans soigneusement, & d'egale balance,
Le droict dõt s'addreſſoit à eux la cognoiſſance:
Qui le glaiue auez ceinct, non pour iniustement
En vser cõtre ceux, qui marchoient droictemẽt,
Mais pour couper le cours de tout vice execrable,
Et trancher du meſchãt l'audace insupportable,
Qui le bien de la vefue à son profit tournoit,
Et le foible orphelin piller entreprenoit.
Venez qui les flateurs, & langues desloyales
Auez tousiours chaſſé de vos tables royales,
Les moqueurs, les muguets, les ietteurs de brocars:
Qui tousiours auez faict fleurir les bonnes arts,

En proposant salaire, & loyer magnifique,
A ceux qui profitoient à la Chose publique,
Et fermans vostre Cour & thresors à tous ceux,
Qui sans porter profit languissoient paresseux.
Venez qui n'auez faict iamais guerre fondée
Sur vaine ambition, sur amour desbordée
De croistre, & de ceux là terre & villes saisir,
De qui n'auiez receu ne mal ne desplaisir:
Ais auez seulemĕt, pour vos subiects defendre,
Prins les armes au poïg, & pour forcer & fendre
Le rebelle escadron, qui bruslant de fureur
Vouloit porter par tout, & planter son erreur,
Guerroyant mes edicts & loix à toute outrāce,
Et les Roys establiz par ma saincte ordonance.
Venez Princes & Ducs, qui pour tenir conseil,
Souliez auant le iour quitter vostre sommeil,
Pour penser au public, & traicter des affaires,
Ouyr de vos subiects les plainctes ordinaires,
Vous priuans de repos, & donnans de l'ennuy,
Pour d'ennuys deliurer, & de peines autruy.
Venez Nobles aussi, qui de vostre noblesse
N'auez pensé l'honneur consister en richesse,
N'à compter simplemĕt vn grād nŏbre d'ayeux,
Dont estoit le renom autrefois glorieux:
Mais en toute vertu, dont l'amour serieuse
Excitoit en vos cœurs vne ardeur genereuse,
Tenās pour tout certain, que noblesse quittoit

H ij

Sur quoy
se doit fon-
der vne
guerre.

A la No-
blesse ver-
tueuse.

Vraye no-

<table>
<tr><td>blesse est
tousiours
auec la ver-
tu.</td><td>

Tout soudain ce lieu là, dont vertu s'absentoit.
Venez preuds & hardis, qui n'auez faict estime
Ny de biës, ny de vie, ains d'vn cœur magnanime
Auez & l'vn & l'autre offert à tout danger,
Quand a fallu marcher pour la terre purger
Des esprits turbulens, qui par mille prattiques
Taschoient à renuerser estats & republiques,
Et faire esuanouyr mes loix, & saincts decrets,
Pour donner à l'erreur, & au vice progres,
Osans bien s'attaquer (ô superbe entreprise!
O fureur desbordée!) à ma treschere Eglise.

</td></tr>
<tr><td>Actes de
vrays gen-
tilshõmes.</td><td>

Alors alors n'auez, ô mes braues guerriers,
Suyuy la lascheté d'vn tas de casaniers,
Qui plus fiers que Lyõs estoiët, et pleins d'audace,
Quand sur terre la paix monstroit sa douce face,
Mais plus que Cerfs en guerre, & que Lieures,
    paoureux.
Vous, vous, d'autre costé, d'vn cœur tresuigou-
    reux,
Quittãs & vos maisons, & femmes bië aymées,
Alliez incontinent vous planter aux armées,
Plus cher aymans mourir, cõbatans vaillãment,
Qu'eschapper du danger, fuyans honteusement.
Venez vous, qui n'auez en vos bourgs & vil-
    lages
A vos pauures subiects iamais faict nuls outra-
    ges,

</td></tr>
</table>

Mais leur auez toufiours monstré telles dou-
     ceurs,
Que pour peres pluftoft vous tenoient, que Sei-
     gneurs.
Venez qui leur auez efté toufiours exemples
De bien & de vertu, de frequenter les temples,
De m'aymer & feruir, ma parole efcouter
D'vne oreille ententiue, & de l'executer.
Venez qui de punir auez faict bon office,
Ceux à qui le iurer eftoit pour exercice:
Qui deuoir auez faict de iuftice garder,
Ne pouuans autrement les debats accorder.
Venez qui de vos Roys quand eftiez à la fuite,
Et viuiez Courtifans par chemin illicite
N'auez onc en honneur voulu vous ag grandir,
N'en biens pareillement, pour aux grãds applau-
     dir,
Les flatter en leur vice, & leur donner louange,
Les voyans de pechez fe plonger en la fange:
Ains plus qu'eux redoutans ma fainéte maiefté,
Leur auez franchement toufiours dict verité,
Mieux aymans encourir leur courroux, que rien
     faire,
Affin d'eftre aymez d'eux, qui vint à me def-
     plaire.
Venez vous, qui viuans entre les Courtifans,
Iamais n'auez efté mocqueurs ny mefdifans,

H iij

Ny fiers ny orgueilleux, ne chercheurs de querelles,
Ne vains en vos propos, ne semeurs de nouuelles.
Venez vous qui iamais, par supplanter autruy,
Ne vous estes accreuz, & qui par son ennuy
N'auez de nul plaisir acquis la iouyssance:
Qui les autres voyans courir en diligence.
Aux biens à moy sacrez, & d'enragé desir
Emporter Eueschez, de croces se saisir
Par vn grand sacrilege, & faire vn mariage
Des biens à moy vouez à leur autre partage,
Auez planté ma crainte au deuãt de vos yeux,
Comme peste fuyans ce gaing pernicieux,
Qui flatãt pour vn temps d'vn plaisir mortifere,
Les esprits qui auoient passé par le cautere,
Leur estoit parapres vn bourreau trescruel,
Les faisans trebuscher en tourment eternel.
Venez leuer le fruict de l'eternelle ioye.
Venez que ie vous paye en bien autre monnoye,
Que ne faisoient les Rois, & Princes terriens.
Venez braues guerriers, venez gẽsdarmes miẽs.
Puisque auez combatu, comme estoit legitime,
Puisque auez de piller tousiours hay le crime,
Puisque auez de la mort tousiours eu moins
    d'horreur,
Que rauir vne maille au moindre laboureur:
Puisque auez et pour moy mãite peine soufferte,
Et pour chasser aussi du public toute perte:

Puisque au monde viuans , & en royale Cour,
Plusque au monde m'auez tousiours porté d'a-
    mour:
Venez ores venez, venez trouppe loyale,
Aux plaisirs eternels de ma maison royale.
Venez de vos labeurs, en mon riche paldis,
Cueillir le fruict hēureux, qui dure à tout iamais.
Venez außi venez, venez gens de iustice,
Venez gens droicturiers, qui sans fraude et ma-   Aux bons
    lice   & incorru-
                                                  ptibles Iu-
                                                  sticiers:
Auez de vostre estat la charge executé.
Venez qui pour garder sainctement l'equité,
Et maintenir les loix, n'auez craint ne la face
Du riche & du puissant, ne toute sa menace.
Venez vous qui n'auez , pour frere ne pour seur,
Pour or ne pour argent, flechy, ne pour faueur:
Qui aux portepresents auez fermé la porte:
Dont a tousiours esté la constance si forte,
Que plustost vn rocher à bas s'en fust allé,
Qu'en rien eußiez senty vostre cœur esbranlé:
Plustost on eust porté par terre vne muraille
Ou de fer ou d'arain, qu'eußiez pris vne maille,
Pour aider en proces, ou quelque different,
A celuy qui auoit le tort tout apparent:
Plustost on eust de tout renuersé la Nature,
Que vous faire flechir de iustice & droicture.
Venez qui d'vn proces la teste auez si bien

H iiij

Sceu trācher tout d'vn coup, que resté n'en est riē:
Auez si bien tranché d'vn tel mal la racine,
Que cent proces n'ont pris d'vn proces origine.
Venez qui de finir les debats vistement
Auez tousiours esté songneux extremement,
Sās vouloir cōsommer par frais insupportables,
En longueur de proces les plaideurs miserables.
Venez vous, qui tenans à diuerses saisons
Cent & cent criminels en estroictes prisons,
En auez promptement la terre deliurée.
Sans les faire sortir par la porte dorée,
Ains les liurer és mains d'vn bourreau por-
     teffroy,
Pour les punir ainsi que requeroit la loy.

<table>
<tr><td>Aux bons subiects.</td><td>

Venez aussi subiects, qui iamais de vos Princes
N'auez brouillé l'estat, ne troublé leurs prouīces:
Ains auez hūblemēt, & sans point murmurer,
Leur ioug chargé sur vous, affin de le tirer:
Leur portans tout hōneur, & prōpte obeissance,
Cōme estans establiz par ma saincte ordōnance,
Et d'enhaut enuoyez, non par autre que moy,
Pour en paix vous tenir, en iustice & ma Foy.
</td></tr>
<tr><td>A tous e-stats en ge-neral.</td><td>

Venez de tous estats, qui d'vne amour entiere
M'auez tousiours seruy, fust en saison prospere,
Fust que droict vous donnast en face, & dans
   les yeux,
De contraire fortune vn vent impetueux.
</td></tr>
</table>

Venez qui ne m'auez à regret faict seruice,
Ains d'vn cœur filial auez fuy le vice.
Qui n'auez ressemblé iamais à des tombeaux,   Vertu sans
Qui puants au dedans, par dehors semblēt beaux: hypocrisie.
Ou bien à des parois fraischement reblanchies,
Qu'on voit par le dehors de peincture enrichies,
Et dedans n'y a rien de cher & precieux:
Qui point n'auez esté de cacher soucieux
Sous la peau de Brebis, & sous fard d'innocence,
D'vn Loup, ou d'vn Lyon, l'horrible violence:
Mais tels estiez dedans, & au milieu du cœur,
Que paroistre faisiez par vostre exterieur.
Venez hūbles d'esprit, venez francs d'arrogāce, Mat.5.
Venez doux et benings, venez pleïs de clemēce.
Venez, qui pour me voir d'vn œil biē esclarcy,
De bien purger vos cœurs auez eu le soucy.
Venez qui de pleurer auez faict exercice,
Qui faim & soif auez tousiours eu de iustice.
Venez qui mon honneur, & ma loy defendans,
Du monde iniurieux auez senty les dents,
Vous ayant à grand tort porté mille dommages,
Procuré mille maux, faict mille & mille outra-
    ges.
Venez qui pour ma foy, non pour autre raison,
Auez esté battus, & coffrez en prison,
Auez esté l'opprobre, & mespris de l'inique,
Esté mocquez par luy, sans vser de replique:

Heb.11.
Auez esté sciez, esté sans nul mercy
Lapidez par le monde en son mal endurcy.
Du glaiue auez passé par la tranchante lame,
Par le courant des eaux, par l'ardeur de la flame,
Ou bien auez esté, pour la mort respiter,
Côtrainéts des lieux publics bien loing vous es-
  carter,
Errâs par môts & vaux, & trâsiz de froidure,
Chercher au lieu de toiét d'vn roc la couuerture.
  Venez qui de grand zele, & saincte affectiô,
M'auez porté secours en mon affliction.

Mat.25.
Venez mes bien-aymez au regne perdurable
De mon Pere eternel, qui d'vn cœur charitable
M'auez en mes ennuis promptement assisté.
Car la faim me pressant, m'auez alimenté.
Ma langue estant de soif bien souuent embrasee,
Elle a par vous esté tout soudain arrousee.
Estant à descouuert, m'auez accommodé
De logis: estant nud, d'habits m'auez aydé.
Estant malade, & clos en prison inhumaine,
Pour me voir & traiéter n'auez plainét vostre
  peine.
  Venez donc à present, pour à iamais auoir
Ces grands biens eternels, & de moy receuoir
Vn heur si merueilleux, que nulle oreille entêdre
Ne l'a peu, ne l'œil voir, ne l'esprit le côprendre.

Psal.41.
Venez Cerfs alterez, qui auez de mes traiéts

Esté frappez au vif, venez boire à longs traicts
Du torrent de douceur, qui sainctement enyure,   Psal. 35.
Et met esprit & corps de tout mal à deliure.
Venez mes biẽ-aymez, venez en heur parfaict,
En plaisir & soulas. venez qu'il vous soit faict
Tout ainsi qu'auez creu. venez en asseurance
Moissonner vos trauaux, & par experience
Sçauoir que l'heur promis & celeste repos,
En fruict de vos labeurs, n'estoit vn vain pro-
      pos,
Mais solide & certain, mais ferme et veritable.
Venez mes biẽ-aymez, venez seoir à ma table.
Assez auez souffert, assez assez auez
Esté du verre amer de tristesse abbreuuez.   Psal. 59.
Venez ores cueillir le fruict inestimable
De vos labeurs passez, dõt vous suis redeuable.   Comment
Redeuable vous suis, non de necessité,   Dieu est re-
Ains de promesse faicte en franche volonté.   deuable aux
      bons.
Venez mes biẽaymez, qui suyuãs mes promesses,
Du monde auez tousiours mesprisé les richesses,
Venez ores iouyr du repos asseuré,
Du grand bien qui vous est de tout tẽps preparé,
Auant qu'estre dressez d'vn art en tout fecõde,
Les premiers fondemens, & pilliers de ce mõde.
Ia plus en vous de lieu n'aurõt larmes ne pleurs,
Plus souspirs ne regrets, ne cuisantes douleurs.
Ia plus ne sentirez de la mort la poincture,

Plus n'aurez vne chair subiette à pourriture:
Ains aurez à iamais vn double vestement,
La gloire estant en l'ame, & corps ensemblemẽt.
Et pour monstrer combien vos merites ie prise,
En vostre endroit sera ma faueur tant exquise,
Qu'estant maistre et Seigneur, iusque à la ie vie-
     dray,

Luc.21.   Qu'au banquet eternel vous seruir ne feindray.
Venez donc bien-aymez, venez troupe gẽtile,
En ce lieu qui tousiours de laict & miel distille:
Où tousiours dés la terre, & seiour des mourãs,
Vos cœurs par saincts desirs ont esté demourans.
   Ces mots des bons ouys, en fut leur ame saincte
(Tant doux estoit le son) de tel plaisir attainte,
Qu'estans presque rauis, & comme hors de soy,
Vont ainsi d'vn accord parler à ce grand Roy.

Propos des   O Seigneur tout puissant, ô grandeur sans me-
Eleuz à no-   sure,
stre Sei-
gneur Iesus Dont le pouuoir s'estend sur toute creature,
Christ. Sous qui ploye & flechit tout ce grand vniuers,
Depuis le plus haut ciel iusque au fõd des enfers,
Helas q̃ sommes nous, q̃ sommes nous pour estre
Tant louez, tant haulsez, tant cheris d'vn tel
     maistre,
Sinon esclaues tiens, & serfs de nul effect?
O Seigneur tout puissãt, helas qu'auõs nous faict,
Que n'y fussions tenus, en te faisant seruice?

Pouuions nous, ô Seigneur, māquer en tel office,
Sans d'ingrats & meschans blasme & note en-
    courir?
Que s'il t'a pleu, Seigneur, en bien nous secourir,
(Car sans toy rien de biē ne peut iamais se faire)
Quelle lāgue pourroit peindre au vif et portraire
Ta douceur, ta bonté, nous voulant couronner,   Dieu cou-
Pour les biens et vertus quilt'a pleu nous dōner? ronne en
O Dieu, que sommes nous, q̃ tant tu nous honore?   nous ses
Toy Seigneur des Seigneurs, q̃ toute chose adore, biens.
Toy grand Dieu, qui venant la terre à regarder,   Psal.103.
La fais trembler soudain par vn seul œillader,
Qui fais couler les monts ainsi que cire tendre,
Quād ton œil flāboyant tu veux sur eux estēdre:
Qui mesures les eaux d'vn poing tant seulement,
Qui sçais peser du ciel la voute entierement,
N'y mettant que trois doigts, et qui d'vn clin de
    teste
Fais tōber ses pilliers du plus bas iusque au feste:
N'estoit-ce assez d'honneur, ô Monarque, & de
    grace,
Assez d'āple faueur, pour nous, q̃ d'auoir place
Entre tes seruiteurs? Car te seruir vaut mieux
Que tout l'or & l'hōneur du monde ambitieux.
Et toy passāt plus outre (ô Dieu, quelle largesse!)
Nous departs tous tes biēs, & du ciel la richesse,
Ainsi qu'à freres tiens, qui rien en nous n'auōs

Digne du moindre bien, que de toy receuons.

Car tels biens receuoir, pour vertus si petites,

Pour œuures si legers, pour si maigres merites,

C'est trop plus receuoir, que pour sable menu

Empoigner tout en bloc l'indigne reuenu:

Plus q̃ fleuues auoir, plus qu'estãgs, et mer toute,

Pour auoir donné d'eau seulement vne goutte.

O qu'heureux sont ceux là, qui t'ont pour Dieu
    choisy,

Et qui d'autre desir n'ont eu le cœur saisy!

Heureux qui t'ont porté fidele obeïssance!

Heureux, puis que les tiens ainsi tu recompense!

Heureux à qui tu as gardé pour le dernier

Ton nectar si plaisant, & si doux au gosier:

Et non ainsi qu'estoit la coustume ordinaire

De ce monde pipeur, qui pour les fols attraire,

Leur offroit au premier le vin delicieux,

Pour leur verser en fin le suc pernicieux.

Mais si t'interroger est chose à nous loisible,

Dy nous, ô bonté grande, ô douceur indicible,

Où c'est que te voyans durement affligé,

T'auons en tes ennuis & labeurs soulagé,

Nous petits & pauurets, qui sans ton aide
    prompte

Seriõs incontinent comme vn rien hors de com-
    pte?

Dy nous où ça esté, qu'estant pressé de faim,

Nulle ver-
tu humaine
en soy con-
sideree ne
merite Pa-
radis.

Io. 2. &
Bern. epist.
255.

Quelle est
la coustu-
me du mõ-
de.

Mat. 25.

Soudain pour te nourrir auons tendu la main?
Dy nous en quel lieu c’eſt, que ta langue ſacree
En ta ſoif a eſté par nous deſalteree?
Dy nous quand de logis eſtant à deſpourueu,
T’auons donné logis? Dy nous quãd t’ayans veu
Mal veſtu, mal chauſſé, pour domter la froidure
T’auons ſans differer fourny de couuerture?
Dy le lieu, ſ’il te plaiſt, Seigneur, & la ſaiſon,
Où marché nous auons pour te voir en priſon?
Ou quand au lict giſois en langueur miſerable,
Gemiſſant ſous le faix de fieure intolerable?
Helas, qui ſommes nous? quel eſt noſtre pouuoir,
Pour en toy prattiquer tel office & deuoir?
N’eſt ce pas toy Seigneur, dont la main opulente
Eſtoit de toute chair & l’eſpoir & l’attente?
Qui les Hommes paiſſoit, qui Iuments, & Cor-   Pſal.103.
   beaux,
Qui fourniſſoit de proye aux petits Lyonneaux,
Beans à ton ſecours pour chaſſer la famine,
Qui cruelle rongeoit leur foiblette poictrine?
N’eſt ce pas toy, Seigneur, qui meſmes d’vn rocher   Exod.17.
Tiras iadis de l’eau, pour la ſoif eſtancher
Du peuple Iſraëliq’? N’es tu pas la fontaine,
Dont tout ame qui boit, eſt bien ſeure et certaine
Qu’aſſaut onques n’aura ny de ſoif, ny ardeur?
A qui de l’vniuers appartient la rondeur?
A qui, ſinon à toy, tant la mer que la terre,

Et ce qu'en son giron de tous biens elle enserre?
Quelque part que tu sois, ou que tu vueille aller,
Pourroit on à bon droict estranger t'appeller:
Veu qu'en tout & par tout, ou ta grandeur se
    range,
Chez soy tousiours elle est, et nõ en place estrãge?
Au lieu de vestement n'as tu pas la clarté?
N'as tu l'abysme grand? N'es tu pas redouté,
Comme estant tout au tour ceinct de force &
    puissance?

Psal.64.

Mat.6.

Et qui vestoit le lis, voire en telle excellence?
Qui les prez & les champs? & qui pareillement
Les laines nous donnoit pour nostre accoustre-
    ment?
N'est ce pas toy, Seigneur? & de façon nouuelle
Qui nous donne à present la casaque immortelle,
En exemptant nos corps de toute affliction,
Des assauts de la mort, & de corruption?
N'est ce pas toy, Seigneur, qui chassois la foiblesse?
Qui les fieures faisois debusquer de vistesse?

Esa.35.

Qui sauter les boiteux aussi viste faisois,
Que les Cerfs plus legers? qui seulement disois,
Et s'ouuroient tout soudain (o Dieu, quelles mer-
    ueilles!)
Des aueugles les yeux, & des sourds les oreilles.
Les courbez se dressoient, & les mèbres froissez
En leur premier estat se sentoient re dressez.

Soudain

Soudain du corps enflé sortoit l'Hydropisie,
Soudain la Lepre immonde, & la Paralysie.
Et quant à la prison, Seigneur, n'est-ce pas toy,
Qui iadis deliuras les enfans, que le Roy   Dan.3.
Des fiers Assyriens, par fureur trop bouillante,
Auoit precipitez en la fournaise ardante?
Qui feis sortir du lac Daniel, & du sein   Dan.6.
                                                    Ion.2.
Du grand monstre marin Ionas entier & sain?
Qui feis tout d'vn momēt les fers aller par terre, Act.12.
Dont estoit garrotté ton Apostre sainct Pierre,
De prison le tirant, & soudars sans mercy,
Qui iour & nuict auoient de le garder soucy?
N'est-ce pas toy, Seigneur, dont la force inuinci-
      ble
Despouilla des enfers le tyran treshorrible,
Arrachant de ses mains tant & tant de mil-
      liers
D'esprits, qu'il detenoit captifs & prisonniers?
Estant donc de ces biens en nous la source vni-
      que,
Si tel est ton plaisir, dy nous & nous explique,
Comment faire s'est peu, que nous, tes seruiteurs,
Ayons esté vers toy de tels biens les autheurs?
    A quoy tout doucement, & en parole clere
Respondit Iesus Christ : Non, non, ma trouppe   Response
      chere: de Iesus
Tout œuure faict par toy d'aumosne et charité,   Christ aux
                                                    Eleuz.

I

Enuers mes plus petits, est par moy reputé
Tout en mesme façon, que si i'eusse moy-mesme
De toy receu tel bien en ma disette extresme.

Ha Dieu, quel est celuy, tant eloquent fust il,
Tant graue en son parler, & d'esprit si subtil,
Qui peust en mille vers exprimer la liesse,
En quoy les bõs estoient, & la saincte allegresse,
Que leur causoit à tous ce son harmonieux!
C'estoit plaisir d'ouyr les chants melodieux,
Les hymnes triomphans, les carmes magnifiques,
Que desgorgoient alòrs ces ames heroïques.
Mais tout au mesme temps va Iesus de la part
Des Reprouuez tourner vn bien autre regard.
Car d'vn courroux ardent estoit peincte sa face.
Ses yeux estoient de feu, son port tout de menace:
De sa bouche sortoit vn cousteau bien tranchãt.
De ses leures vn vent, si fort que le meschant,
Soudain qu'il le sentit, en fut porté par terre.
Si va lascher sa voix, ains plustost vn tonnerre.
Car semblable elle estoit au bruit de grandes
  eaux,
Dont en mer sont battuz, & froissez les vais-
  seaux:
Semblable estoit au bruit, que faiᴄᴛ vne Lyõne,
Quand la fureur la tient, & son cœur espoin-
  çonne.
Et de faiᴄᴛ, tout ainsi qu'apres auoir esté

Apoc.1.

Apoc.14.

L'enfant neuf mois entiers par la mere porté,
Elle iette grands cris, quãd faut que de sa charge
Non sans grandes douleurs son ventre elle des-
    charge:
Ainsi le Fils de Dieu, ayant tacitement
Attendu des meschans long temps l'amende-
    ment
A l'heure va parler, mais en telle maniere,
Que sa voix ne portoit riẽ pour eux que misere:
Rien pour eux ne portoit, que dœil & descõfort,
Que peste & desespoir, & qu'eternelle mort.

Similitude
d'vne fem-
me grosse,
& de Iesus
Christ.

        Fin du troisiesme liure.

                    I ij

DV DERNIER
IVGEMENT
Liure quatriesme.

L'ARGVMENT.

En ce quatriesme liure est contenuë la sentence de nostre Seigneur côtre les Reprouuez.
Et premicrement il addresse sa parole generalement à tous les meschans, leur mettant
en auant les grands biens qu'il leur a confe-
rez,& la grâde & execrable ingratitude, dôt
ils ont vsé contre luy. Puis le mesme ordre
est tenu, quant à la particularité des estats,
qui a esté obserué au liure precedent. Sur la
fin du liure,feignant estre excité de mô sommeil,à cause des grands cris que faisoient les
miserables Reprouuez,quand ils furent precipitez en enfer, ie cômence de grâd frayeur
qui me saisit,à dresser vne priere & supplica-
tion à nostre Seigneur,pour obtenir pardon
de mes fautes.

La maledi-
ction des
Reprouuez

Llez allez meschans, allez faire de-
meure
Où sans fin l'ame meurt , sans iamais
qu'elle meure.

Allez au feu d'enfer, en ce lieu tenebreux,
Lieu de dœuil, de regrets, de tourmẽs douloureux,
Où d'vn ver eternel sans aucune allegeance
Sont rongez les esprits, où sans nulle esperance
De grace & de pardon vous faudra desormais
Sentir du feu vengeur l'ardeur pour tout iamais,
Qui n'estoit preparé qu'à Sathan, & la bande   Mat.25.
Des esprits orgueilleux, qui par audace grande
Me vouloient egaler en gloire & en pouuoir,
Se saisir de mon throsne, & mesme honneur a-
    uoir.

Mais vous peruerse gẽt, mais vous race adultere,
De tenebres amis, ennemis de lumiere,
Pour vous mesmes auez, en viuãt meschãment,
Allumé ce brasier, qui brusle incessamment.
Allez allez meschans, allez race effrontee,
Tant dure à mes edicts, au mal tant arrestee,
Que comme on voit l'Aspic aux vöix de l'En- Psal.57.
    chanteur
Ses oreilles fermer, pour n'en estre auditeur,
Ainsi tousiours auez, abhorrans mon escole,
Vos oreilles & cœurs fermez à ma parole,
Aymãs mieux de Sathã marcher souz l'estãdart
Que pour auoir salut vous tirer de ma part.
Allez allez meschans, va loin gent desloyale,
Plus stupide qu'vn Bœuf, plus qu'vn Asne bru- Esa.1.
    tale,

Enumera-
tiõ des biés
du Fils de
Dieu en-
uers les hõ-
mes.

2. Cor. 3.

Car le Bœuf a cogneu son maistre & possesseur,
Et l'Asne aussi la creiche, où gisoit son Seigneur:
Mais toy, perfide gent, ne m'as voulu cognoistre
Pour Roy, ne pour Seigneur, ne pour Dieu, ne
    pour maistre.
Dy moy peuple maling, peuple ingrat, q̃ s'est peu
Pour toy faire de bien, que ne l'ayes receu
De ma prodigue main? Sur ma diuine image
En premier ie t'ay faict: ie t'ay donné l'vsage
De raison: & graué, pour te garder d'erreur,
Ma naturelle Loy tout au parfond du cœur.
Ie t'ay de mõ sainct nom donné la cognoissãce,
(Don cher & precieux, dõ de grande excellẽce:)
Pour toy i'ay faict les cieux, i'ay faict ces beaux
    flambeaux.
Pour toy i'ay faict la terre, et le coulãt des eaux.
I'ay dompté dessous toy les bestes plus cruelles:
Ie t'ay donné moyen, sans nulle aide des ailes,
D'attraper les oyseaux, & sans aussi nager
D'empoigner le poisson, quoy qu'il coule leger.
T'ay donné pour palais vn lieu tant delectable,
Que rien en terre n'est qui luy soit comparable.
Dont estant dechassé, pour auoir mesprisé
D'obeyr à l'edict qui t'estoit imposé,
Encor' ay-ie eu pitié de ta triste misere,
Et voyant ta langueur (ò bonté singuliere!)
Par cent & cent moyens i'ay tasché de tarir
Le flux de tes pechez, & tes playes guarir.

Ie t'ay mesme donné des Anges pour ta garde,
Ie t'ay donné la Loy, qui l'esprit contregarde,   Psal.18.
Et plus douce que miel des bons est au gosier.
Pour te monstrer au doigt le celeste sentier.
I'ay pour perser tõ cœur de mes sainctes sagettes,
A diuerses saisons baillé diuers Prophetes,
Par la bouche desquels ie t'ay soir & matin
Inuité de venir en cet heureux festin,
Où tout heur & plaisir, tout bien à iamais dure.
I'ay crié, Retournez à iustice & droicture.   Esa.48.
Mais toy, peuple maling, as dict en desespoir,
Point point, nous marcherõs selõ nostre vouloir.
A pleurs t'ay mille fois, à ieusne & penitence   Esa.22.
Appellé, mais en vain: car ma saincte ordõnãce
En mespris t'a esté, preferant le desir
De rire & de iouer & viure à ton plaisir,
Aux biens que ie t'offrois. Qui plus est, en risee
Tu tournois mes propos, n'ayant peu ma rousee
T'amollir, ny le son de ma diuine voix
Te faire aucunement ployer dessous mes loix,
Ne trẽbler de frayeur: ais d'vn cœur pleï de rage,
Au lieu de m'escouter tu tenois tel langage:
Vain est celuy qui sert au Monarque des cieux.   Propos d'A
Car de là haut en terre il ne darde ses yeux.   theistes.
Au ciel il se pourmeine, & soucy ne se donne   Mat.3.
Si quelcun à vertus, ou à mal s'abandonne.   Iob.22.
Viuons viuons ioyeux, & du temps iouyssons,

I iiij

Qu'auons orcs en main: pillons & rauiſſons
La Veufue et l'Orphelin: Loy nous ſoit iniuſtice:
Le boire & le manger nous ſoit pour exercice.
Nos chefs ſoiẽt tous d'œillets et de roſeschargez,
Nos habits de parfuns: ſoyons du tout plongez
A tout vice & peché: l'obſcur nous enuironne.
Le Seigneur ne nous voit, & ne puniſt perſonne.
Tout eſt vn des humáis: tout eſt vn, de nos iours
Auſſi toſt que la Parque a faiĉt finir le cours.
Apres ſoy la vertu nul ſalaire n'ameine,
Apres ſoy le peché ne tire aucune peine.
Vain eſt vn tel propos, en vain l'hõme effrayant,
Car ſoudain le reduit la mort tout à neant.
Qu'il ſoit vn iugemẽt, où compte il faille rẽdre,
Qu'vn enfer il y ait, cõme on nous faiĉt entẽdre,
Sont bourdes que cela, pour en vain eſtonner
Les eſprits trop poureux, affin de les mener
A larmes & labeurs, & à triſteſſe vaine.
C'eſt vn propos en l'air, vne bourde certaine,
Que nous forgẽt ceux là, qui par faſcheux propos
Voudroiẽt biẽ, ſ'ils pouuoiẽt, troubler noſtre repos.
Mais qu'ils ceſſẽt de voir, qu'eſtat plᵘ ils ne facẽt
De predire les maux, qui nos teſtes menacent:
Ou ſ'ils veulent parler, touſiours ſoient ſoucieux
De nous tenir propos, qui ſoient doux et ioyeux.
Qu'ils nous parlẽt de paix, & de ſaiſon proſpere,
Qu'il ne doibt ſur nos chefs tomber nulle miſere.

Prou. 1.

Sap. 2.

Eccl. 23.

Eſa. 28.

Eſa. 30.

Qu'ils nous chantèt heureux, qu'ils nous ſçachèt   Pſal.9.
    flater
En nos deſirs mõdains,ſans point nous attriſter.
Ainſi nous les oyrõs..Autremèt qu'ils ſe taiſent,
S'ils ne veulent tenir paroles qui nous plaiſent.   Eſa.38.
Car de Dieu ne voulons rien ouyr,ne d'edicts
Qu'il ait faict,ne d'enfer,ne rien de paradis.
Vouloir eſt noſtre Loy , vertus nous ſont les vi-
    ces.
Noſtre Dieu c'eſt plaiſir,paradis ſont delices.
   Tels propos tu tenois,peuple ïgrat & meſchãt,
Quand i'allois par pitié ton ſalut recherchant.
O quels biens ie t'ay faict,dont n'eus onques me-
    moire!
Combien as tu receu de faueur & de gloire,
T'ayant choiſy pour peuple en tant de nations,
T'ayant voulu purger de tes infections,
T'ayant rendu ſi beau,ſi fort,ſi redoutable,
Qu'eſtois & craint de tous,& à tous admirable:
T'ayant chargé le col de carcans & ioyaux,   Ezech.16.
T'ayant chargé les doigts de treſriches anneaux:
T'ayant mis ſous les pieds tes cruels aduerſaires,
Et deſtourné de toy toutes choſes contraires,
Ayant en ta faueur par mainte affliction
Voulu briſer l'orgueil du puiſſant Pharaon:
T'ayant meſme du Ciel fourny de nourriture,
Pour toy des Elemens renuerſé la nature,

Pourſuite
des benefi-
ces de Dieu
enuers les
hommes.

Iosuc.4.	*Pour toy coupé le cours d'vn fleuue impetueux,*
Iosuc.10.	*Pour toy tenu de court le Soleil radieux,*
Exod.14.	*Pour toy coupé la Mer en t'ouurant le passage,*
	Lors qu'auois ia perdu l'espoir & le courage.
Exod.17.	*D'vn Roc ie t'ay tiré de l'eau par les desers.*

Iour & nuict t'ay guidé : ie t'ay par lieux diuers
Faict passer tellement, que comme on voit le
    verre
Se casser sous le fer, ainsi n'estoit en guerre
Si vaillant ennemy, que ma diuine main,
Qui pour toy combatoit, ne le brisast soudain.
Ie t'ay pour habiter donné la Palestine.
Ie t'ay, tant ton amour m'eschauffoit la poitrine,

<table>
<tr><td>Ose.2.</td><td>Faict vn hõneur si grãd, que par Foy t'espouser.</td></tr>
</table>

Et toy peuple meschant, n'as feinct de t'exposer
A quiconque venoit : n'as feinct, race traistresse,
D'adorer nouueaux Dieux, en faussant ta pro-
    messe.
Sur cecy qu'ay ie faict? Au lieu de me vanger
D'vne iniure si grande, & de toy m'estranger,
I'ay pris autre chemin, & voulu t'estre rude,
Pour ainsi ietter bas ta grande ingratitude.

<table>
<tr><td>Ose.2.</td><td>Par tes mauuais sentiers espines i'ay ietté,</td></tr>
</table>

T'enuoyant mille maux, & mainte aduersité.
Sur toy i'ay faict tõber & la peste & la guerre,
Rendu vuide de biens & sterile ta terre.

<table>
<tr><td>Hiere.6.</td><td>T'ay chargé de douleurs, t'ay mis dessus le feu,</td></tr>
</table>

Pour ta rouille arracher. Bref, trouuer ne s'est peu
Genre aucun de remede, & forte medecine,
Dont seruy ne me sois pour tollir la racine
De tes pechez diuers. mais en vain i'ay tourmés,
En vain de ma fureur vsé les instrumens.
En vain a le fondeur de fondre pris la peine:
Le plomb s'est consumé, mais l'ordure vilaine
De tes pechez n'a peu pourtant se consumer.
I'ay pensé Babylon, i'ay d'vn breuuage amer
Tasché de la guarir: mais pour nulle amertume
N'ay iamais peu chasser sa mauuaise coustume.
A grands coups i'ay frappé: nul cry n'en est
 sorty.
Tant dure elle a la peau, que les coups n'a senty.
De quitter ses amours, & m'estre plus fidele,
De sa face tourner vers moy, nulle nouuelle.
Tousiours tousiours elle a suyuy ses amoureux,
Tousiours elle a cherché le sombre & tenebreux.
Aussi mal elle a faict son profit du supplice,
Qu'elle a quand luy estois fauorable & propice.
Si autant comme en toy i'eusse vsé de moyens
A l'endroit de Sidon, ou bien des Tyriens,
Si sur ceux de Sodome & des villes voisines,
Grands cris ils eussent faicts, & battu leurs poi-
 trines,
Et quittans leurs pechez, & sortãs du bourbier,
Soigneux eussent tenu le celeste sentier.

Pertinacité
des mes-
chans en
mal.

Hier.5.

Ose.2.
Ioan.3.

Matt.11.

Mais toy, peuple meschãt, ne pour nulle menace,
N'as voulu, ne pour biens, vers moy tourner ta
    face.
En bien tu t'es tousiours mõstré lasche & remis,
Me laissant pour aymer tes mortels ennemis.
N'as voulu ne pour chants iamais entrer en
    dance,
Ne pour aucunes pleurs te mettre à doleance.
Quoy voyant, d'vne part inciter me sentois
A te traicter ainsi que bien tu meritois.
A cela me tiroit ma fureur embrasee,
Pour estre vn si long temps ma douceur mes-
    prisee,
Et te voir offenser sans aucune tremeur,
A raison que i'vsois enuers toy de longueur.
Mais ma grande pitié, ma douceur, qui surpasse
Tous mes œuures, me feit vser vers toy de grace.
Car ton salut me fut tant cher & precieux,
Que descendre il me feit de la voute des cieux:
Me feit aneantir, & prendre ta nature,
Endurer faim & soif, & mainte peine dure,
Aller par cy par là, souffrir & froid & chaud,
Et telle pauureté, que mesme auois defaut,
Pour reposer mon chef, d'vn seul poulce de terre.
I'ay trois ans, pour flechir ton cœur plus dur
    que pierre,
Et au Ciel te guider, presché iournellement.

I'ay guary les Lepreux, rendu le mouuement
Aux percluz, ay remis en leur force premiere
Les boiteux & froissez, ay faict voir la lumiere
Mesme aux aueugles nez, ay faict les sourds
      ouyr,
Et parler les muets, ay faict esuanouyr
Les plus griefues douleurs, les morts ay faict re-
      uiure,
Les captifs de Satan ay mis tout à deliure.
Et toy le plus ingrat, qui fut onques, au lieu
De Seigneur me cognoistre, & les biens de ton
      Dieu,
Contre moy te ruant, ainsi qu'vn phrenetique,
Qui perd par la douleur de raison la prattique,
Apres dix mille coups, apres m'auoir craché,
Apres mille brocards, en Croix m'as attaché.
Que si tu t'es porté vers moy de telle sorte,
De mesme en as vsé vers ma chere cohorte,
Rendāt le mal pour bien, iettāt en grāds dāgers,
Voire en cruelle mort, mes diuins messagers.
O cœurs incirconciz, ô gent à mal outree,
Rebelle au sainct Esprit tu t'es tousiours mon-
      stree.
O figuier infertile, ô gent sans iugement,
Qui nō plus qu'vn cheual n'as eu d'entendemēt.
Qui tousiours de la Croix as iugé la parole
Estre pure folie, & loing de mon escole

Miracles
de nostre
Seigneur.
Luc. 4.

Matth. 21.

Ezech. 44.
Act. 7.

Marc. 11.
Psal. 31.
1. Cor. 1.

T'es touſiours reculé,touſiours du iour preſent
En viuant as eſté la fureur meſpriſant.
Touſiours à mes ſermons as faiɛt l'oreille ſour-
    de,
Touſiours touſiours les as reputez cõme bourde,

Eſai.5.   Criant en te mocquant:Vienne vienne le iour,
Où Chriſt pour nous iuger doibt eſtre de retour:
S'il eſt vray ce qu'on diɛt. mais ce ſont pures
    fables,
Sont propos aux enfans ſeulement redoutables.

Prouer.1. Ainſi tu te mocquois.Auſſi ie me riray
De ta perdition,& plaiſir receuray,
Quand te verray gemir ſans aucune eſperance
Au milieu des enfers,ta triſte demeurance.

Hier.11. Ie t'enuoiray des maux,dont ſortir ne pourras.
Hier.23. Pour boire,au lieu de l'eau,fiel amer tu auras.
Au lieu de mets exquis te ſera l'alüyne.

Eſa.65.   Au lieu de tes banquets te prendra la famine.
Sus donc allez meſchans,allez cueillir le fruiɛt
De vos pechez commis,en l'eternelle nuiɛt:
Au feu qui ne meurt point , en l'ardante four-
    naiſe,
Au lieu de cris & pleurs, de triſteſſe & malaiſe.
Allez changer vos ris en eternelles pleurs,

Aux mau- Vos chãts & doux eſbats en horribles douleurs.
uais Pre-   Allez meſchãs Prelats, allez aueugles guides,
lats de l'E- Allez mauuais Paſteurs,allez vrays homicides,
gliſe.

Qui nourrir le troupeau , qu'aymois tant chere-
    ment,
En mespris auez eu, vous voulans seulement
Donner aise & repos, sans prendre aucune cure
De presenter iamais aux Brebis la pasture.
Bien sçauiez en tirer la laine, & mettre à mort   Ezech.34.
Le plus gras & refaict: mais de donner confort
Au foible & desolé, d'aller voir le malade,
Ou l'errante Brebis de chercher n'auiez garde.
Au lieu d'estre patrons & miroirs de vertu,
Et monstrer de salut le sentier qu'ay batu,
Auez à vos subiects esté maistres de vice,
Les faisans par vos mœurs tomber en precipice.
Par vous ils ont appris à chercher les honneurs,
A aymer les debats, à flater les donneurs,
Amasser des deniers à monceaux, ou de faire
De leur ventre leur Dieu, sans de luy se distraire.
Allez vous, qui voyans entrer mes ennemis,
Pour rauir mon troupeau, vous estes endormis,
Au lieu de crier hault, & de voix non peureuse
Estonner des meschans la tourbe audacieuse.
Allez qui de vos mœurs par la meschanceté,
De blasphemer mon nom autheurs auez esté,
Et en terre des saincts, en estat si louable,
Auez indignement approché de ma table,   Esa.26.
Et rempliz de pechez, sur mes mysteres saincts
N'auez feinct de ietter vos sacrileges mains.

Contre les védeurs de benefices.

Allez vous qui trafiq' & pure marchandiſe,
Auez faict des honneurs & degrez de l'Egliſe,
Eſtimans tel eſtat non charge, ains ſeulement
Eſtre vn certain moyen pour viure opulemmēt,
Pour trainer force gens, & vous rendre hono-
rables,
Tenans les premiers lieux, ſans eſtre ſecourables
En façon que ce fuſt aux pauures ſouffreteux,
Du bien, qui proprement eſtoit donné pour eux.

Act.6.
4.Reg.5.

Allez qui de Simon auez ſuyuy le vice,
Ou du ſerf d'Eliſee imité l'auarice,
Les vns à bel argent entrans aux dignitez,
Les autres les baillans à deniers bien comptez.

Abus des viſiteurs.

Allez qui par les champs allans pour la viſite,
Des Curez ne cherchiez le vice ou le merite,
Ne cherchiez la façon dont ils ſe gouuernoient,
Si bon & ſainct exemple à leur peuple ils don-
noient:
Ne cherchiez ſils faiſoient par doctrine per-
uerſe
Leurs ſubiets abuſez tomber à la renuerſe:
Mais voſtre but eſtoit ſeulement viſiter,
S'ils auoiēt en leur bourſe argēt pour l'emporter.
Allez paſteurs couards, qui plus craignans la
face
Du riche & du puiſſant, que nō pas ma menace,
Sur leur pechez ſouliez couler tout doucement,

Sans

Sans oſer les reprendre, & charger rudement.
Qui plus eſt, les flattiez, & par vaine promeſſe
Diſiez que lieu n'aüroit oncq' en eux la triſteſſe:
Et les ſouliez louer, & chanter leur bon-heur,
Pour acquerir par là leur grace & leur faueur.
Allez vous, qui voyãs des meſchãs l'entrepriſe,
Qui du tout renuerſer ſ'efforçoient mon Egliſe,
N'auez d'vn zele ardent marché pour reſiſter
A leurs diuers aſſaux, & ma loy ſupporter:
Ains tournans voſtre dos, comme vrays mer-
    cenaires,
Auez quitté la place à mes fiers aduerſaires,
Au lieu que vous deuiez ſeruir iuſque à la mort
A mon peuple eſtonné de mur & de confort.
Allez qui pleins d'ordure, & groſſiere ignorãce,
Au lieu d'eſtre garniz de vie & de ſcience,
En charge auez pris ceux, qui auoient le ſça-
    uoir,
Et les moyens auſſi de faire leur deuoir.
Et à vous, qui n'auiez nul ſçauoir que de prẽdre,
Cependant accouroit le peuple, affin d'entendre
De vous mon ſainct vouloir : mais ainſi qu'il
    venoit,
Tout de meſme chez ſoy parapres retournoit.
Auſſi qu'euſt il iamais appris à cette eſcole,   Zach. 11.
Où pour maiſtre & docteur n'y auoit qu'vn
    Idole,

K.

Qui, bien qu'il euſt des yeux, ne voyoit nullemĕt,
Bien qu'oreilles il euſt, n'oyoit aucunement,
Bien qu'il euſt vne bouche, & grande, & bien
    ouuerte,
Rien dire il ne ſçauoit, pour exempter de perte
Les eſprits de ceux là, qui du celeſte pain
Humblement le prioient leur donner, mais en
    vain.
Allez qui trop auez eſté prompts & faciles
De pouruoir vos Couſins & Nepueus inutiles
De riches prieurez, ſans rien auoir ſi cher,
Que d'ag greer en tout au ſang & à la chair.

Aux mau-   Allez auſſi meſchãts, qui l'habit monaſtique
uais Reli- Auiez, mais non l'effeĉt de vie Euangelique.
gieux.   Car autant voſtre vie à l'habit rapportoit,
Que l'obſcur de la nuiĉt au iour ſemblable eſtoit.
Car fauſſans tout à plat vos publiques promeſ-
    ſes,
Fauſſans vos vœus ſacrez, adoriez les richeſſes:
Adoriez les honneurs, & touſiours arreſtez
Vos cœurs eſtoiĕt du mõde aux ſalles voluptez.

Contre les Chez vous mien, tien, eſtoit, chez vous la Foy
proprietai-   iuree
res.   De rien ne poſſeder, n'auoit place aſſeuree.
Rien n'eſtoit en commun, les vns eſtoient aiſez,
Et les autres de faim tous matez & briſez.
De vous au loing eſtoit, l'hũbleſſe et l'abſtinĕce,

De vous estude loing, de vous loing penitence.
De vos bouches estoient baniz, tous bõs propos.
Le mal faire estimiez vostre vnique repos.
De vous au loing estoit la tristesse chassee.
De vous au lieu de paix noise estoit embrassee.
Enuie auoit en vous autant ou plus de part,
Qu'au cœurs dès plus mõdains. Bref n'auiez que
    le fard
De l'habit seulement, & la simplẽ rasure.
Encor assez souuent ce masque & couuerture
Souloit aller à bas. Car aussi superflus
Estiez en vos habits, qu'en vos mœurs dissolus.
  Allez allez aussi, vous qui la renommee   Aux Reli-
Auiez bien d'vne vie en tous poincts reformee. gieux hy-
Et de faict vostre habit sentoit sa saincteté. pocrites.
Chez vous ieusne logeoit, chez vous austerité,
Chez vous tout en commun estoit, chez vous
    les veilles,
Chez vous hymnes & chants estoient longs à
    merueilles.
Chez vous nul ne sortoit, s'il n'estoit cõmandé.
Bref, l'ordre entieremẽt chez vous estoit gardé.
Mais ma croix n'y estoit, ains du seul Cyrenee.   Luc.52.
Car bien m'auiez le corps, mais nõ l'ame dõnee.   Bern.in
Iamais n'auez voulu quitter vostre vouloir,   Apolog.
Ny pour cõpagne aussi iamais humblesse auoir:
Au moins hũblesse vraye, & non hypocritique.

K iij

De murmurer auez faict mestier & prattique,
Et au regard de vous les autres mespriser,
Iuger du faict d'autruy, sans à vous aduiser.
De leures m'honoriez: mais l'ame vagabonde
Par cy par là couroit au beau milieu du monde.
Iamais n'ont vos Prelats sceu rien vous com-
    mander
Si facile & si doux, qu'on ne vous veist grõder.
Plus preniez de plaisir à faire vne abstinence
A part, qu'en faire cent par cõmune ordonnãce:
Tant estiez singuliers, & tant l'amour priué
Estoit profondement en vos cœurs engraué.

Aux mau-   Allez allez aussi fausses vierges voilees,
uaises Re- Qui du mõde estiez bien quãt au corps reculees,
ligieuses. Mais l'esprit y estoit autant ou plus rangé,
Qu'il n'estoit parauant qu'en eussiez deslogé.
Iamais de vos maisons n'auez ny la noblesse
Voulu mettre en oubly, ny la vaine richesse:
Mais quoy que mille fois ie vous eusse aduerty
D'oublier vos parens, & tenir mon party,
N'auez laissé pourtant d'en auoir souuenance,
Et d'vn tel souuenir entrer en arrogance,
Mesprisans celles là par grand' superbeté,
Dont la maison n'estoit de telle antiquité.
Et quãt à vous parer, telle estoit vostre peine,
Qu'en Cour on n'eust sceu voir de femme si mõ-
    daine,

Qui fuſt en taffetas ſi ſongneuſe & ſatin,
Que ſouliez eſtre en toile & gris chaſque matin.
Chez vous on apprenoit plus du monde, que au
  monde.
Chez vous on apprenoit la langue auoir façõde,
A diſcourir d'amour, à rire & mugueter,
A tenir ſa grandeur, & de tous detracter.
Chez vous le Courtiſan alloit, nõ pour apprẽdre
Ma crainte & mon amour, mais biẽ affin d'en-
  tendre
Comme en Cour ſe falloit gouuerner, car de Cour
Sçauiez plus que celuy, qui de nuict & de iour
En faiſoit le meſtier: tant eſtiez curieuſes
De ſçauoir vanitez, & non point deſireuſes
De garder le ſerment & la fidelité,
Qui par vous en lieu ſainct iurée auoit eſté.
  Allez Princes & Ducs, allez Roys & Mo-   Aux mau-
  narques,   uais Prin-
                                              ces.
Qui n'auez en mourant rien laiſſé, que des mar-
  ques
De barbare fureur: qui au lieu de veiller
Au bien de vos ſubiets, les auez ſceu tailler,
Et charger tellement d'impoſts & de ſubſides,
Qu'auez rẽdu de biẽs leurs maiſõs toutes vuides:
Leur faiſans vendre licts, & tables & treteaux,
Tant leur eſtoiẽt peſans des tributs les fardeaux,
Affin d'en enrichir de vos Cours les ſangſues,

K iij

Dont vos ames estoient à toute heures deceuës:
Enrichir faict-neans, enrichir des farceurs,
Aggrãdir des bouffons, des plaisans, et gosseurs.
Allez qui pour regir toute vne republique,
Auez tousiours vsé de façon tyrannique,
N'ayans pour tout conseil, n'ayans pour toutes
     loix,
Que vostre seul vouloir, ou bien oyans la voix
De ceux, dont la moisson & certaine richesse,
De vos peuples estoient la misere & detresse,
Qui crioient, mais en vain, iour & nuict apres
     vous,
Ioinctes mains vous prians de leur estre plus
     doux.
Allez qui les estats donniez, & les offices,
A qui plus apportoit, aussi les benefices
Tomboient entre les mains de vos plus fauorits,
Au lieu de les bailler aux bons & bien appris.
Allez qui aux meschants auez ouuert la porte
De vos royalles cours, & en contraire sorte
Aux bons l'auez fermee, & qui la verité
Vous souloient annoncer en toute liberté.
Allez vous qui ma cause arriere auez laissee,
Vous, qui voyans ma Foy des meschãs oppressee,
Voyans qu'on me faisoit la guerre ouuertement,
Qu'on vouloit de ma Loy faire vn renuerse-
     ment,

N'auez les armes pris pour ma saincte querelle,
Pour ma Foy soustenir, & briser le rebelle,
Qui sous feinte couleur, & noms fort specieux,
S'efforçoit de planter son erreur en tous lieux,
Endurant que l'iuraye, & la fausse doctrine,
Es cœurs de vos subiets bien auant print racine,
Pourueu q̃ au demourãt peußiez d'eux arracher
Qu'en rien à vostre estat ne vousissent toucher.
Allez qui à credit auez esmeu les guerres,
Pour des Princes voisins gaigner citez & ter-
　res,

Des guer-res mal fon-dees.

Plus pour ambition, qui vous brusloit les cœurs,
Vous faisant desirer d'estre appellez vainqueurs,
Que non pour droict aucun, dõt feißiez la pour-
　suitte.
Et cruels estimiez estre chose petite,
Voire digne de los, exposer de guerriers,
Pour vn rien à la mort tant & tant de milliers.
　Allez allez außi Noblesse malheureuse,
Allez qui descenduz de race genereuse,
Et de sang honorable, auez de vos maieurs
Dementy la vertu par vos vilaines mœurs.

Aux mau-uais gẽtilf-hommes.

Aleez allez meschants, allez troupe superbe,
Mangeurs de paisants, & leueurs de la gerbe
Du Curé, du Prieur, ou du pauure Marchant.
Allez vous qui d'vn cœur trop lasche & trop
　meschant

K iiij

Contraigniez vos subiets à dix milles couruees.
Par vous leurs bœufs estoient, leurs vaches en-
    leuees.
Emportiez leurs chappons, viuiez de leurs tra-
    uaux,
Chez eux preniez l'auoine, & foin pour vos
    cheuaux.
Par vous ils finissoient leurs iours en amertume.
Frapper l'vn, tuer l'autre, estoit vostre coustume,
En chassant ruiner le champ du laboureur.
Allez qui pour vn rien entriez bien en fureur
Côtre vn rustique simple, & en pleine bourgade
Triõphiez de morguer, & faire à tous brauade,
Ou bien en vne Cour n'estiez moins insolens,
Que si en force eußiez egalé des Roulans.
Mais de vestir harnois, et en main armes prẽdre,
Pour venger mon iniure, & ma cause defendre,
Pour resister à ceux, qui bandez contre moy,
Vouloient exterminer mon Eglise & ma Loy,
Renuersoient mes maisons, faisoient la guerre
    aux Princes
Que i'auois estably, rauageans leurs prouinces,
Iamais n'eustes le cœur, ne pour moy vous mou-
    uoir,
Employãs pour ma cause & moyens & pouuoir:
Ains la case gardiez, ou bien faisiez paroistre
La roideur de vos bras sur le pauure champestre.

Auſſi nobles n'eſtiez que de nom ſeulement.
Car l'effeɕt vous crioit vilains ouuertement.
Allez qui reiettans de mes loix l'ordonnance,
Auiez des loix d'honneur & du poinɕt de ven-
    geance,
Qui des miennes non plus n'approchoient, que des
    cieux
Proche eſt le plus parfond de l'enfer tenebreux.
Car ſi pour vn mot ſimple, & pour legere iniure
Celuy, que lon penſoit offenſé, n'auoit cure
De ſe venger ſoudain, ains vſer de pardon,
En eſpoir d'acquerir le celeſte pardon,
Indigne on l'eſtimoit de porter la liuree,
Dont eſtoit en tous lieux la Nobleſſe honoree.
Si ſimple & veritable, ou doux quelcun eſtoit,
D'vn ſot & d'vn niais le bruit il emportoit.
Si prompt à me prier il eſtoit, & me plaire,
S'il mettoit mon ſeruice auãt tout autre affaire,
Il eſtoit vn bigot, & pour s'eſtre rangé
Vers moy, par vo⁹ eſtoit de brocards tout chargé.
Bref en rien ne giſoit voſtre braue nobleſſe,
Qu'à vous rire des bons, vous mocquer de ſim-
    pleſſe,
Abhorrer la vertu, ſuyure en tout vos deſirs,
Poſtpoſer de mes loix l'ediɕt à vos plaiſirs.
    Allez allez auſſi, Dames & Damoiſelles,
Qui pour vous cõtrefaire, et paroiſtre plus belles,

Alliez soigneusement vos visages fardans,
Affin d'attraire à vous les yeux des regardans.
Allez vous qui souliez vser la matinee
A bien vous attiffer, sans m'en estre donnee
Bien souuent vn quart d'heure, ou bien si le don-
    niez,
Au moins à me seruir nul plaisir ne preniez.
Allez qui de rubis & pierres precieuses
Et de riches ioyaux estiez si desireuses.
Tant de chesnes portiez, qu'à peine de marcher
Auiez vous le moyen: & voyez deseicher
De pauures à vos pieds vn nõbre innumerable,
Sans leur monstrer vn cœur Chrestien et pitoya-
    ble.
Allez allez aussi, dont l'audace a esté
Si grande & si horrible, & la temerité,
Que mesme aux Eueschez ne feigniez de preten-
    dre,
Les demander aux Roix, les tenir, ou les vendre
A beaux deniers contents, affin de supporter
Vos despens superflux, ou terre en acquester.
Allez dont le mestier n'estoit que de mesdire,
Et des gens de vertu vous gaber & vous rire,
Qui plus auez de mal par la langue apporté,
Que la dent n'en causoit d'vn aspic irrité.

Aux mau-
uais Iusti-
ciers. *Allez aussi bien loin, allez gens de Iustice,*
Allez iniques gens, allez serfs d'auarice,

Allez vous qui ſçauiez,pour les bourſes curer
Des plaideurs,tout vn an faire vn proces durer,
Dont pouuiez en vn iour auoir la cognoiſſance,
Si plaiſir vous euſt pris d'vſer de diligence.
Allez vous qui ſcauiez finement deſrober
Le droict de l'innocent,& le faire tomber
Entre mains de celuy,dont la cauſe peruerſe
Par dons faiſoit tomber le droict à la renuerſe.
Qui en faueur des grands prononciez les arreſts,
Qui adiuger aux grands ſouliez gros intereſts,
Qui dõner la victoire aux pl' mauuaiſes cauſes,
Qui aux pauures tenir ſouliez vos portes cloſes,
Qui du foible orphelin reiettiez la clameur,
Pour preſter meſchamment l'oreille à la faueur.
Que ſi droict eſtoit faict par fois à la partie,
Si cher on luy vendoit ce droict,qu'à la ſortie,
Tout compté tout payé,pour auoir entendu
A proces,elle auoit moins gaigné que perdu.
Allez qui des meſchans n'auez purgé la terre,
Qui n'auez aux brigãs et voleurs faict la guerre,
Qui du gibet auez exémpté par eſcus
Ceux qui de meurtre eſtoient attaincts & con-
         uaincus.
Qui de crainte qu'auiez de perdre voſtre office,
Edicts auez paſſé contre droict & iuſtice,
Les auez publiez,quoy que notoirement
On les veiſt contredire à mon commandement.

Aux hereti-
ques.

Allez allez bien loing, allez troupes bannies
De mon regne eternel, semeurs de zizanies.
Allez peres d'erreurs, qui pleins d'iniquité,
Le sentier auez faict quitter de verité,
A ceux qui chatouillez d'vne douce parole,
Preferoient follement à ma Foy vostre escole.
Allez loups rauissans, allez qui souz habits
De saincts & zelateurs, & souz peau de brebis,
Vous couliez doucement, puis de rage & furie
Vn carnage faisiez parmy ma bergerie.

Hier. 13.

Allez vous qui parliez sans nul adueu de moy,
Qui tourniez à vos sens le texte de ma Loy,
Qui targuer vous souliez de ma saincte Escri-
*   ture,*
Pour donner à l'erreur honneste couuerture,
Preferans vostre sens, & folle inuention,
De ma totale Eglise à la tradition.
Allez faux seducteurs, allez pleins de feintises,
Allez troubleurs de paix, allez brusleurs d'E-
*   glises,*
Par qui cruellement ont esté massacrez,
Et d'estranges façons, les gens à moy sacrez.
Allez qui plus auez gasté ma Republique
Par sanglante fureur, & cautele heretique,
Que faire n'eussent peu ne Diocletians,
Ne Maximins aussi, ne Nerons en cent ans.

Io. 19. &

Car mesme auez passé cette tourbe bourrelle,

Qui m'ayant mis à mort & vilaine & cruelle,
Apres horribles maux m'auoir faict endurer,
Ne voulut toutesfois ma robbe deschirer.
Mais vous trop plus cruels, n'auez feint de com-
     mettre
Vn acte si meschant, que par pieces la mettre,
Separans le troupeau, qui tant m'auoit cousté,
Affin d'en foy l'vnir, en cœur, & volonté.
Allez faux imposteurs, allez allez prophanes,
De mensonge les fils, de Sathan les organes,
Qui sçauiez finement les legers peruertir
Par propos doucereux, & de moy diuertir.
Allez falsifieurs de ma saincte doctrine,
Presenteurs d'arsenic au lieu de medecine,
Qui pour vous celebrer, & rendre plus cognus,
Auez de iour en iour nouueaux poincts main-
     tenus,
Auec vn tel orgueil, & telle outrecuidance,
Que pensiez egaller tout vn monde en science,
Ne voulãs rien du tout ne pour raisons quitter,
Ne pour authoritez qu'on vous sceust apporter.
    Allez vous, qui liez par loy de mariage,
Ensemble auez tousiours faict vn mauuais mes-
     nage,
Et faussans tout à plat le serment mutuel
L'vn à l'autre, auez eu discord perpetuel:
Auez trahy l'vn l'autre, & la couche estrãgere

Naz. Orat.
1. de Pace.

Aux mau-
uais ma-
riez.

Souillé secrettement par vilain adultere.
Vous aussi qui d'vn cœur enuers moy desloyal
Auez tousiours vsé du lien nuptial
Aussi brutalement, qu'eust peu faire vne beste,
Qui a rien en plaisir, qu'au plaisir, ne s'arreste.
Car vous semblablement en vostre volupté
Nul but autre n'auiez, que la lubricité.
Ce n'estoit pour tirer de vous quelque lignee,
Qui fust en bonnes mœurs parapres enseignee:
Ains estoit seulement pour appaiser l'ardeur
D'vn plaisir effrené, qui vous brusloit le cœur.
Allez qui vous voyans d'enfans grand' multi-
    tude,
En ce monde n'auiez nul soucy nul estude,
Que d'amasser des biés, tãt craigniez que de faim
Exempter ne les peust ma liberale main.
De vous ils apprenoient à chercher les richesses,
A aymer les honneurs, & grandeurs piperesses,
A marcher le chef haut, à parler sallement,
Au lieu de leur donner vn bon enseignement.
Iamais vsé vers eux vous n'auez de menace,
Iamais ne leur auez monstré seuere face,
Iamais de les punir ne vous est arriué,
Ne traicter rudement : ains auez conniué,
Les voyans à pechez courir bride auallee,
Et ma Loy meschamment par eux estre foulee.

Allez allez aussi vous meschans artizans,

Allez qui de mes loix les edits mespriſans,
Plus du gaing auez eu de ſoucy, plus de faire
Vn proffit malheureux, que non pas de me plaire,
Faiſans de voſtre eſtat le fidele deuoir.
Rien plus cher n'auez eu, que ceux là deceuoir,
Qui à vous ſ'addreſſoient, en faiſant voſtre ou-
     urage
Si mal qu'on n'en pouuoit tirer preſque d'vſage,
Ou ſur drap deſrobbant, ou ſatin finement,
Ou ſur quoy que ce fuſt, ou trop iniquement
Hauſſans de voz labeurs le prix, & du par-
     iure
Vous ſeruans pour gaigner argent outre meſure.
   Allez tous orgueilleux, allez plains de fierté,   Aux ſuper-
Qui tenir le ſentier de ſainɛte humilité   bes & arro-
N'auez onques voulu, ne ſuyuir cette trace,   gans.
Qui au ciel vous eüſt peu donner heureuſe place.
Allez vous qui ſouliez rechercher les honneurs,
Aymer les premiers rangs, pourchaſſer les gran-
     deurs:
Qui remplix de mes dons, au lieu d'auoir me-
     moire
Du donneur, en ſouliez à vous tirer la gloire,
Vous vāter, vous morguer, & tels vous reputer,
Qu'indigne eſtre penſiez la terre de porter
Telles perles de prix. Allez qui de ſcience
Preniez occaſion d'entrer en arrogance.

Allez enfans d'orgueil, qui mieux aymiez pour
   Roy
Auoir le fier Sathan, que marcher deſſouz moy.
Mieux aymiez des humains la gloire peu dura-
   ble,
Que l'attendre de moy certaine & veritable.
Allez vous qui ſouliez à tous vous preferer,
Marcher d'vn pied ſuperbe, et vous faire adorer,
Vous plaire en vos diſcours, eſtimer à merueilles
Ce qui partoit de vous, & preſter les oreilles
Au flatteur impudent, dont eſtoit le meſtier
D'vn los non merité vos vertus publier.
Que dy-ie vos vertus? Telle eſtoit voſtre audace,
Qu'au lieu de redouter ma ſeuere menace,
Meſmes vous orgueillir, et vanter vous ſouliez
Rom.6.   Des actes plus vilains, dont rougir vous deuiez:
Tant eſtoit de vos fronts toute honte bannie!
Ores ores du tout voſtre gloire eſt finie,
Et pour gloire n'aurez & pour ambition,
Qu'eternel deshonneur & grand confuſion.
Aux volu-   Allez allez auſsi meſchans & miſerables,
pteux.   Qui n'aymiez que banquets, & les friandes ta-
   bles,
Eſtendans bien ſouuent du ſoir iuſqu'au matin,
Et du matin au ſoir les honneurs d'vn feſtin:
Qui plus que ne falloit pour chaſſer l'indigence
De cent pauures, faiſiez en vn iour de deſpenſe.
Car ne

Car ne terre fournir, ne mer semblablement
Ne pouuoit, ne le ciel, à vn Dieu si gourment,   Philip. 3.
Côme estoit vostre ventre, auquel faisiez seruice.
Allez qui ne cherchiez que plaisant exercice,
Qu'esbats & ieux diuers, que cartes & que dez,
Que propos dissolus, & ris trop desbordez,
Que farceurs, que bouffons, q̃ danse & mõmerie,
Que ioustes & tournois, que chasse & volerie.
Chez vous de la musique on auoit le deduict:
Chez vous on entendoit & de iour & de nuict
Le son des violons, de luths & d'espinettes.
Au lieu d'auoir les cœurs percez de mes sagettes,
Au lieu de les auoir de mon amour espris,
Toute impudicq' amour sa place y auoit pris.
Là s'en alloit argent, là s'escouloit richesse,
Là c'estoit que souliez monstrer vostre largesse.
De pleurer, de gemir, de douleur conceuoir,
Frapper vostre estomach, affin de m'esmouuoir
A pardon & pitié, n'eustes onques enuie:
Mais bien en tous plaisirs de passer vostre vie.
Or sont passez les ieux, & finiz les plaisirs,   Miserable
Faisans place à iamais aux larmes & souspirs.   changemḗt
Pour banquets desormais aurez faim trescruelle, des volu-
Pour vos feux amoureux vne flamme eter-   ptueux.
    nelle.
Pour chants melodieux, & pour belles maisons,
Vous n'aurez que des cris, & vilaines prisons.

                    L

Aux auari-
cieux.

Allez aussi chichars, allez pleins d'auarice,
Qui d'amasser argent auez faict exercice,
L'auez aymé, l'auez pour vostre appuy tenu,
Pour vostre heur, vostre bien, sans auoir recognu
Autre Dieu que luy seul, estimans miserable
Celuy qui ne l'auoit propice & fauorable,
Quoy qu'il fust au surplus riche en mœurs , &
   garny
Des biens & des thresors, dont doit estre muny
Celuy, qui part auoir espere en l'heritage,
Dont au ciel est des bons assigné le partage.
Allez allez meschans, & loing de moy fuyez,
Qui les pauures voyans estenduz à vos pieds,
Perclus, mornes, transiz de faim & de froidure,
D'vn cœur plus dur q̃ fer, plus dur q̃ pierre dure,
Leur auez refusé tout aide , aymans trop mieux
Voir pourrir tous vos grains pour les garder trop
   vieux,
Que les pauures nourrir, & chasser la famine,
Qui cruelle rongeoit leur debile poitrine.
Allez allez meschans, desireux de cherté,
Affin de profiter sur la calamité,
Qui contraignoit le pauure à vous vẽdre sa terre,
Pour la faim repousser , qui luy faisoit la guerre:
A vous vendre sa vigne, & ses meubles aussi,
Tant estiez enuers luy cruels & sans mercy.
Allez qui n'auez eu iamais soucy ne cure,

Sinon vous enrichir par larcin & vsure.
Qui souliez demander, Quand aurõs nous la fin　Amos. 8.
Du mois où maintenant nous nous voyõs, affin
De riches deuenir, d'emplir nostre bougette,
Et du pauure indigent moissonner la disette?
Où sont ores vos dieux? vostre or & vostre ar-
　　gent,
Qu'auez ammoncellé par labeur diligent?
Tous vos biẽs sõt pourriz, vos pieces tãt aymees　Iac. s.
Par la rouille & le tẽps sont du tout consumees,
Et la rouille vous sert d'vn tesmoing rigoureux:
Aussi vos moissonneurs, aussi vos laboureux,
Dont auez la sueur & trauail ordinaire
Priué cruellement de son iuste salaire.
　Allez allez, maudits, de vostre cruauté　　　Mat. 25.
Receuoir pour iamais le loyer merité.
Allez accompagner la bande desloyale
Du superbe Sathan en la flamme infernale.
Car de faim me voyant & de soif oppressé,
En vain à vous me suis pour m'aider addressé.
Pour des vents soustenir la fureur, & l'iniure
Que ie sentois à nu de pluye & de froidure,
M'auez (ô cœurs plus durs que roc & diamãt!)
Refusé tout à plat vn simple accoustrement.
Ayant faict estranger vne longue iournee,
Pour loger ne m'auez chez vous place donnee:
Ains coucher m'a fallu par force à descouuert,

Ou bien ſous vn buiſſon, où maint mal ay ſouf-
    fert.
I'ay ſenty les aſſaux de fieures douloreuſes,
I'ay ſenty les ennuys de priſons tenebreuſes,
Et vous ſans charité, vous ſans compaſſion,
En oubly m'auez mis en telle affliction.
N'auez vn ſimple pas (ò gent trop inhumaine)
Onques voulu marcher pour alleger ma peine.
   Le ſon de ces propos telle frayeur donna
Aux cœurs des Reprouuez, & tant les eſtõna,
Que preſque on les voyoit comme la cire fondre,
Sans pouuoir de long temps vn ſeul mot luy reſ-
    pondre:
Tant eſtoient eſperduz. A la fin toutesfois
Tous plombez de viſage, & de tremblãte voix,
A ce Monarque grand vont tenir ce langage.
   O Roy de l'vniuers, dont l'ardeur de viſage
Nous cauſe au fond du cœur vn tel eſtonnemẽt,
Qu'à force de trembler ſ'en perd l'entendement,
Et dõt la voix nous eſt comme vne groſſe pierre,
Qui tombant deſſus nous tellement nous enſerre,
Qu'en ſommes tous briſez, dy nous Seigneur &
    Dieu,
Dy nous, Monarque grãd, en quel tẽps, en ql lieu
Nous t'auons veu ſouffrir tant & tãt de miſere,
Sans te vouloir aider en ta douleur amere.
Dy nous où t'auons veu languir de malle faim,

Pſal. 67.

Propos des
Reprouuez
à Ieſus-
Chriſt.
Mat. 21.

Sans t'auoir promptement voulu dõner du pain?
Pour estancher ta soif dy nous,ô Roy de gloire,
Où c'est que ne t'auons voulu donner à boire?
Dy nous où te voyans manquer d'accoustremẽt,
Te voyans de logis manquer pareillement,
Ne t'auõs ne d'habits , dont plein auiõs le coffre,
Ne de logis aussi iamais voulu faire offre?
Dy nous finablement en quel temps ç'a esté,
Seigneur,que te voyans de fieures tourmenté,
Te voyans de douleurs tout sec & tout aride,
Nous t'auons de pitié monstré le cœur si vuide,
Que faict vn simple pas nous n'auons,pour aller,
Estant en tel estat,te voir & consoler?
Ou biẽ quãd nous n'auõs , Seigneur,eu nulle cure
De t'aller visiter en prison tresobscure?
Car point ne nous souuient,ô grande maiesté,
De t'auoir veu iamais en telle extremité.

Ha(leur dist sur le champ ce Iuge redoutable)
Gent maligne & peruerse,& trop impitoyable,
Ce que n'as voulu faire au plus petit des miens,
Comme à moy refusé proprement ie le tiens.
C'est à moy,c'est à moy,que n'as voulu biẽ faire,
Quand aux miens as nié secours en leur affaire.
Va donc, maligne gent, va t'en au lieu de pleurs,
De cris desesperez,d'eternelles douleurs,
Où ayant demeuré cent & cent mille annees,
Tu ne verras pourtant tes peines terminees:

Response de Iesus-Christ aux Reprou-uez.
Mat.25.

En rien ne les verras pour cela s'abbreger,
Ny de rien pour cela ton tourment s'alleger.
Car autant que seray Dieu, Monarque & grand
    maistre,
Psal.48. Autant ne cessera la mort de toy se paistre:
Autant que durera ma diuine grandeur,
Autant faudra du feu que tu sentes l'ardeur.
Plus n'y a ne clameur, ne tant humble priere,
Qui te puisse exempter d'vne telle misere.
Le temps est ia passé de pleurs & d'oraison,
De pardon requerir ia plus n'est la saison.
Puisque doux n'as voulu me sentir, & propice,
Va sentir pour iamais que c'est que ma iustice.
Les Re-   Soudain que le Seigneur tel propos acheua,
prouuez   Le diuin escadron aussi tost se leua,
sont en-
uoyez en Et tous les moissonneurs du pere de famille
enfer.   Vont amasser en vn cette yuraye inutile,
Mat.13. Et aux mains des meschans, & aux pieds mettre
    fers,
Pour ainsi les ietter au profond des enfers.
Psal.10. Et tout au mesme instãt va tomber sur leur teste
Et glace & neige, & flamme, et gresleuse tẽpeste,
Et ainsi furent ils en bas precipitez,
Pour sentir à iamais les tourmens meritez,
Iettans de si grãds cris, & plainctes si-terribles,
Qu'à tout hôme seroient d'exprimer impossibles.
Aussi d'vn si grand bruit tellement fu frappé,

Qu'en fut incontinent mon sommeil dissipé.

Si me pris à dresser au Seigneur ma priere,

En criant hautement:O Dieu, que tout reuere,

O Dieu, dont la grandeur est tant à redouter,

Quand viendras icy bas, affin d'executer

De ta iuste rigueur l'arrest irreuocable.

Las helas que feray-ie, ô pecheur miserable,

Qui ne porte au lieu d'or, que la paille & le foin!

Las, pour fuyr ton ire, où m'en iray-ie au loin.

Si de monter au ciel ie fais vne entreprise,

Ou descendre au profond des enfers ie m'aduise,

Tu es en tous les deux. Si sur l'aube du iour

Ie me mects à voler, & veux faire vn grand
　　tour,

Pour trouuer de la mer quelque estrangere riue,

Là penser ne me faut que ta main ne me suyue

Et m'attrape souddain. Que si semblablement

Ie tiens vn tel propos, Ie pourray seurement

En lieu fort tenebreux trouuer quelque retraite,

Où cacher me viendra la nuict la plus secrette,

Fol est vn tel propos.car en obscurité

Tu vois tout aussi clair, qu'en la pleine clarté.

Si nier mes pechez, ou couurir ie les pense,

Aux yeux tu me viendras poser ma conscience,

Qui dormant maintenant, alors s'esueillera,

Et mes pechez commis en place arrangera.

Que si mesme du bon en si triste iournee,

L iiij

Fin du son-
ge.

Priere au
Seigneur
Iesuchrist,
auec vne lõ
gue confes-
sion des pe-
chez.

Psal.138.

Et pleine de fureur, sera l'ame estonnee,
Et voudroit pour beaucoup, s'il auoit le moyen,
Estre voire d'enfer à tel iour citoyen:
Comment, helas, comment oseray ie paroistre
Deuant toy, mon grand Dieu, mon grand Roy,
    mon grand maistre,
Moy chetif, & meschant, & le plus vitieux,
Qui se puisse trouuer sous la voute des cieux?
De quels yeux, hôme ingrat, & en quelle maniere
Pourray-ie regarder ton visage seuere?
Seuere aux malheureux, qui pleins de tes bien-
    faicts,
Ont esté si meschans, & ingrats si parfaicts,
Qu'au lieu de te seruir pour si grands benefices,
A Sathan ont voué leur vie & leurs seruices.
Las helas que feray-ie, ô pecheur malheureux,
Quand alors tu viendras seuere & rigoureux,
Et ta longue clemence, & douceur fauorable,
Viendra se conuertir en iustice effroyable!
Las helas que feray-ie, inique & nonchalant,
Quand le compte viendras demander du talent,
Que i'ay receu de toy pour en tirer l'vsure:
Dequoy n'ay toutesfois iamais eû nulle cure:
Et quand aussi viendras mes propos balancer
Oysifs & vitieux, dont n'ay craint t'offenser:
Et quand aussi mes faicts, dont le nôbre surpasse
Le sablon que la mer sur son riuage amasse:

Psal. 39.

Mat. 18.

Matt. 18.

Et quãd tant de penſers viendras mettre en auãt,
Dont auſsi t'ay, Seigneur, offenſé ſi ſouuent,
Las helas que feray-ie en ſi grande deſtreſſe,
Pour d'enfer cuiter la douleur & triſteſſe!
Si mon corps euſt eſté de fieures aſſailly,   Naz. in
D'auoir vn medecin point ie n'euſſe failly.   Carm.la-
Si c'eſtoit pauureté qui me menaſt la guerre,   ment.
I'aurois auſsi recours aux riches de la terre.
En tourmente de mer viendrois à m'efforcer
De gaigner quelque port, affin de ne verſer.
Tombant meſme de haut en lieu de precipice,
D'vn arbriſſeau peut eſtre aurois le benefice,
Qui me pourroit garder, le ſerrant viſuement,
De me briſer le corps tombant profondement.
Mais le mal me venant de mes fautes treſordes,
Seigneur, ie n'ay recours qu'à tes miſericordes.
Ie ſuis vn publicain, deſpourueu de tout bien.   Luc.18.
Ne decime ie n'ay, ne ieuſne auſsi, ne rien
Que ie puiſſe alleguer. Car ma totale vie
De tes commandemens du tout en tout deſvie.
Ie ſuis vn vray prodigue, ô Seigneur treſclement,
Qui me ſuis eſcarté de toy trop longuement,
Et qui ay conſumé l'auoir & la ſubſtance,
Qu'auois receu de toy, par trop folle deſpenſe.
Ie ſuis ce miſerable, ô bon Samaritain,   Luc.10.
Que les larrons trouuans, de cœur treſinhumain,
Apres m'auoir pillé tout autant de richeſſe,

Que m'auoit departy ta diuine largeſſe,

M'ont nauré tellement, que le cours de mes iours

Eſt finy, ſi ta main ne me donne ſecours.

Io.5.   Auſsi ie ſuis celuy, qui de paralyſie

Dés ma prime ieuneſſe ay mon ame ſaiſie.

Ie ſuis vn vray Lepreux, ie ſuis aueugle et ſourd.

Luc.13.   I'ay l'eſprit tout courbé, tout brutal & tout
Marc.3.   lourd.

Ma main pareillement eſt ſeiche & toute aride.

Ie ſouffre vn flux de ſang, la fieure en moy re-
      ſide.

Tout mal me donne aſſaut: meſme vne legion

D'eſprits par ſon aſſaut accroiſt ma paſsion.

O Dieu, dont le pouuoir eſt ſans aucuns obſta-
      cles,

Renouuelle à preſent en moy tes vieux miracles.

Dy dy tant ſeulement, & mon flux tarira,

Et ma paralyſie, & lepre ſ'en ira.

Dy Seigneur, & ſoudain prendra nouuelle force

Ma main, & tout mon corps, plus ſec que vieil-
      le eſcorce,

Et les eſprits malings, dont ie ſens les aſſaux,

Au profond de la mer iront faire leurs ſaults.

Luc.15.   Reçoy, Pere, reçoy cet enfant miſerable,

Non ia comme tòn fils. car trop eſt honnorable

Ce nom pour vn pecheur, t'ayant tant offenſé,

Et ſi vilainement tant de bien deſpenſé.

Tel nom ne m'appartient, qui n'ay feint me di-
   straire
De toy par si long temps. Le rang de mercenaire
Encore est trop pour moy, qui suis pire qu'vn
   chien.
O Pere tresclement, mais, helas, Pere mien,
Comment de t'appeller ay-ie la hardiesse,
Ayant si follement consumé ta richesse?
O qu'impudent ie suis, & par trop effronté,
De Pere te nommer, t'ayant si peu porté
D'honneur & de respect, si peu d'obeïssance!
Si ton enfant ie suis, où est la reuerance?   Mal.1.
Où ce cœur filial, qui deuoit estre en moy?
Las helas ie peux bien Seigneur te dire, & Roy:
Mais Pere ie ne puis, t'estant ainsi rebelle.
Seigneur. mais quoy Seigneur? si Seigneur ie t'ap-
   pelle,
Ce nom icy me vient encor à condemner.
Car si Seigneur tu es, qui me faict contemner
Tes saincts commandemens? De son Seigneur
   emprainte
Le serf ne doit il pas tousiours auoir la crainte?
Ie n'ose t'appeller, helas, tant suis confus,
Ne Pere ne Seigneur, ayant trop faict refus
De te porter l'amour, ô Dieu sur tout aymable,
Et la crainte & l'honneur, dont te suis rede-
   uable.

Tu le veux neantmoins, & ta benignité
Surpasse la grandeur de mon indignité.
Mais tant plus tu le veux, & ta bonté surmonte
Ma grande indignité, tant plus ay-ie de honte
D'auoir vn si bon pere & seigneur offensé,
Et si perfidement tes loix outrepassé.
Et d'autant qu'est en moy ta douceur plus pro-
pice,
D'autant plus ie rougis pour l'horreur de mon
vice.
En ta saincte faueur toutefois me fiant
Plus, ô grande bonté, que de crainte n'ayant
Pour mes pechez tresords, dont mon ame op-
pressee
T'a par vn temps si long tant de fois offensee,
Ie t'appelle à secours, & te prie humblement
Chasser de mon esprit le triste aueuglement.
Mon cœur est de cailloux, & plus dur qu'vne
Roche.
Amollir ne le puis, si de moy tu n'approche.
Exod.17. *Toy donc, ô Tout puissant, qui iadis feis sortir*
De l'eau d'vn dur Rocher, pour de soif garantir
Ton peuple bien-aymé, qui dessous ta conduite
Alloit pour posseder vne terre d'eslite,
Fay, pour de mes pechez abysmer les monceaux,
Qu'il sorte de mon cœur des pleurs à grans ruis-
seaux.

Il est comme vn tombeau, couurant vne cha-   Matth.13,
   rongne.
Vienne, vienne ton Ange, & soudain qu'il es-
   longne
La pierre de l'entree, affin, Seigneur, que toy
Par vn miracle grand ressuscites en moy.
O meschãt que ie suis, de ta mort suis coulpable.
Ie t'ay cent & cent fois, perfide & detestable,
Apres les Iuifs ingrats en la Croix attaché.
Car autant de pechez, dont me suis entaché,
Ce sont autant de croix, en quoy t'ay faict esten-
    dre.
Mais, Seigneur, qui t'a faict du Ciel à nous de-
   scendre?
N'est-ce pas ta pitié? n'est-ce affin de guarir
Les playes des pecheurs, & ceux là secourir,
Que du traistre Serpent la morsure cruelle
Enuoyoit sans ton aide à la mort eternelle?
Seigneur, i'en suis piqué, non en vn lieu, ne deux,   Num.21.
Mais (ô misere grande) en mille & mille lieux.
Ce Serpent venimeux a gasté ton ouurage,
Effaçant tous les traicts en moy de ton image.
Ce meschant. mais helas, que dy-ie ce meschant?
C'est moy, c'est moy, plus tost, c'est moy. Car en   Naz. in
   marchant   Tetrast.
D'vn cœur tant effronté contre ton ordõnance,
Luy ay par tel moyen donné sur moy puissance.

Luc.11. *Lié tu me l'auois si bien, que se moūuoir,*
Ny de m'endommager, il n'auoit le pouuoir.
Mais, ô fol que ie suis, pendant que ie chemine
Contre tes saincts edicts, en ma peste & ruïne
L'ay tiré des liens: de façon qu'à present
Il court de toutes parts, & d'vn pied non pesant

1.Petr.5. *Ie le sens vironner, & me faire la proye*
De ses cruelles dents chercher par toute voye.
Maintenāt il m'assaut tout noir & tenebreux,
Me poussant à pechez meschās & malheureux.

Nazianz. *Maintenant il procede en Ange de lumiere,*
Carm.1. *Et sous belle couleur me procure misere.*
Ruses du *S'il ne peut en Lyon, il a recours à l'art,*
diable. *Et se coule subtil sous la peau de Regnard.*

Similitude *Et m'aduiēt tout ainsi, qu'au poisson improuide,*
du poisson *Qui courant à l'appas dont il est trop cupide,*
& du pe- *Tire aussi l'ameçon, qui caché sous l'appas,*
cheur. *En miserable mort luy change le repas.*
Las helas tu m'auois, ô Seigneur debonnaire,
Rangé dessous les pieds ce cruel aduersaire,

Luc.10. *Me donnant le pouuoir de fouler à plaisir*
Serpents & scorpions, & tous ceux qui desir
Auroient de m'assaillir, & me porter nuisance.
Mais, ô fol que ie suis, par ma grand' negligence
I'ay laissé ce Dragon sur ma teste monter,
Qui maintenant m'oppresse, & ne puis euiter
Que tost il ne me plōge au feu tousiours durable,

Si promptement, Seigneur, tu ne m'es secourable.
O Dieu, regarde donc ma pauure ame en pitié,
Que Sathan & les siens ardens d'inimitié,
Ont prise ainsi que en guerre, & la tenãs captiue,   Naz. vbi
Des fleuues de Babel la font soir à la riue: supra.
Où se ressouuenant en sa calamité   Psal. 136.
Des cantiques si beaux de la saincte cité,
En douleurs elle fond, & de pleurer ne cesse,
Pour la iuste douleur qui la tient & oppresse.
De rompre son lien, quoy qu'elle en face effort,
Il n'est en son pouuoir, tant il est roide & fort.
Behemoth de sa queuë a serré ce cordage,   Iob. 40. &
Pour ainsi la tenir à tousiours en seruage.   ibi Greg.
Et la longueur qu'elle a de pecher faict mestier,
Est cause qu'à present ne se peut deslier.
Mais, Seigneur, tu peux tout, & ta misericorde
Peut rompre incontinent cette noüeuse corde.
Tu peux de Babylon, s'il te plaist aspirer
A mes vœux & clameurs, tout soudaï me tirer.
De la saincte Sion tu as bien la puissance
De remettre mon ame en pleine iouyssance.
Tu peux, tu peux, Seigneur, me tirer horsd'esmoy.
Tu peux encor vn coup, s'il te plaist, dessous moy
Ranger ce gros Dragon: tu peux bien d'auãtage
Renouueller en moy les traicts de ton image.
N'entre n'entre, Seigneur, en compte & iugemẽt   Psal. 142.
Auec ce miserable, & digne de tourment.

Plus grãd est mõ peché, plus ma faute execrable,
Et plus außi sera ta clemence admirable,
Quand à voir on viendra ta douceur abonder
Sur celuy qu'on voyoit en mal se desborder.
Ainsi qu'vn medecin plus on louë & admire,
Quand de grandes douleurs ses malades il tire:
Laue moy, laue moy, Seigneur, & de mon œil
Par ta saincte faueur dechasse le sommeil.
Mets sous moy ce Dragon, qui tant me faict de
    guerre.
Fay que ce feu diuin, que pour ietter en terre
Du Ciel es descendu, me brusle tellement,
Que tout amour mondain s'en aille entierement,
Et toy seul, ô Seigneur, & ta celeste flame
Ait lieu dedans mes reins, dans mon cœur, &
    mon ame.
Fais, ô Dieu tresclemẽt, qu'à ce grãd iour dernier,
Où donner tu viendras à chacun son loyer,
Ou sa punition, du nombre ie puisse estre
De ceux, à qui dõner viendras place à ta dextre.

Fin du quatriesme liure.

Rom. 5.

Similitude d'vn medecin & de Dieu.

DV DERNIER
IVGEMENT
Liure cinquiesme.

L'ARGVMENT.

Au cōmencement de ce liure est faicte vne description d'Enfer, & comme les Reprouuez y sont traictez à l'arriuce. Puis est faict mention des diuerses peines qu'ils souffrent là, & de la rigueur d'icelles. En quoy n'est aussi obmis le regret que leur cause la cōsideratiō des biens eternels, desquels par leur negligence ils se sont priuez, & l'enragee enuie qu'ils portent à cette occasion aux Bienheureux, & finablement le desespoir que leur cause l'eternité du supplice en laquelle ils se voyent. Apres cecy ils sont introduicts eux mesmes, faisants leurs miserables & inutiles complaintes. Et pour la conclusion du liure est faicte vne ample remonstrance à chacun de bien & sainctement viure.

Insi qu'vn voyageur, qui trouue   Nazianz.
   en cheminant   Carm. de
Quelque ruisseau profond, se sent subsant.
   incontinent   mente
                                  præditc.

M.

Tout perplex & douteux:or' vn pas il hazarde,
Or' il recule arriere,& la peur le retarde,
A la fin toutefois se met à le passer,
Pour la necessité,qui vient à le presser:
Ainsi pensant entrer en si triste matiere,
Que d'escrire l'estat,& la peine derniere
Des meschãs Reprouuez, soudain de peur espris,
Ie sens ma plume aller par terre,& mes espris
Par cy par là fuyr:soudain comme vn nuage
Se met deuant mes yeux, & pers tout le courage
De passer plus auant.Aussi quel est le cœur
Si grand & vigoureux, qui ne tremble de peur,
Songeant à telle chose?& quelle est la personne,
Qui traiĉtant de cecy,tout soudain ne frissonne?
Mais d'autre part estant par vn solicité,
Que i'ayme vniquement,& dont l'authorité
Est telle en mon endroit,& la force si grande,
Qu'il me faut obeyr, quoy que soit qu'il com-
    mande,
Tenant pour asseuré,veu l'esprit qui le poinĉt,
Qu'au vouloir du grand Dieu son vouloir est
    conioinĉt,
Pour cela ie passe outre,&mets mõ impuissance,
Qui me cause terreur,hors de ma souuenance,
Aymant mieux succõber sous vn tel argument,
Que faillir d'obeyr à son commandement.
Car en faillant ainsi , plus digne on est d'excuse,

Qu'en faisant le restif . Vien donc Chrestienne
    Muse,
Aspire à ce labeur, & me donne des vers,
Qui soient tels que requiert le malheur des per-
    uers.
Point de fleurs il ne faut, poït de fard d'eloquëce,
Point de belles couleurs, point n'y faut d'elegãce.
Que tout soit ennuyeux, tout soit tetrique icy,
Tout rude et mal poly, tout trouble & obscurcy.
Que rien n'y soit trouué, qui chatouille l'oreille.
Que tout y soit confus. que nul ne s'esmerueille,
Si souuent il ne voit nul ordre en ce discours.
Grand ordre ce sera, que tout aille à rebours,
Descriuant vn estat si triste & miserable,
Qu'au lieu d'ordre il n'y a qu'vn horreur effroy- Iob.10.
    able.
Dy moy, Muse, dy moy, quelle est cette maison,
Qui sert aux Reprouuez d'eternelle prison.
Dy moy combien est grãd & diuers le supplice,
Que descharge contre eux la diuine iustice.
Dy m'en ce que pourras. car le tout declarer
Langue humaine ne peut, n'esprit considerer.
Le poids en est si grand, la douleur tant excede,
Qu'il faut que toute langue, & tout esprit luy
    cede.
    Sous la terre aussi bas, qu'elle est dessous les Descriptiõ
        cieux,   d'Enfer.

Gist vn abysme grand, à voir si furieux,
Que mesme au seul regard, tant la chose est ter-
	rible,
Se garder de trembler à nul il n'est possible.
Là du monde s'escoule en vn l'infection,
Ce qu'il a de vilain, & de corruption.
Qui pour ne s'exhaler, rend odeur si puante,
Que toute puanteur au pris d'elle est plaisante.
Là le pere du iour, ce Soleil tresardant,
Ne va de ses rayons la lumiere d'ardant.
Là iamais on ne voit, ne la lueur commune
Des astres flambloyans, ne les rays de la Lune.
Tout y est tenebreux, tout plein d'obscurité,
Iob. 10.	D'horreur & de desordre, & de calamité.
Là tout au plus parfond la prison est bastie
Du Roy de l'vniuers, dont close est la sortie
Æneid. 6.	Au malings à iamais. Car d'entrer chez Pluton
Et là bas deualer, aisément le peut on.
Large en est le chemin, la porte spatieuse,
Qui iour & nuict reçoit la tourbe malheureuse.
Mais d'en sortir apres, & remonter la haut
Au seiour des viuans, esperer ne le faut.
Sans issuë est à tous la maison infernalle.
Plus tost le mont Gibel, & la terre totale,
Forçant son naturel, du centre sortiroit,
Et du ciel empyrique au plus haut monteroit,
Plus tost du ciel iroit le palais en ruïne,

Plus toſt de l'vniuers la ſuperbe machine,
Plus toſt deſſus deſſouz toutes choſes aller,
Et l'antique chaos verrions renouueller,
Que de telle priſon la porte fuſt ouuerte,
A ceux dont de pechez l'ame eſt teinte & cou-
　　uerte.
Trop forte eſt la ſerrure, & les verrouils trop
　　forts.
Pour penſer les briſer, & gaigner le dehors.
Trop fort eſt du grãd Dieu le bras &la puiſſãce,
Pour cuider renuerſer ſa certaine ordonnance.
Au deuant de la porte eſt aſſiſe la Mort.
La Plainte y a ſa place, auſſi le Deſconfort.
La Faim eſt tout au pres, & la Soif ſa cõpagne,
Le Chagrin, & les Pleurs, q̃ Douleur accõpagne.
La Nuict y eſt parquee, & l'amer Repentir
Iamais de ce lieu là ne vient à departir.
Honte inutile y eſt, & Regret aupres d'elle.
Le Deſeſpoir y faict ſa demeure eternelle,
Le plus cruel de tous, & plus hideux à voir.
Si toſt donc que quelcun arriue en ce manoir,
Soudain pour l'embraſſer accourt cette cohorte,
Et l'admet puis apres au dedans de la porte.
Où ſoudain que vne fois il a paſſé les gons,
Plus ne voit que Serpens, Couleures & Dragõs,
Qu'vn grand feu tout ſouffreux, qu'vne ardente
　　fournaiſe,

Traiſte-
ment des
damnez à
leur arri-
uee en en-
fer.

Qui tient l'ame & le corps à iamais sur la braise.
Plus ne voit q̃ marteaux , q̃ Crapaux et q̃ Vers,
Plus qu'estangs tous glacez, plus que tourmens
    diuers,
Plus qu'vn nõbre infiny d'esprits, dont le despite
Trop plus le seul regard , que cent morts d'vne
    suite.
Que si trop a vescu superbe & glorieux,
Si trop il a suyuy les mets delicieux,
Si trop il a donné de temps à la musique,
Tout soudain on le meine au throsne tyrãnique,
Où le Prince se sied, endurant grand tourment
(Aussi n'est que de feu ce throsne entierement)
Lequel, à l'aborder du pauure miserable,
Luy dict en se leuant de sa place honorable,
» Puisque au monde tu as l'honneur tant desiré,
» De ce throsne ie veux que tu sois honoré.
Et lors comme il s'aßiet, & crier il commance
Pour si piteux honneur, tout à l'heure s'auance
Vn esprit furieux, qui le contraint soudain
Vn breuuage aualler, qu'il luy met en la main,
Amer extremement, luy tenant tel langage:
» C'est raison que tu prenne à present ce breuuage,
» Ayant en ton viuant esté tant amoureux
» Des vis les plus exquis, & morceaux sauoureux.
Et tout au mesme instãt deux autres se presentẽt
Auec trompes de feu, que soudain ils luy plãtent

» *Aux oreilles, difans: Pour autant que là haut*
» *Des chants , & plaifans fons , te fçauions eftre*
    chaud,.
» *Pour cela preparé t'auons cette allegreffe,*
» *Affin de t'exempter en ce lieu de trifteffe.*
   Que s'il a d'abondant, eftant d'amour rauy,
   Les plaifirs de la chair en fon temps pourfuyuy,
   Soudain d'autres efprits il voit entrer en place,
   Qui d'Afpics venimeux luy empliffent la face,
   De Viperes le ventre, & le dos de Crapots,
   Et le traictans ainfi, luy tiennent tel propos:
» *Puifque tãt de Venus t'ont pleu les embraffades,*
» *Reçoy pareillement ces douces accollades.*
   He Seigneur tout puiffant , qui pourroit en cent
     ans
   Compter par le menu ces triftes paffetemps,
   Qui là font appreftez aux ames trefuilaines,
   Qui folles ont fuyuy les voluptez mondaines?
   Plus toft viendrois à bout mille fois de compter
   Les flots de l'Ocean, que non pas reciter
   Tant & tant de tourmẽs, qu'en fi trifte demeure
   Sur tous les Reprouuez on defcharge à toute
     heure.
   Qui pourroit feulement declarer de ce feu
   La douleur , qu'à iamais on endure en ce lieu?
   Il eft horrible à voir, & plein de toute ordure.
   Encore outre cela puant outre mefure,
         M iiij

Comme estant tout souffreux. Et quant à la cha-
   leur,
Elle est tant excessiue, & pleine de douleur,
Que plus de nostre feu n'y a de difference
Auec celuy qui n'est qu'en peincture & sem-
   blance,
Que differe ce feu du nostre terrien.
Car au pris d'iceluy le nostre est comme rien.
Si donc ce feu mondain tant de douleur engēdre,
A celuy qui le sent, quel esprit peut comprendre,
Combien sort de douleur de ce feu tenebreux,
Qui brusle & nuict & iour ces pauures mal-
   heureux.
Tenebreux ie le dis: car ce feu point n'esclere,
Ains brusle seulement, sans apporter lumiere,
Estant du tout priué de cette qualité,
Comme estans les meschans indignes de clarté.
O Dieu, quel malheur est aux ames pecheresses,
De sentir à iamais ces flammes vengeresses:
Pour tousiours de ce feu, qui cause vn tel tour-
   ment.
Sentir en soy l'ardeur, criants horriblement.
Mais que dy-ie tousiours? leurs faut il tousiours
   viure
Au milieu de ce feu, sans en estre à deliure?
Non non, du feu ne sont en tout temps affligez,
Mais pourtant ils ne sont de rien plus soulagez.

Car tout soudain vn froid à la chaleur succede,   Iob.24.
Si grand & si fascheux, que tout froid il excede: Froidure
Vn froid si penetrant, & si desmesuré,   d'enfer.
Que le nostre au regard est doux & temperé.
Qui faict que succedant à chaleur si extresme,
Sans aucun entredeux, vn glaçon tout de mesme,
Ce changement contraire est si dur à porter
Aux meschans, que ne puis par vers le reciter.
Et combien que le froid leur soit peine commune,
Plus ceux là toutefois il fasche & importune,   Peine des
Qui d'vn cœur non alleigre, ains lasche & paref-   lasches &
    seux   paresseux.
Au Seigneur ont seruy, cõme au contraire à ceux
La douleur de la flamme est à porter plus dure,
Qui plongez se feront en ardente luxure.
Que diray-ie des vers, qui sans remißion
Augmentent des malings la triste affliction?
Qui de tant plus cruels les miserables rongent,
Qu'en pechez plus vilains en viuant ils se plon-
    gent:
Vers, qui mangeans tousiours, tousiours sont af- Esa.66.
    famez,
Sans pouuoir par la mort oncq' estre consumez.
Que diray-ie l'odeur, qui des tourbes malignes   Puanteur
Entrãt profondément à toute heure aux narines,   des enfers.
Leur est en tel horreur, que s'ils auoient le chois,
Voudroient pour l'euiter mourir cent & cẽt fois?

Tant est la puanteur de la flamme infernale,
Qui close en ses fourneaux nullemēt ne s'exhale,
Difficile à porter: aussi celle qui sort
Des corps qui sont liurez à l'eternelle mort.
Que diray-ie combien le regard les estonne
Du Prince tenebreux, & sa troupe felonne?
Voir là tant de bourreaux, si laids & si hideux,
Qu'esprit ne le pourroit penser? aussi pres d'eux
Laideurdes *Voir tous les Reprouuez dont les ames rebelles*
Reprou- *A regarder ne font plus douces, ne plus belles,*
uez. *Que ses anges maudits? & les corps mesmement*
Sōt pl' laids, qu'ils n'estoiēt gisans au monumēt,
Lors qu'estoit ia la chair par les Vers my-mãgee,
Par Serpents & Crapots durement outragee.
Que si mesme de voir vn seul homme masqué,
Souuent est nostre esprit de peur tout offusqué,
En quel trouble sont çeux, & combien se tour-
    mentent,
  A qui telles frayeurs tousiours se representent?
Eternelle *Plus encor' il y a: car en toute saison*
faim est en *De faim ils sont pressez en si triste prison.*
enfer. *Le boire & le manger, les tables plantureuses,*
Sont pour ceux de là haut: c'est aux troupes heu-
    reuses,
  Qui d'vn cœur tresfidele ont seruy le Seigneur,
A viure opulemment. De ceux-cy le malheur
A tousiours & la faim & la soif pour cōpagne.

Car tant plus icy haut lon se plaist & se bagne
A boire & gourmander, & son ventre garnir,
Sans auoir nul soucy de l'ame entretenir:
Tant plus on veut auoir vne table friande,
Tant plus aussi là bas est la famine grande.
Non que refection n'y ait là:mais helas,
Combien d'vn tel festin est maigre le soulas!
Car là pour apporter à la faim medecine,
Pour pain & pour tous mets on n'a que l'aluine,
Et le fiel tresamer on vient offrir à tous
Au lieu de vin exquis,& nectar le plus doux:
Qui est comme auec huile,& matiere pareille,
Vouloir estaïdre vn feu grãd et chaud à merueille,
O miserable faim! mais encores trop plus
Miserable la soif,dont quoy que nul exclus
Ne soit des Reprouuez (car l'ardeur incroyable
D'vn tel brasier à tous la rend intolerable)
Plus toutefois en sont vexez, & non à tort,
Qui de vin iour & nuict se sont chargez si fort,
Que du tout ressembloient à vne brute beste,
Qui n'a ne sens aucun ne raison en la teste.
Plus encor' en sont ceux vexez,& iustement,
Qui les pauures voyans affligez griefuement
Et de faim & de soif,de leur donner pasture,
Ou leur soif dechasser,n'ont eu soucy ne cure.
Et ceux là dessus tous,qui en plaisirs confix,
Abusoient meschamment du bien du Crucifix,

Repos des
damnez.

Hie.23.

Qui sont
ceux que la
soif tour-
mente pl⁹.

Au lieu d'en nourrir ceux, à qui la faim cruelle
Ou la soif presentoit vne guerre mortelle.
O Dieu quelle est la soif, & quelle aussi la faim,
Qui ronge de ceux là l'estomach inhumain!
Quels cris & quels souspirs cette troupe Barbare
Luc.16.   Enuoye, mais en vain, au celeste Lazare,
P our pouuoir obtenir, non des vins delicats,
Qu'elle achetoit icy à force de ducats,
M ais d'eau tant seulement vne goutte petite,
Dont encores elle est tout soudain esconduitte:
Comme elle à mesprisé le pauure en son orgueil,
Receuant du grand Dieu traictemët tout pareil.
Si ne faut oublier, discourant des supplices,
Dont sont des Reprouuez vengez les malefices,
Mat.22.   Quel tourment ce leur est d'estre encore serrez
Liaison des   De liens trese[s]troicts, & tousiours enferrez,
damnez.   Sans auoir le moyen de mouuoir bras ou iambe,
N y mesme vn seul orteil au milieu de la flambe.
Quiconque estimera que c'est peu de surcroist,
Que d'estre ainsi lié, celuy là ne cognoist,
N 'imaginer ne peut (de ce ie l'acertaine)
Combien griefue à porter est vne telle peine.
Car si dure & facheuse est telle liaison,
Voire en lict le plus doux, que sans comparaison
Prisonnier vaudroit mieux à l'homme estre, que
           viure,
N 'ayant le mouuement de son corps à deliure.

Or de tant plus estroicts , & durs sont les cor-
deaux,
Que grands sont des pechez & pesans les far-
deaux.
Car les pechez ne sont autre chose que cordes,
Qui là serrent les corps & les ames tresordes.
Encor en ce lieu là sent on vn tel tourment.
Car comme ont les meschans embrassé folement
L'obscur,& clos les yeux à la saincte lumiere
De la diuine Loy,tout en mesme maniere
Sont ils puniz là bas d'espesse obscurité,
Ne voyans en esprit n'en corps nulle clarté.
I'entens clarté qui plaise,& soulas leur apporte.
Car l'vn lautre se voir,en rien ne les conforte,
Ny ne soulage en rien le faix de leur malheur,
Ains plustost ce leur est surcharge de douleur.
Car d'autant qu'ils se sont aymez d'amour char-
nelle,
D'autant plus grande est là leur haine mutuelle,
Pour s'estre entretirez par telle affection,
De l'eternelle mort à la confusion.
Cela de grand despit les fait entrer en rage,
Cela les fait hayr l'vn l'autre.Et dauantage
Tant difformes ils sont,qu'vn mal perpetuel
Leur fourre dans les cœurs ce regard mutuel,
Et les grands heurlemens,& clameurs odieuses,
Que iettent en tous temps ces ames malheureuses.

Prou.5.
Les pechez
sont cordes
de l'ame.

Iob.10.

Haine mu-
tuelle des
damnez.

Et partant nul ne vienne à m'alleguer icy,

Les dânez
ne sont cô-
solez pour
en voir d'au
tres dânez.

Qu'auoir des compagnons en misere & soucy,
En tourment douloureux en auoir, a coustume
D'amoindrir quelque peu du tourmens l'amer-
tume.

Aucun lieu n'a cecy à l'endroit des peruers.
En rien moindre n'en est leur mal: car aux enfers
Pour auoir compagnons, le mal ne diminue.
Tousiours, tousiours en eux la douleur continue.
Et quand bien leur pourroit venir pour ce regard
Quelque peu de soulas, toutefois d'autre part
Tant de causes ils ont de gemir & se plaindre,
Pour estre accreu leur mal, au lieu de s'ē estaïdre,
Par la perdition des autres, que si peu
Que leur est de soulas les voir en mesme lieu,
Est soudain englouty par les ennuys qu'ils sentĕt,
Entre tant de douleurs qui sans fin les tourmen-
tent.

Comment
les damnez
voyent les
Eleuz.

Bien voyent ils encor' les iustes florissans,
Mais nō la gloire et l'heur dōt ils sont iouissans.
Seulemĕt voyĕt ils, cōme au trauers d'vne ombre
Qu'autãt qu'eux sont chargez de misere et d'en-
combre,
Autant ceux là sont ils de biē & d'heur cōblez,
Qui les rend tellement & confuz & troublez,
Qu'aborder ne pouuans à si heureuse vie,
Contre eux sont incitez d'vne eternelle enuie,

Les voyans d'vne part si heureux & contens,
Et d'vn honneur si grand au ciel estre heritans,
Que nul esprit n'eust peu forger par esperance,
Tãt de gloire & bõ heur, qu'ils en ont iouissãce,
Et auront à iamais: & eux d'autre costé
Se voir de tous tourmens en telle extremité.
O Seigneur, qui pourroit en cent papiers escrire,
Combien d'vn tel regard leur douleur en empire!
Qui pourroit d'autre part exprimer le tourment,
Que leur apporte encor' vn autre pensement,
Quand à considerer ils viennent leur dommage,
Et comme ils ont perdu ce tant riche heritage,
Le seiour des heureux, tant & tant de douceurs,
Dont les iustes seront à iamais possesseurs:
A pẽser cõme ils sont esloignez pour leurs vices,
Et seront à iamais du torrent de delices,
Du nectar excellent, qu'on boit en toute paix,
En plaisir & repos, au celeste palais!
Las, qui pourroit au vif depeindre la tristesse,
Qu'ils ont d'auoir perdu tel bien, telle richesse,
D'auoir perdu le fruiƈt de ce sang precieux,
Qu'a pour eux espandu le Monarque des cieux:
D'auoir perdu le son de ces belles louanges,
Que là donnent à Dieu les hõmes & les Anges!
Mais sur tout qui pourroit declarer ce grand biẽ,
Dont priuez ils se sont pour iamais, & combien
Leur cœur sent de douleur, quãd leur entre en me-
　　moire

Marginal notes:

Regret des
damnez
pour auoir
perdu les
biens cele-
stes.

Psal.35.

Que touſiours ont perdu le plaiſir & la gloire,
Que reçoiuent ceux là,qui ſont en tel honneur,
Que contempler au ciel la face du Seigneur,
Dont quand l'ame iouiſt vne fois de la veuë,
Lors elle eſt de tout heur, & tout aiſe pourueuë,
D'autant que du Seigneur la claire viſion,
De tout bien & tout heur eſt la perfection.
Parquoy quand des meſchans la tourbe reprou-
    uee,
D'vn tel bien pour iamais ſe ſent eſtre priuee,
O quels cris elle iette,& quels piteux regrets,
Au penſer d'vn tel bien qui n'a point de regres!
C'eſt là c'eſt là le ver qui la picque ſans ceſſe.
C'eſt là c'eſt là le dueil,qui pl' qu'autre l'oppreſſe,
Voyant que pour vn rien (car rien n'eſt voire-
    ment,
Toute choſe qui paſſe & coule en vn moment)
Elle à perdu ſon tout(car Dieu eſt toute choſe,
En luy tout bien, tout heur,toute ioye repoſe:)
Voyant qu'elle a laiſſé pour ſoy tel heur perir,
Que par peu de labeur elle euſt peu conquerir.
Lors ſa face elle bat à main droicte & ſeneſtre,
La rompt & la deſchire, & deteſte ſon eſtre,
Fond en larmes & pleurs, & viẽt d'elle à ſortir
Tel cry que tout enfer on en oit retentir.
Mais que ſuis-ie ſi long à parler de la perte,
Qui par eux ne peut eſtre en nul tẽps recouuerte?

Ie pers

Le comble
de la gloire
giſt en la vi
ſiõ de Dieu.

Ie pers autant de temps.car le cœur endurcy
Du meschant ne s'en donne icy haut nul soucy.
Nul cas il ne feroit de n'auoir iouyssance
Du bien, pourueu qu'il n'eust du mal l'experiece.
Parquoy puisque d'espoir n'est tant esguillonné
Du loyer tresheureux, qu'il est espoinçonné
De la peur du tourment, ie veux ie veux encore,
Laissant les biens à part, dont le Seigneur honore
Ses Eleus bien-aymez, poursuyure à reciter
Les maux que les meschans ont tousiours à por-
  ter.
Sus donc considerons encor' vne autre chose.
Que si quelcun soigneux en l'esprit se propose,
Grand merueille sera, s'il ne sent s'esmouuoir,
Et soudain tremblement en son cœur conceuoir.
Iamais en nul endroit de la terre habitable,
Vn seul homme on ne veit de sort si miserable,
Qu'il fust de toutes parts en misere & douleur.
L'vn a mal à la teste, et l'autre au fond du cœur.
L'vn plainct son estomach, l'autre plainct la co-
  lique,
L'vn se deult de la rate, et l'autre est pulmonique.
Qui a la goutte aux pieds, qui l'a platee aux mains,
Ou bien vn autre mal: mais de tous les humains
Iamais il n'en fut vn traicté de sorte telle,
Qu'il sentist tout d'vn coup douleur vniuerselle.
Brẽ peut sentir quelcũ grãd tourmẽt, mais le mal

Les mes-
chans ne se
soucient i-
cy des biẽs
du ciel.

Il n'y a icy
maladie v-
niuerselle.

Par tous membres du corps n'est iamais general.
Et toutefois on voit, quelle douleur attire
Vn seul de to° ces maux: on voit en quel martyre
Est celuy qui n'a mal qu'aux dents, ou bien aux
  yeux,
Combien la nuict est lõgue & le iour ennuyeux,
Quoy qu'en nulle autre part il n'ait rien qui le
  blesse.
Si donc ainsi le tient vn seul mal en tristesse,
Que seroit-ce, dy moy, si chasque part sentoit
Vn mal particulier, & malade il estoit
Tout d'vn coup, & du chef, & des yeux à mer-
  ueilles,
Tout ensemble il plaignoit les dẽts, et les oreilles,
Cœur, poulmons, estomach : & si, pour abbreger,
La douleur tellement venoit à s'allonger,
Qu'vn seul membre n'y eust, ny muscle, ny artere,
Qui d'vn coup ne sentist douleur particuliere?
Qui ne seroit touché de grand compassion,
Voyant ce malheureux en telle oppression,
Le voyant endurer tant & tant de tenailles?
Et qui pourroit auoir tant dures les entrailles,
De point n'ẽ estre esmeu? Mesme on auroit pitié,
Quand on verroit vn Chiẽ en souffrir la moitié.
Or voila le tourment, que les perfides ames
Souffrẽt pour tout iamais aux eternelles flames.
Voila, s'il est licite à moy de comparer,

Qu'il faut à tout iamais aux meschans endurer.
Car tout ainsi qu'ils ont par grand' ingratitude,
D'offenser Dieu de corps & d'ame faict estude,
Tout ainsi qu'ils ont faict to' leurs membres seruir
Au vouloir de Sathan, & en tout le suyuir:
Pour cela veut aussi du Seigneur l'ordonnance,
Sur tous membres ensemble exercer la vengeance:
Et comme en tous ils ont peché trop lourdement,
Ainsi que chacun ait à part son chastiment.
Là donc auront les yeux des visions terribles,
Les oreilles des cris, & des bruits treshorribles.
Le nez pour son tourment aura la puanteur,
Le goust la faim & soif, au lieu de la douceur
Des morceaux plus friãds, ou du vin delectable.
L'attoucher pour sa part, la flamme intolerable,
Ou le froid tout de mesme. Et si les sens du corps
Sont ainsi tourmentez, tout autant que dehors,
Aussi est au dedans la vengeance exercee,
N'estant part qui ne soit de douleur oppressee.
Car du Roy tenebreux en la triste prison,
Cette part de l'esprit, qui n'escoute raison,
D'vn horrible tourment à iamais est saisie.
Car tousiours en fureur ils ont la fantasie,
Tousiours ils sont pressez d'enuie & de rãcueur,
La tristesse se loge au milieu de leur cœur.
Iamais ne la douleur, ne la peur n'en desparque.
Car affin de venger le mespris du Monarque,

Les dãnez
sont en pei-
ne vniuer-
selle.

Sap. II.

N ij

La qualité des tour-
més se châ-
ge en enfer
pour plus
grande pei-
ne.

Et plus des Reprouuez punir l'iniquité,
Mesme on voit les tourmens changer de qualité:
Si que la peur se ioinct à la douleur presente,
Et l'obscur s'associe à l'ardeur vehemente.
La mort est sans mourir, fin la fin ne cognoist,
Et pour nulle douleur la peur ne disparoist.
Les terrestres plaisirs à toute heure ils desirent,
Et n'y pouuans venir, en tout temps ils souspirët.
Pour leurs pechez passez les tient vn repentir,
Les tient vn dueil amer, non point pour en sentir
Le Seignr offensé, mais pour les grands supplices,
Et tourmens que leur ont causé leurs iniustices.
Que si l'ame reçoit en bas tant de douleur,
Moins n'en est affligee en son superieur.
L'entendement est plein d'erreur & de mësonge,
Plein de faux iugemens : quoy qu'il discoure &
    songe,
Luy tourne à desplaisir. Car rien penser ne peut,
Sinon où du tourment la grand force le meut:
Ny à rien s'arrester il ne peut, qui luy cede
A plaisir, ne qui serue à ses maux de remede.
Mais au contraire il sçait tresbien considerer,

Que c'est
qui se pre-
sente à l'é-
tendement
des dânez.

Ce qui sert de beaucoup pour son mal empirer,
Sçauoir est, que sans fin durera sa souffrance,
Qu'au grãd Dieu resister n'aura iamais puissãce,
Que les Eleus sont pleins, & seront à iamais,
Des biens & des plaisirs du celeste Palais.

De ces tristes pensers enuie en vient à naistre
Contre les bien-heureux, & l'esprit à se paistre
D'eternel desespoir, & tant se transporter,
Que Pere & Fils ensemble, & l'Esprit despiter.
Ny mesme exempte n'est leur memoire de peine:
Car se resouuenans de leur richesse vaine,
Et des plaisirs passez, par vn tel souuenir
Ils sentent leur tourment plus amer deuenir.
Voila des malheureux comme en toutes parties
Sont en vn mesme temps les douleurs departies,
Non pour dix ou douze ans, n'autre tĕps limité,
Quelque long qu'on le forge, ains pour eternité.
Et si ne faut penser, qu'à la douleur se range
Nul plaisir ne soulas, pour en faire meslange.
C'est icy que le doux & l'amer sont conioincts.
Car ne doux le plaisir on ne sent de tous poincts,
Ne l'amer sans douceur: son espine a la rose.
En toute aduersité quelque douceur est close.
Si quelcun est malade, il a pour se guarir,
Le Medecin en main, qui vient le secourir.
Il a le frais du lict, le coulis, la gelee.
Par ces medicamens la douceur est meslee.
Si quelcun est pressé d'ennuys, tout promptement
On voit courir amis pour son allegement,
Qui par mille propos, que chacun d'eux inuente,
S'efforcent de charmer l'ennuy qui le tourmĕte.
Si quelcun deceder vn sien enfant à veu,

N iij

Il ne reste pourtant d'autres fils deſpourueu.
Ou ſi plus il n'en a, peut eſtre il a la mere,
Pour le moins vn amy, pour ſoulas de miſere.
A l'endroit du ſage homme eſt auſſi le pouuoir
Fort grand de la raiſon, pourtant ne ſe douloir.
Le temps meſme des fols par ſa force redreſſe
Les cœurs trop abbatuz de douleur & triſteſſe.
Bref, iamais il n'y eut ſi grande aduerſité,
Qui n'euſt pour ſon ſoulas quelque bien adiouſté:
Mais non en ce lieu là: car là toutes entrees
A plaiſir & ſoulas ſont tellement murees,
Si bien les chemins clos, & les ports occupez,
Qu'eſtãs ces malheureux de tous coſtez frappez,
Remede ils ne ſçauroient de par aucuns attẽdre.
Du ciel ne leur en peut, ny de terre deſcendre.
Du paſſé, du preſent, ne leur en peut venir.
Autant moins en ont ils eſpoir de l'aduenir.
Le paſſé les attriſte, & rempliſt de complainte.
Douleur par le preſẽt leur eſt au cœur empreinte.
Le futur les eſtonne, & les faict friſſonner.
Quelque part q̃ ce ſoit, qu'ils ſe puiſſent tourner,
Soudain leur eſt à voir, qu'vne horrible tempeſte
Eſt preſte à deſcharger ſur leur pariure teſte.
Soudain leur eſt à voir, que de cent mille parts
Contre eux fleches on tire, ou qu'õ lãce des dards.
Soudain leur ſemble à voir que toute creature
S'arme, affin de vanger du Monarque l'iniure.

Et tout ainſi qu’arriue à celuy, qui batu
Des flots en pleine mer, a perdu ſa vertu,
Lequel allant à fond, ne ſçait à quoy pié prēdre,
Souuent deça delà vient les mains à eſtendre,
Mais en vain: car il n’eſt que d’eaux enuironné,
Que ſi toſt qu’il a pris, en eſt abandonné:
Autant en aduient il à l’ame treſinique,
Qui eſt allee au fond de l’onde Acherontique.
Car en tout temps elle a combat contre la mort,
Sans pouuoir rien trouuer qui luy donne cōfort.
En cette horrible mer, cet eternel deluge,
Les Corbeaux n’ont point d’arche, ou lieu ſeūr
　　　pour refuge.
Tout leur eſt ennemy, tout contre eux eſt bandé,
Quād de Dieu le courroux cōtre eux eſt desbordé
Lors tout marche en auāt, & ſe met en cāpagne,
Et du Roy tout puiſſant la fureur accompagne.
Le ciel ſe faiĉt de fer, & la terre d’airain,
Tout ſe met en furie, & ſ’aduance ſoudain,
Affin de foudroyer les ames malheureuſes,
Qui d’obeyr à Dieu n’ont eſté ſoucieuſes.
Ils ont beau regarder, ont beau faire des tours:
De nul endroit ne peut leur venir nul ſecours.
Au courroux du Seigneur d’vne courſe ſubite
Tout mal ſoudāi accourt, et tout biē prēd la fuite.
Non plus poſſible il eſt, que quand il ſe depart,
Puiſſe au pecheur venir ſoulas d’aucune part,

　　　　　N iiij

Similitude
de celuy
qui ſe noye
& du dam-
né, priſe du
Chreſtien.

Leuit. 26.

Sap. 5.

Que nous peut demeurer sur la terre lumiere,
Alors qu'a le Soleil quitté nostre hemisphere.

L'eternité
de la peine
est ce qui
plus tour-
mente les
Reprou-
uez.

Mais de tout n'y a rien, dont le cœur tourmenté
Soit tant que de penser, qu'en toute eternité,
Et tant que Dieu sera, faudra sans prēdre aleine,
Ny sans espoir de fin, endurer telle peine.

Pourquoy
Dieu punit
eternelle-
ment les
meschans.

Que si quelcun icy me vient à demander,
Si du droiĉt ce n'est pas la mesure exceder,
Que vouloir ordonner vne peine eternelle
A la faute qui n'est que brefue & temporelle,
Ie respons que nenny: car en mortel peché,
D'autāt qu'vn biē caduc est plus tost recherché,
Que Dieu tant bon et grand, & tāt incōparable,
Pour punir tel mespris, c'est chose raisonnable,
Que iamais la douleur ne vienne à terminer.
Ioinĉt aussi que venant la mort pour emmener
Le pecheur malheureux, en tel estat le trouue,
Qu'vn vouloir de pecher en soy tousiours il cou-
ue:
De façon qu'à pecher tousiours continuroit,
Si l'esprit de son corps la mort ne separoit.
Qui faiĉt q̃ luy mourant en vouloir de desplaire
Tousiours à l'Eternel, & de luy se distraire,
Iustement il en est pour telle affeĉtion,

Grand mi-
sere d'estre
eternelle-
ment puny.

Puny pour tout iamais par le Dieu de Sion.
Pour tout iamais helas, ô Dieu, quelle misere,
Quand on paye tousiours, & iamais on n'espere

Estre à bout de payment, & de peine s'oster!
He Dieu, viendrons nous point à cecy mediter?
Sommes nous insensez, ou plus tost infideles?
Croyons nous qu'il y ait des peines eternelles,
Pour punir le meschant, & qu'au feu deuorant
Il soit apres sa mort à iamais demeurant?   Ludou.
Si cela ne croyons, quelle est nostre impudence   Granat.
De Chrestiës nous nõmer? Si c'est nostre creance,
Où est nostre raison, où nostre entendement,
De mener vne vie aussi negligemment,
Que si nous reputions pour vne pure fable,
Ce qu'escrit nous trouuõs de la peine effroyable,
Qui doit des Reprouuez sur la teste tomber?
Si ne sens ne raison nous peut faire courber,
Où est le propre amour, qui va son auantage
En tout temps recherchant, & fuyant son dom-
*   mage?*
Ne nous esmeut il point, ne nous peut il au cœur
D'vn tourment si cruel engrauer vne peur?
Tout sens est il ainsi sorty de nostre teste,
Qu'autremët ne viuons que peut faire vne beste,   Les mes-
Qui n'a que du present, non du futur, soucy?   chans sont
Iusque à quãt aurõs nous l'esprit tant obscurcy,   semblables
Et tant plein de sommeil, que point ne considere,   aux bestes
Ny ne craint de ce feu l'eternelle misere?   brutes.
Quoy? nostre cœur est il ou de roche, ou de fer,
Ne pouuant s'amollir au penser d'vn enfer?

Si ployer ne le peut la grandeur de la peine,
Si à peur ny le feu ny le froid ne l'ameine,
S'il ne craït ny l'horreur d'vn lieu si tenebreux,
Ny la grand' puanteur, ny les Vers rigoureux,
Si Serpent, si Crapot nulle peur ne luy donne,
Si des esprits malings le regard ne l'estonne,
Si tant d'affliction, tant & tant de tourment,
Que mesme au seul penser defaut l'entēdement,
Amollir ne le peut: si l'esprit improuide,
Negligent & brutal, de crainte est tousiours
   vuide,
Quoy? ce mot de Iamais, ce mot d'Eternité,
N'aura il le pouuoir de chasser sa durté?
Cet horrible Iamais, par sa seule presence
Qui faict soudain quitter la place à l'esperance?
Car qui nous faict icy d'vn cœur fort endurer
Tant & tant de douleurs, sinon en esperer
En fin estre tirez, & changer de fortune?

L'espoir
addoucist
tous en-
nuys.

L'espoir est de tous maux l'allegeance commune.
L'espoir suit les marchans par pais eslongnez,
Les suit en pleine mer, estant d'ondes baignez,
Faict porter au forçat les grāds coups d'anguil-
   lade,
Faict trouuer la douleur plus legere au malade,
Attendant tous les iours soulas & guarison.
L'espoir aux criminels assiste en la prison,
Les console & repaist. Mesmes aux maux in-

curables,

Et aux tourmens qui sont iusque à la mort du-
　　rables,

Reuient quelque soulas aux humains & côfort,

De sçauoir qu'à la fin vers eux viendra la mort,

Pour trâcher leurs douleurs. Espoir est la farinè,　4.Reg.4.

Qui au potage amer apporte medecine:

Et ce bois doucereux, qui par son attoucher　　　Exod.15.

Peut des eaux de Mara l'amertume arracher:

Ou bien cet autre bois, dont parle l'Escriture,　　4.Reg.6.

Qui faict aller à mont le fer contre nature.

Quand Adam eut de Dieu l'edict outrepassé,

Luy fut par le Seigneur ce seul bien delaissé,

Affin qu'entre les heurs de fortune diuerse,

Il se peust maintenir, sans choir à la renuerse.

Mais si tost qu'vn pecheur est là bas deualé,　　Esperance

De luy tout aussi tost espoir est escoulé.　　　ne descend
　　　　　　　　　　　　　　　　　　　　iamais aux
Ce Iamais ne permet que là bas il habite.　　　enfers.

Par Iamais luy en est la descente interdite.

Ce Iamais est si bien conioinct à la douleur,

Que cause aux Reprouuez l'infernale chaleur,

Que l'espoir ne s'y peut au trauers faire entree.

Cent fois donc malheureuse, & cêt fois la côtree,

Où douleur pour compagne a cette Eternité!

Si porter ne pouuons la fieure vn seul Esté,

Si vn mois de douleur cêt ans entiers nous dure,

Si mesme en vn lieu grâd, plein de belle verdure,

Et chargé de tous fruicts, estre vn an enfermé,
Ou bien l'estre en vn lict mollet & parfumé,
Sembleroit vn tourmēt aspre & dur à merueille,
Ouure l'œil de l'esprit, pecheur, & te resueille
A bien considerer l'estat calamiteux,
Où sont plōgez ceux là, qui non vn an ou deux,
Ains ont pour tout iamais à faire demeurance,
Non en vn lict mollet, ou verger de plaisance,
Mais au milieu du feu, qui sans point esclairer,
Cause vn mal qui ne peut par vers se declarer.
En quelle rage est donc cette gent reprouuee,
De tout espoir de mieux estant ainsi priuee?

Chartus. Car quand quelcun viendroit vn mont à se for-
    ger,
Qui fust tout de sablon, & qu'affin de purger
Ses pechez de tous poīcts, au feu luy fallust estre,
Iusque à tant que l'on veist tout ce mont dispa-
    roistre,
N'en estāt qu'en mille ans vn seul grain emporté,
Bien qu'à peine peust estre vn si long tēps cōpté,
A la fin toutefois c'est bien chose certaine,
Que le mont s'en iroit à neant, & sa peine.
Ce que considerant, de sa triste douleur
Vn grand allegement en sentiroit au cœur.
Mais ainsi n'ira pas à la gent miserable,
Qui d'enfer est plongee au gouffre intolerable.
Car quand aussi long temps elle aura là paty,

Qu'vn tel mont en seroit du tout aneanty,
Tout en pareil sera, que si de sa demeure
En ce lieu tenebreux estoit la premiere heure.
Que si nul ne voudroit par l'espace d'vn iour,
Voire mesme d'vn quart demeurer en vn four
Plein d'vn feu tresardent, ne pour or de ce mõde,
Ne pour tous les plaisirs, dont la terre est fecõde,
O que sont malheureux, qui se sont par pechez
A cette eternité de douleurs attachez,
Voyans que le payer en rien ne les acquite,
Le prier & gemir n'est plus d'aucun merite,
Mais que tout, & de faict, & d'espoir, est perdu,
Depuis l'heure qu'on est en enfer descendu.
Alors c'est à crier, alors à faire plaintes,
Alors à tordre bras, à ietter larmes maintes.
Alors ces malheureux venans à entreuoir
Ceux qu'en haine ils sauloient, & en mespris
    auoir,
Les batre, & les frapper, & par grand' iniustice
Leur rauir tout le fruict de leur sainct exercice:
Voyans aussi ceux là, que par tourmens diuers
Ils auoient faict mourir, de gloire tous couuers,
Les voyans florissans, & remplis d'allegresses,
Pour les maux endurez, & les grãdes destresses,
Ils sont tous esbahiz, & grand estonnement
Leur cause au fond du cœur ce soudaï chãgemẽt.
Et d'ainsi les traicter pour auoir faict constume,

Ils sont pressez adõc d'vne extreme amertume.
Lors d'eux sortẽt des cris, & souspirs tresardẽts,
Sortent tristes regrets, & grincement de dents.
Et fort se repentans, mais trop tard, de leur faute,
Vont ces mots ensuyuãs proferer de voix haute.

 O chose miserable, & triste à regarder!

Voicy ceux dont soulions nous rire & brocar-
 der,
Les auoir en mespris, & d'eux en pleine table
Parler en nous mocquant, & nous seruir de fa-
 ble.
Voicy ceux que soulions iadis persecuter,
Les chasser d'entre nous, les batre & tourmẽter,
Tourner leurs sainɛts labeurs en ris et parabole.
D'eux iuger nous soulions que la vie estoit folle,
Et qu'estoit sans honneur la fin pareillement.
Mais combien estions nous priuez d'entende-
 ment!
Veu qu'ore entre les sainɛts ils ont leur heritage,
Là leur est assigné leur sort & leur partage.
Maintenant les voyons assis en tresbon lieu,
Nombrez à tout iamais entre les fils de Dieu.
Maintenãt les voyons en hõneurs & en gloires,
Receuans le loyer de leurs braues victoires.
O qu'auons lourdement quitté de verité
Le chemin salutaire! O quelle cecité,
O quel aueuglement, ou plus tost phrenesie,

Harangue
des Re-
prouuez.
Sap.5.

Dont lors que nous viuions, nostre ame estoit
    saisie,
D'auoir ainsi voulu tousiours fermer les yeux
De nostre entendement du Soleil radieux,
Qui faisoit esclairer sa iustice & droicture.
Mais plus cher auons eu le vice & toute ordure,
Plus cher nous a esté l'obscur & le peché,
Que tout l'heur & le biē qui nous estoit presché.
Vn ioug doux & leger nous offroit l'Euangile:
Mieux aymé nous auons le dur & difficile.
Pour vn doux & plaisant, & facile à porter,
De cent iougs auons mieux aymé nous molester.
Car autāt de pechez, dōt nostre ame estoit teiēte,
Autant c'estoient de iougs, dont elle estoit con-
    trainēte.
O quel enyurement, d'auoir ainsi laissé
Le sentier de salut, que nous auoit dressé
Celuy qui tant d'amour nous portoit, que de
    prendre
Vn corps semblable à nous, pour bien-heureux
    nous rendre !
O fols & insensez, qui laissans le sentier,
Qui nous guidoit au ciel, auons pris à quartier,
Marchās de iour & nuiēt par voyes espineuses,
Qui d'enfer nous menoient aux prisons tene-
    breuses !
O fols & malheureux, qui laissans verité,

Auons fuyuy le trac de toute iniquité,
Auons laiffé couler les faifons tant profperes,
Sans pouruoir du futur aux horribles miferes!
On nous a mille fois aduerty de veiller,
De prendre garde à nous, & nous bien côfeiller.
Mille fois l'ont crié les diuines trompettes.
Du grand Dieu nous en ont aduerty les Pro-
    phetes.
Iefuchrift a crié, fi ont fes meffagers,
De l'eternelle mort euitez les dangers.
Ores qu'auez le temps, & la faifon fertile,
Haftez vous d'amaffer des grains pour la fte-
    rile.
Apres ce temps heureux, & les graffes moiffons,
Viendra la dure faim (cela vous annonçons)
Non d'vn an ou de deux, mais de telle duree,
Que de vous ne fera pour iamais retiree.
Et tant & de fi court à ferrer vous viendra,
Que fin le fouuenir de tout bien en prendra.
O fols & malheureux, & fans intelligence,
Qui l'oreille prefter à telle remonftrance
N'auons oncques voulu, mais toufiours faict les
    fourds,
Eftans fi pareffeux à nous donner fecours!
Las qu'il eftoit facile à nous en peu d'annees
Les peines euiter d'enfer non terminees!
Que facile il eftoit les grands biens acquerir
                    Du ciel,

Du ciel, si mieux aymé n'eußions eu de perir!
O que peu de labeur, ô que peu de tristeße
Nous euſt & de plaiſir acquis & de richeße!
O que peu de labeur nous euſt faiЄt euiter
Les maux qu'il nous faudra pour iamais ſup-
  porter!

Las pour auoir quitté le chemin ſalutaire,
Quel fruiЄt en auõs nous, quel loyer, quel ſalaire?

Quel fruiЄt nous reuient il à preſent du paßé?
Où eſt tout ce qu'auons ſi ſongneux amaßé?
Où eſt noſtre hauteur? où eſt noſtre inſolence?
Où ſont nos grands threſors? où eſt cette abon-
  dance,

Qui nous rendoit ſi fiers? où ſont nos dignitez,
Où nos honneurs ſi grands? où nos authoritez?
Où nos belles maiſons, & riches edifices?
Où ſont nos paßetemps, & plaiſans exercices?
Où nos riches anneaux, nos meubles precieux?
Où tant de mets exquis, & vins delicieux?
Où feſtins & banquets? où ces tables friandes?
Où tant de ſeruiteurs, que trainions à grands
  bandes?

Où tant de voluptez, dont nous ſoulions iouyr?
Où ces chãts muſicaux, qu'on nous faiſoit ouyr?
Où ſont tous ces flateurs, qui cornoient nos lou-
  anges?

Où ce gros reuenu, dont regorgoient nos granges?
Où ces beaux pourmenoirs, où tous les iours al-
        lions?
Où ces propos gaillards, que tenir nous soulions?
Où tant de beaux discours? ou le fard de langa-
        ge?
Quel profit nous en vient, quel fruict, quel ad-
        uantage?

Sap.5. Tout cecy comme l'ombre a passé, tout cecy
La vanité Comme vn viste courrier, ou bien encor ainsi
de l'heur Qu'on voit trancher les flots d'vne forte riuiere,
des mes- Au milieu du courant à la barque legere,
chans. Dont de tous les humains il est hors du pou-
        uoir,
Soudain qu'elle a passé, la trace apperceuoir:
Ou bien comme vn oyseau, qui fend l'air de ses
        ailes,
Lequel estant passé, n'est plus nulles nouuelles
Du trac qu'il a tenu: lon oit tant seulement
Le son qui de luy sort volant legerement:
Ou bien encor ainsi qu'on voit vne sagette
Aller directement au lieu que lon la iette,
Dont l'air est diuisé, mais tout aussi soudain
En soy il se reserre, & demeure incertain,
Voire incognu de tous, le lieu de sa carriere.
Autant est il de nous. car en mesme maniere
A peine auons esté conceus & enfantez,

Qu'auons auſſi ſoudain en terre eſté portez.
Et ſans monſtrer iamais de vertu nulle enſeigne,
Noſtre vice nous a rongez comme vne teigne.
Las où eſtoient nos yeux, où eſtoient nos eſprits,
Quand eſtions tellement d'amour mõdain eſpris,
Que voir nous ne pouuions le gouffre & preci-
    picé,
Où nous tient à preſent plongez noſtre iniuſtice!
Quand eſtions tellement au monde enueloppez,
Que par ſes doux appaſts, & delices pipez,
Faiſions ſi peu de cas (ò cecité brutale)
D'offenſer du grand Dieu la maieſté royale!
Las où eſtoient nos yeux, où noſtre entendement,
Quand ſi mal nous viuions, & ſi charnellemẽt,
Et penſions n'eſtre rien (ò groſſiere ignorance)
D'offenſer tous les iours la diuine excellence?
O monde enſorceleur, tant tu nous as deceu!
O combien pour t'aymer de mal auons receu!
Combien auſſi pour toy, chair meſchante & re-
    belle,
Nous faut il endurer en la flamme eternelle?
O que cher tu nous fais couſter tous les plai-
    ſirs,
Dont as vn peu iouy: que cher tous tes deſirs
Meſchãs & diſſoluz, auſquels pour ſatisfaire,
Nous falloit à tous coups du Seigneur nous di-
    ſtraire!

Tardiue
repentance
des Reprou
uez.

O ij

O que cher il nous faut payer tes vanitez,
Tes banquets exceßifs,tes fauſſes voluptez!
O combien tu nous fais payer à groſſe vſure,
Tes propos ſi laſcifs,& ton orde luxure!
Las qu'en vain nous penſions que Chriſt à l'ad-
    uenir,
De nos pechez treſords perdroit le ſouuenir!
Qu'en vain & follement nous nous faiſions à
    croire,
Que iamais n'en auroit vne ſeule memoire!
Thren.1.   O que ſommes trompez! De nos pechez vilains
Le ioug treſonereux a veillé dans ſes mains.
Par luy tout en vn bloc nos offenſes commiſes,
Sur nos cols malheureux ont eſté toutes miſes.
Triſte chã- Las en quelle douleur,en quelle affliction
gemét des S'eſt tourné tant d'eſbat,& conſolation,
damnez. Dont au monde ſoulions auoir la iouyſſance!
Tourné ſ'eſt noſtre ris en pleurs & deſplaiſance,
Nos chanſons en regrets,heur en calamité,
Banquets en faim & ſoif,richeſſe en pauureté.
Pour gloire auons la honte, & pour odeur plai-
    ſante,
Auons d'vn feu ſoulfreux vne odeur treſpuãte.
Pour tout palais nous faut,& pour belle maiſon,
Habiter pour iamais l'infernale priſon.
Pour le plaiſir laſcif des douces compagnees,
Nous ſõt d'eſprits malings les troupes aſſignees.

Du feu souffrir nous faut le tourment doulou-
    reux,
Au lieu des doux plaisirs dont estiõs amoureux.
Maintenãt c'est à nous à ietter grosses larmes:
Car pris, comme ennemy, le Seigneur a les armes.   Thren.2.
Il a tendu son arc contre nous, & tiré.
Tellement, que pour nous tout est desesperé.
C'est à nous à pleurer. car de nous loing arriere   Thren.1.
Est celuy qui pouuoit chasser nostre misere.
Qui pis est, beau crier nous auons, pour crier
Nul est qui de nos maux nous vienne à deslier.
Nostre oraison ne peut auoir libre passage.
Le Seigneur entre-deux a mis vn tel nuage,   Thren.3.
Que par nous ne sera iamais outrepassé.
Sa totale fureur sur nous a ramassé.
De playe si cruelle est nostre ame nauree,   Hiere.30.
Que iamais de douleur ne sera deliuree.
Chercher il ne faut plus aucun medicament,   Esai.1.
Ny des bandeaux affin d'alleger ce tourment.
Tout secours nous est clos, & toute medecine.
De cueillir n'est plus temps la mãne: à la famine
Il nous falloit pouruoir, & tresbiẽ nous munir,
Au Sabbat eternel auant que de venir.
De la manne cueillir la saison est tardiue.   Exod.16.
Le Sabbat le defend, & du moyen nous priue.
Clos estant le marché du tout, c'est se mocquer,   Naz. Orat.
De vouloir parapres tascher à trafiquer.   deBaptisin.

O iij

<table>
<tr><td>

Les dānez
desirent en
vain d'a-
uoir temps
pour s'a-
mander.

</td><td>

Helas, que n'auons nous pour seruir à iustice,
Comme auons eu iadis, la saison si propice!
Helas, que n'auōs nous le tēps pour viure mieux,
Et par pleurs effacer nos actes vicieux!
Las que loing de nos cœurs seroit toute arrogāce,
Que loing de nos maisons toute folle despense,
Que loing ieux & chansons s'en iroient, & fla-
    teurs,
Loing farceurs & bouffons, loing aussi plaisan-
    teurs!
Que loing seroit chassé l'amour des biens du
    monde!
Combien tiendrions nous court nostre ame va-
    gabonde!
Las quel soing nous prendrions de domter nostre
    chair,
La matter par labeurs, ses desirs retrancher!
Cōbien luy serions nous & fascheux & seueres!
Las combien nous seroient les veilles familieres,
Combien les oraisons, & les ieusnes aussi!
Combien peu de ce corps aurions nous de mercy!
Cōbien dōner de coups sçaurions à nos poitrines!
Combiē de nos pechez pour coupper les racines,
De larmes sçauriōs nous & iour & nuict ver-
    ser!
Par combien de trauaux nostre chair exercer!
Quel soucy prēdriōs nous, helas, & quelle estude,

</td></tr>
</table>

Affin de contenir nos sens en seruitude!
Combien serions songneux de ceux là secourir,
Qui d'ayde et de secours nous voudroiët requerir!
Las cōbien prendrions nous de soing, de diligēce,
Pour du pauure affamé soulager l'indigence,
Pour luy donner logis, couurir sa nudité,
Luy porter tout secours en sa necessité!
Las que d'vn pied leger irions tous à l'Eglise,
Affin d'estre par nous la Loy diuine apprise!
Combien à l'escouter serions nous attentifs,
Et pour l'executer combien prompts & hastifs!
Mais las il n'est plus temps: la saison est perdüe,
Puisque vne fois icy nostre ame est descendüe.
O quel aueuglement! la Fourmy sçait preuoir
La rigueur de l'yuer, & d'heure se pouruoir.
Mesme y a des poissons preuoyans la tempeste,
Qui s'en sçauent garder. Nous pires que la beste,
Auons tousiours esté si priuez de raison,
Que iamais ne preuoir cette dure saison.
Mesme estans aduertis, n'auons iamais eu cure,
De nous garder des maux, qu'icy faut qu'ō ëdure.
Iamais n'auons voulu, quoy qu'on les sceust pres
   cher,
Y croire aucunement, premier qu'y trebuscher.
Las combien nostre sort est trop plus miserable,
Que n'est celuy qui tient la beste irraisonnable!
Le Cheual est il mort, le Beuf, ou le Lyon?

O iiij

Les bestes
mesmes
preuoyent
au futur.
Basil. hom.
7. in Hexa-
mer.

Les dānez
sont plus
miserables
que les be-
stes.

Plus à craindre n'y a pour eux d'affliction,
Si rien apres la mort n'y a qui les contente,
Rien aussi n'y a il, qui les fasche & tourmente.
Si tost que de la vie vn Asne ou Cheual sort,
Pour luy tout aussi tost & bien & mal est mort.
Mais nous, ô malheureux, viuons de telle sorte,
Que tousiours nous souffrös, sans que mort nous
    emporte.

Les dänez en vain deſirent la mort.

Car pour quelque tourmët, que puissions endurer,
La mort iamais de nous ne vient à s'emparer.
Tousiours elle recule, & se tire en arriere,
Quand par elle essayons finir nostre misere.
Bel auons l'appeller, loing tousiours elle fuit:
Et douleur au contraire à toute heure nous suit.
Sans fin nous desirons la fin de nostre vie,
Pour trouuer de nos maux la fin : mais telle enuie
Nous est de nul effect. car quoy qu'ayons souf-
    fert,
Ne que puissions souffrir, de rien cela ne sert.
Car tousiours nostre force, & vigueur renou-
    uelle,
Pour suffire à porter la douleur eternelle.
De la mort tellement est le glaiue espoincté,
Que son frapper nous est de nulle vtilité.
Car quoy que de charger sur nous elle ne cesse,
Quoy que tousiours à nous elle en vueille, si est-ce
Que, cruelle qu'elle est, pour nos maux abreger,

Iamais de coup mortel ne nous vient à charger.
Ce coup elle nous nie, affin qu'elle ait puissançe
Nous donner mille fois de mort l'experience.
De nous elle se paist, & pour tousiours souffrir,   Psal. 48.
Permettre ne nous veut vne fois de mourir.
Las helas quel malheur, quel changement estrãge!
Tant craigniõs de la vie à la mort faire eschãge,
Lors qu'au monde viuions , & tant auions de   Ezech. 41.
　　peur
De la mort, que du nom auions mesmes horreur.
Ouyr nous n'en voulions parler en nulle sorte ,
Ne voulions qu'elle vint frapper à nostre porte.
Et maintenant, helas, ô triste changement,
Rien plus ne desirons que mourir vistement.
Nous inuitons la mort, l'appellons nostre mere,   Orig. in
Affin de nous trancher de nos maux la carriere.   ca. 17. Iob.
Mais, barbare qu'elle est, & sans nulle amitié,
Ne veut pour nulles pleurs auoir de nous pitié.
De nous elle ne veut, & trop impitoyable
Se rend à nos desirs du tout inexorable.
O cent fois malheureux, qui pour ne demander
Que la mort, n'y pouuons toutesfois aborder!
Tousiours viure nous faut: mais helas quelle vie,   Miserable
Où nous est de tout bien l'esperance rauie!   vie des dã-
Est-ce viure, que d'estre en telle obscurité?   nez.
Que du chaud & du froid sentir l'extremité?
Est-ce viure, que d'estre en estat si tragique?

Est-ce viure, qu'auoir vn ver qui tousiours pi-
   que,
Tousiours ronge nos cœurs d'vn amer repentir,
Sans iamais pour sommeil de nous se departir!
Est ce viure, que d'estre en prison si vilaine,
En vn lieu si puant endurer telle peine,
Estre à iamais banny du lieu solatieux,
Où les bons sont logez par le Prince des cieux,
Et boire à tout iamais le hanap de son ire?
D'vn estat si piteux las que deuons nous dire?
Es tu vie, es tu mort? Si vie, helas pourquoy
N'as tu point de repos? Si mort, qui faict qu'ë toy
Fin trouuer ne se peut? Ny de mort le vocable
Donner ne te pouuons, ne de vie en semblable.
Car en l'vn & en l'autre il s'y trouue du bien,
La vie a du repos, du soulas, du soustien.
La mort a d'autre part sa borne limitee.
Mais toy n'as ne repos, ne fin nulle arrestee.
Qu'es tu donc, dy le nous? de vie & de la mort
Le mal tant seulement: car sans aucun confort
De la vie tu tiens la longueur, & la peine
De mort sans nulle fin. La force souueraine
Du Dieu de l'Vniuers la vie a despouillé
De repos, & la mort de fin, & t'a baillé
Le mal qui leur restoit, sçauoir est la duree,
Qui d'horrible tourment n'est iamais separee,
Affin d'ainsi punir nostre meschanceté,

Esa.51.
Ludou.
Granat.in
Memor.

Qui l'auons iour & nuiĉt tant de fois irrité.
Maudiĉt soit ce iour là, que nous vinsmes au
    monde.
Qu'il soit enueloppé d'obscurité profonde.
Qu'au nombre il ne soit mis des autres, & ia-
    mais
Ne vienne à l'esclairer le Soleil de ses rais:
Ains qu'il soit obscurcy par la mort tenebreuse,
Et remply pour iamais d'amertume odieuse.
Tousiours en cette nuiĉt vïene gresle à pleuuoir,
Sans que lueur on puisse aucune apperceuoir.
Que des iours et des mois au nŏbre on ne la mette.
Que hors à tout iamais de memoire on la iette.
O cent fois malheureux! helas, que l'Eternel
Estouffer ne nous fist au ventre maternel!
Pourquoy tout aussi tost que nous vinsmes à nai
    stre,
La mort aussi ne vint de nous à se repaistre?
Au lieu d'estre bădez, & mis en des berceaux,
Las pourquoy ne vit on nous couurir de tŏbeaux:
Affin que le iour propre & l'heure de la vie,
Fust sans plus differer de mort acconsuyuie?
Pourquoy vit on de nous la mamelle approcher,
Et non pas nous ietter plustost contre vn rocher,
Ou bien nous exposer aux bestes les plus fieres?
Maudiĉts soient comme nous nos peres & nos
    meres,

Les dam-
nez maudif
sent leur
estre.
Iob. 3.

Maudits freres & seurs, maudits tous nos amis,
Et qui de nous prescher se sont onc entremis.
Maudit soit le Soleil, maudite aussi la Lune,
Et des autres flambeaux la lumiere commune.
Maudite soit la Terre, & le grand Firmament.
Aussi soit à iamais maudit tout Element.
Maudite en general soit toute creature.

Les dânez
maudissent
Dieu.

Ce n'est encore assez, va va langue pariure,
Et iusque au throsne haut de la diuinité
Ton blaspheme vomir ne fay difficulté.
Que te sert de te taire? aussi bien d'allegeance
Auons ores perdu la totale esperance.
Va donc perfide, va, ne crains te desgorger
Contre Dieu, qui ne veut ton ardeur alleger.
Ne crains point de vomir paroles outrageuses
Contre cil qui te plonge en peines douloureu-
    ses.
Et combien que le ver qui te ronge le cœur,
Te face confesser que iuste est sa rigueur,
Et qu'à droit nous sentons cet eternel supplice,
Ne delaisse pourtant l'accuser d'iniustice.
Dy qu'il est trop cruel, & que c'est à grand tort.
Qu'il punist nos pechez d'vne eternelle mort.
Dy qu'il est sans douceur, & sans misericorde,
Veu qu'ainsi sa fureur dessus nous se desborde.
Puis qu'il a commencé de nous traicter ainsi,
Dy dy luy qu'il passe outre, & q̃ sans nul mercy

Tout à coup deſſus nous tous ſes traicts il deſ-
    ſerre,
Et nous vienne accabler d'vn eſclat de tonerre.
   Voila, pour faire court, les mots que les per-
    uers
Prononcent en tout temps au milieu des enfers.
Voila le triſte chant, & la voix miſerable,
Que deſgorge ſans fin leur bouche deteſtable.
Voila tous les propos, qu'ils viennent à tenir,
Au lieu des beaux diſcours, dequoy ſ'entretenir
Ils ſouloient icy haut: voila comme au contraire
Des proiects orgueilleux, qu'ils ſouloiët icy faire,
Tout leur eſt malheureux : & plus ont de tour-
    ment,
Que d'aiſe ils ne forgeoient en leur entendement.
Quelle eſt donc des meſchans l'eſperance friuole?
Du tout ſemblable elle eſt à l'eſtoupe qui vole,
Que venant ſ'eſleuer vn vent tresfurieux,
Diſperſe en vn moment en mille & mille lieux.
Du tout ſemblable elle eſt à l'eſcume marine,
Qu'vn ſoudain turbillon en cĕt lieux achemine,
Et tant en faict de parts, que nul n'a le pouuoir
De les cōpter au vray, tāt clair qu'il puiſſe voir.
Semblable encor' elle eſt en outre à la fumee,
Qui eſt deça delà par la bize ſemee:
Ou bien elle eſt ſemblable à vn homme forain,
Lequel ayant giſté quelque part, tout ſoudain

A quoy re-
ſemble l'eſ-
perance des
pecheurs.
Sap. 5.

Que l'aube il a senty ramener la lumiere,
Se remet en chemin, & poursuit sa carriere,
Si bien que de son hoste, & du logis passé,
En est le souuenir de tout poinct effacé.

Toy dõc qui cecy lis, pendant qu'as la puissãce,
De bonne heure regarde à faire penitence.
Iette arriere le mal, prens le bien, & n'attens
A pleurer & gemir tes pechez iusque au temps,
Que ny pleurs ny regrets, ny gemir, ny te plaindre,
N'aurõt aucun pouuoir de tes pechez estaindre.
Sap. 5.   Ne dis, Tout a passé comme font les meschans,
Qui ia la grace en vain sont là bas recherchans:
Mais si tu veux auoir de Dieu la saincte grace,
Dy dy dés à present, Tout s'escoule & se passe.
Et sçachant tout passer, aspire à cette paix,
Les pe-   Et ce bien tresheureux, qui ne passe iamais.
cheurs ob-   Ne te flatte en peché, ne sois vn phrenetique,
stinez re-   Qui plus a de douleur, moins est melancolique.
semblent   C'est vn signe euidẽt que la mort n'est pas loing,
aux phrene   Quand on voit qu'vn fieureux de soy n'a plus
tiques.   de soing,
Ains se rit & gaudist, quand l'ardeur vehemẽte
Et de iour & de nuict plus l'assaut & tour-
mente.
Quoy que Dieu ne te vienne aussi tost à punir,
Que tu peche, il n'en perd pourtant le souuenir:
Rom. 2.   Mais sa bonté t'attend, & sa douceur t'inuite

A prendre vn meilleur train. Si cela ne profite,
Ne doute aucunement qu'en fin à descharger
Il ne vienne son bras, & de toy se venger.
Pour auoir vn long temps en toute patience
Attendu fruict de toy, ne faut pas que tu pense
Qu'il te laisse tousiours, ne faisant qu'occuper
La terre sans profit. Il te viendra coupper,
Et au feu t'enuoira, comme vn arbre infertile.
Ne te laisse piper à la fraude subtile
Du Serpent tortueux, qui pour te deceuoir
Tousiours tousiours pour soy le presẽt veut auoir.
Donne moy le iourd'huy, dict il: & la iournee
Par toy sera demain au Seigneur assignee.
Donne moy de tes ans la fleur: puis estant vieil,
Et cassé, tu prendras alors meilleur conseil,
Et tout loisir auras de prier & te plaindre,
Et tes pechez passez par dœil et pleurs estaindre.
Puis apres pour te rendre en tes pechez plus seur,
Il te vient finement proposer la douceur,
La bonté, la pitié, la grand' misericorde
De celuy qui peut tout : mais point ne te re-
    corde
De sa iustice saincte, & son sainct iugement.
De iustice se taist le traistre entierement,
Et du iuste courroux. Il n'a garde de dire
Ce qu'est és saincts escrits, que la douceur &
    l'ire

Luc.13.
Mar.3.

Naz. Orat.
de Baptis.

Ruse du Dia
ble pour de
ceuoir l'hõ
me.

Eccle.5.

S'entresuyuent de pres, & que trop abuser
De la douceur de Dieu, c'est se thezauriser

Rom.2.

Vn courroux eternel , quand pour vengeance prendre
Des rebelles viendra ce grand Iuge descendre.
Des exemples se taist, qui sont pleins de terreur,
Et où de Dieu paroist clairement la fureur.
Il ne dict, comme luy pour pensee orgueilleuse
A perdu pour iamais la maison bien-heureuse.

1.Pet.2.

Il ne dict, comme Adam ayant eu plus de foy
Au propos du Serpent, que non pas de son Roy,

Gen.3.

Sans tarder nullement en fut chassé par l'Ange
Du plaisant Paradis, & feit vn triste eschange
De tout heur & repos à misere & trauaux.

Gen.7.

Ne dict pareillement, comme Dieu par les eaux,
Osté bien peu de gens, feit mourir tout le monde.

Gen.19.

Ne dict aussi comment pour la luxure immonde
De certaines Citez, il les feit subuertir
Par vn feu tout soulfreux, et le peuple engloutir.
Ne dict rien de cela, ne des histoires amples,
Dont en mille autres lieux nous auons des exem-
    ples,
Où la fureur de Dieu paroist si clairement,
Qu'elle cause terreur à tout entendement,
Qui vient par tel moyen à faire coniecture,
Combien en haine il a de tout vice l'ordure.
Garde toy, garde toy de ce traistre Serpent,

Qui ses

Qui ſes terreurs nous garde au temps qu'au col   Quãd c'eſt
   nous pend   que le Dia-
La mort impitoyable, & que approche le terme   ble ſe mon-
Qu'il faut q̃ noſtre eſprit du corps ſe deſenferme. ſtre terri-
Alors alors ſe monſtre en Lyon furieux,   ble.
Alors rien que rigueur ne met deuãt nos yeux.
Lors à clair il nous monſtre, & nos griefues of-
   fenſes,
Et la iuſte rigueur des diuines vengeances.
Alors il faict cela, quand l'eſprit eſt troublé,
Et le corps tellement de douleur accablé,
Que plus l'homme ne peut ſonger à riẽ, qui puiſſe
Appaiſer du grand Dieu la ſeuere iuſtice.
Mon amy, n'attens donc alors à t'amender.
Pren pren dés à preſent, ſans nullement tarder,
Le chemin de ſalut, de repos, & de ioye.
Quitte quitte le large, & prens l'eſtroicte voye. Mat.7.
Mieux vaut par chemin aſpre à grand difficulté
Entrer finablement en la ſaincte cité,
Où des bons pour iamais la demeure eſt aſſiſe,   Greg.lib.6.
Qu'à ceux là reſſembler, qui pour faute commiſe, Moral. a.3.
Du Iuge ayans receu la ſentence de mort,
Sont menez par des lieux pleins d'aiſe & de cõ-
   fort,
Au lieu où les attend la Parque inexorable.
Donc, pendant que tu as la ſaiſon fauorable,
Regarde à ton ſalut, prens peine d'amaſſer

P

Les biens, qu'il ne te faut en mourant delaisser.

Exod.34. Dieu ne veut qu'à main vuide à luy tu te presente.

Il veut vne foy viue, vne amour tresardente.

Mat.11. De fueille il ne se paist:il veut cueillir du fruict.

N'attens à trauailler quand suruiendra la nuict.

Io.9. Fais ton profit du iour, n'attens qu'il diminuë,

Ou vienne à se coucher: la nuict estant venuë,

De vacquer à salut nul moyen tu n'auras.

Estant close la foire, en vain tu chercheras

D'augmenter par trafic & labeur ta richesse.

Quitte donc sans tarder ton sommeil & paresse:

Mets la main à l'ouurage, & empoigne soudain

Le soing de ton salut. de tomber en la main

Heb.10. Du celeste Monarque est chose treshorrible.

Heb.12. A la paille & le foing, matiere combustible,

C'est vn feu consumant. crain crain, pauure pecheur,

Et sois de ses edicts diligent rechercheur.

Soit tousiours en sa Loy ta pensee occupee:

De son amour au vif soit ton ame frappee.

Pense pense combien y a de different

Esa.33. D'habiter à iamais dans vn feu deuorant,

Et pour logis auoir les ardeurs eternelles,

Qui attendent là bas les ames criminelles,

Ou bien de place auoir entre les saincts esprits,

Que tout plaisir attend au celeste pourpris.

Garde toy d'achepter, ô pecheur miferable,
Pour vn plaifir lafcif, & fi toft periffable,
Tant & tant de tourmens : garde q̃ pour n'auoir
Secouru le Lazare, ainfi qu'auois pouuoir,   Luc. 16.
Par apres de t'aider au milieu de la flame,
A deftremper ta foif, en vain tu le reclame.
Que fi de ce brafier tu defire eftre exempt,
Va t'en, va t'en d'efprit là bas dés à prefent,
Et defcens tout viuant en la prifon obfcure   Ber. ad frat.
D'enfer infatiable, où toufiours on endure.   de monte
Songe d'vn cœur profond combien font doulou- Dei.
     reux
Les tourmens q̃ fouffrir il faut aux malheureux.
Alors alors viendras à t'efcrier, & dire,
O Seigneur, qui cognoift le pouuoir de ton ire,   Pfal. 89. &
Et qui le peut nombrer? Alors à trembloter   Ber. fer. 6.
De grand peur tu viendras, & foudain à quitter   in Cant.
Ton repos peftilent, & ta fauffe affeurance,
Qui te faict endormir en ta mortelle offence.
Lors viendra te faifir vn grand eftonnement,
Heriffer te fera ce foudain penfement:
Et te mettant aux yeux ces eternelles peines,
Tes yeux fe tournerõt tout foudain en fontaines,
Ton cœur f'amollira, tes penfers fi efpars
Tu ne verras ainfi courir de toutes parts:
Ains fans plus diuaguer, ny de Dieu fe diftraire,
En ce fichez feront, qui feul eft neceffaire.
               P ij   Luc. 18.

Songeant à ces tourmens , tu verras prendre lieu
En toy soudainement à la crainte de Dieu:

Combien est vtile la crainte de Dieu. Lact.

Cette crainte qui faict soudain prendre la fuite,
Et debusquer le vice, & tout acte illicite:
Cette crainte qui faict qu'autre chose on ne
    craint.

Car cil qui viuement en a le cœur empraint,
Ne craint perte de biens , ne fieures douloureuses,
Ne de mille tyrans les faces furieuses.
Cette crainte venant en ton cœur place auoir,
Tu viendras de salut l'esprit à conceuoir.
Cette crainte venant , quant & quant pour ho-
    stesse
Auras humilité, des vertus la princesse,

Humilité necessaire à salut.

Fondement de tout bien: car sans humilité,
Au celeste palais nul iamais n'est monté,
Et sans humblesse aller aux ioyes eternelles,
Autant impossible est, que voler sans des ailes.
Hūblesse est la vertu, qui va iusques aux cieux,
Pour Dieu rendre au pecheur bening et gracieux.

Ion.3.

Ia tout prest il estoit de descharger son ire
Sur les Niniuitains, & leur ville destruire:
Ia le terrible arrest estoit mis en auant,
Et se fust prattiqué, si l'humblesse arriuant
Auec l'austerité de saincte penitence,
N'eust changé son courroux en douceur & cle-
    mence.

Sur tout, que le peché soit de toy fort hay,
Comme estant celuy seul qui ton ame a trahy.
Car rien que le peché ne faict perdre la grace
Du Roy de l'Vniuers, ny la peine n'amasse.
Cessant de dominer en toy l'iniquité,
Iamais ne te nuira ne mal n'aduersité.
Sans luy tout à salut profite & coopere.
Fuy donc cet ennemy, comme on faict la Vipere:
Fuy le comme, poison. Et si par le passé
As receu tant de mal pour l'auoir embrassé:
Si pour l'auoir tenu au sein, pour destinees
Luy auoir follement tes meilleures annees,
Rien n'en as emporté que morsure & douleur,
Rien que perte de grace, & que triste malheur,
Iette iette le hors, & plus ne t'y arreste.
Ne te monstre plus fol & brutal que la beste,
Qui des filets estant eschappee vne fois,
Sçait tousiours du depuis euiter les endroits,
Où embusche dressee, & laqs elle soušpçonne.
Le danger est tout clair: de tous costez vironne
Ce Lyon rugissant, qui cherche à te ietter
En la peine, où l'orgueil l'a faict precipiter,
Estant marry qu'à toy, de moins noble nature,
Aux biens, qu'il a perdu, soit donnee ouuer-
  ture,
Et taschant iour & nuict par toute inuention,
De te pouuoir tirer à sa perdition.

Le mal qui
vient depe-
ché.
Bern. serm.
13. in psalm.
Quihabitat.
Rom. 8.
Eccl. 21.

Lact. lib. 6.
cap. 24.

1. Pet. 5.

Naz. Car.
de subst.
mête præd.

P iij

Chryf.fer. *Parquoy, comme celuy qui fur corde chemine,*
de humil. *Ainfi pour te garder de foudaine ruïne,*
& in Ofiã. *Sois toufiours en ceruelle, & de faire bon guet*
Ne viens à t'oublier : car toufiours en aguet
Eft celuy qui te vient par force, ou par fineffe,
Priuer, non des honneurs, ou de vaine richeffe,
Mais du bien tresheureux, que, pour nous ac-
querir,
Le Fils de Dieu n'a feint en la croix de mourir.
Partant regarde à toy de pres, & t'efuertuë:
Naz. Carm. *Et femblable ne fois toufiours à la Tortuë,*
de Virgin. *Qui pour auoir le corps trop chargé, n'a pouuoir,*
Sinon d'vn pied trop lent, & tardif, fe mouuoir.
Gen. 19. *Le diuin meffager te fai[c]t à clair entendre,*
Que doit incontinent Sodome aller en cendre.
Ne croy qu'vn tel propos foit faux & cõtrouué.
Ains foudain quitte et ville, & peuple reprouué,
Sans rien fauuer du tien, & te mets en cãpagne,
Marchant tant qu'arriué tu fois à la montagne,
Sauue toy de la flamme, & fi toft que forty
De la porte feras, d'vn poin[c]t fois aduerty,
C'eft de bien te garder de tourner l'œil arriere
(Retournant de ta vie à l'ordure premiere.)
Car fi cela t'aduient, en fel foudainement
Feras de forme humaine vn trifte efchangement.

Fin du cinquiefme liure.

DV DERNIER
IVGEMENT
Liure sixiesme.

L'ARGVMENT.

En ce dernier liure est premierement descrite la maison de Dieu, selon que l'Escriture saincte la depeinct en diuers lieux. Puis, apres auoir comme en passant touché quelque chose du plaisir que receuront les Bien-heureux de la repurgation des Elemens, est traicté par ordre des grands biens, dont ils iouyssent, sçauoir est de la claire vision de Dieu, & de l'humanité de Iesus Christ, & de l'aise qu'ils sentent pour la gloire dõt ils sont ornez, & aussi pour la belle & saincte compagnie, en laquelle ils se voyét, & la parfaicte charité qui est entre-eux. En quoy ne sont aussi laissez arriere les quatre beaux presents, qui seront faicts à leurs corps à la Resurrection:ny aussi l'ordre qui est tenu en cette maison celeste, & les festins qui s'y font eternellement. Et par ce que il n'est possible de representer au vray vne telle ioye, d'autant que la grandeur de cette beatitude excede la puissáce de tou-

P iiij

te langue humaine, voire de tout entendement, sont parapres amenees certaines coniectures, affin par le moyen d'icelles en tirer
quelque cognoissance. Finablement est faicte vne bresue exhortation, pour exciter les
cœurs humains à aspirer ardemment à vne si
heureuse demeure.

Langue audacieuse, et trop
    outrecuidee,
Sera biē ta fureur tellemēt
    desbordee,
Qu'entreprēdre de dire, &
    en vers entonner,
Ce que mesme l'esprit ne peut imaginer?
Veux tu point de nouueau dresser par grād' folie
La tour de Babylon, ou bien ioindre au Pelie
Le grand mont Ossean, comme feirent iadis,
Affin d'atteindre au ciel, ces Geans estourdis?
Dy moy, ne crains tu point qu'autant il ne t'ar-
    riue,
Qu'à ce fol Icarus, & son malheur te suyue?
Ne crains tu point de cheoir, et soudain abysmer,
Et la mer de ton nom à iamais surnommer,
Essayant comme luy, mais en vain, te conduire
Par la plainé du ciel auec ailes de cire?
Si la loy du Seigneur defend expressement,
A celuy qui se plaist de viure iniquement
D'annoncer sa iustice, & bien roide le tançe,

Psal. 49.

S'ingerant de prescher sa diuine ordonnance,
O Dieu de l'vniuers, ô saincte Maiesté,
Quelle audace est-ce à moy, quelle temerité,
De vouloir discourir des ioyes tresheureuses,
Dont tu saoules là haut les ames vertueuses?
De vouloir penetrer, estant si vicieux,
Et courbé de pechez, au plus auant des cieux?
Est-ce à moy de parler de si saincte matiere?
Est-ce à moy, qui ne suis qu'vne paille legere,
De m'approcher du feu? car Dieu pour tout cer-   Heb.12.
    tain
Est vn feu tresardant, qui consume soudain.
Si pour n'auoir humé qu'vne goutte petite   Matth.17.
De ce bien tresheureux, cette perle d'eslite,
Ce Prince Apostoliq', en fut si fort atteinct,
Que transporté d'esprit par enyurement sainct,
Ne sçauoit qu'il disoit: si sainct Paul dauantage 2.Cor.12.
Rauy iusques au tiers ciel, entendit tel langage,
Que tresbien cognoissant qu'il, n'estoit en pou-
    uoir
De nul homme viuant d'expliquer le sçauoir,
Iamais ne s'essaya d'en dire aucune chose,
Combien est hors du sens celuy qui se propose
De coucher par escrit vn si grand argument,
Et parler des plaisirs, dont il n'a sentiment?
Las ie voy bien qu'à moy chetif & miserable
Parler de tels plaisirs n'est chose conuenable:

Qu'à l'aueugle ce n'est à parler des couleurs,
N'à celuy des plaisirs, qui merite douleurs.
C'est à ceux à traicter de cecy, dont la vie
Au vouloir de la chair n'est iamais asseruie,
Et qui, voire deuant que d'icy s'en aller,
Par desirs tresardants au ciel sçauent voler,
Pour gouster quelque peu de ceste esiouyssance,
Dont le Prince eternel ses esleuz recompance.
C'est à eux, c'est à eux, à parler de cecy.
C'est à ces Aigles là, qui d'vn œil esclarcy
Vont tousiours contemplans ce Soleil de iustice,
Et qui ont le Seigneur si bening & propice,
Que ia dés à present de son breuuage pur
Leur faict vn peu taster, pour arres du futur.
Le desir toutefois, que i'ay de satisfaire
A celuy qui souuent m'a sommé de ce faire,
Me faict encor vn coup ma foiblesse oublier,
Esperant que s'il veut le Seigneur supplier
De me prester faueur, & m'ayder de sa grace,
Legere il me rendra la charge que i'embrasse.
Or icy cognoissant quelle est ma pauureté,
A ceux i'auray recours qui iadis ont traicté
Vn pareil argument, & iettant crainte toute
Loing arriere de moy, tiendray la mesme route.
Dictes donc, ie vous prie, ô diuins seruiteurs,
Dictes dictes de grace, ô saincts explorateurs
Du lieu, dõt le Seigneur nous a faict la promesse,

Quelle en eſt la beauté, la grandeur, & richeſſe.
Et vous qui de Saba le regne en main auez,
Racomptez nous vn peu (car faire le pouuez)
Quelle eſt de Salomon la ſageſſe admirable,
Quel eſt ſon grand palais, & ſa royale table,
Quelle eſt auſſi ſa Cour, & quel ordre il y tient,
De quels plaiſirs auſſi les ſiens il entretient.
Car c'eſt vous qui du bout du monde eſtes partie
Pour en Iudee aller, apres eſtre aduertie
Combien en tout eſtoit ce Monarque excellent:
Et l'ayant par effect trouué ſi bien parlant,
Si ſage en ſes propos, ſa Cour ſi bien ornee,
Et ſi bien de tous poincts ſa famille ordonnee,
Voſtre eſprit demeura tellement eſbahy,
Que ſoudain fut de vous tout ſens eſuanouy.
Mais ſur tous cõpte nous, ô grãd Prĩce Aſſuere,
Quel eſt ce grand feſtin, & quelle auſſi la chere,
Qui ſe faict, non vn mois, ne deux, ou biẽ vn an,
Mais ſans aucune fin en la grande Suſan,
Où te plaiſt feſtoyer tes guerriers & tes Prin-
　　ces,
Et ceux qui ſagement ont regy tes prouinces.
Compte nous de Suſan, ta royale Cité,
La grandeur, les plaiſirs, la richeſſe & beauté.
Guide, ô Roy, tellemẽt, ô Dieu, la plume mienne,
Que du vray le ſentier à quitter ie ne vienne,
Et que rien ne ſe treuue en cet œuure preſent,

Qui soit à ton sainct nom fascheux & desplai-
  sant.

Descriptiõ
de la mai-
son cele-
ste.
Baruc.3.

Pfal.86.

Apoc.21.

Ia rauir ie me sens les esprits, tant i'admire
La beauté du palais dont parler ie desire,
Et garder ne me puis de crier en ce lieu,
O heureux Israël, ô que grande de Dieu
Est la saincte maison! o que sont glorieuses,
O que sur toutes sont les choses merueilleuses,
Qui sont dictes de toy, belle & saincte cité
Du Roy de l'vniuers! O quelle est ta clarté,
Qui iamais ne se perd! quelle est ton abondance!
Douze portes tu as belles par excellence,
Trois en as du Leuant, trois du costé du Nort,
Trois tirant au Midy, trois où le Soleil sort.
Au surplus tout autant as tu de latitude,
Qu'en hauteur tu côtiens, & mesme en lõgitude.
Car de quelque costé que quelcun te prendra,
De stades douze mille à trouuer ne faudra.
Ton mur est tout de Iaspe, & sa hauteur est telle,
Que toute autre hauteur n'est rië au prix d'icelle.
Et si ne faut douter aucuns renuersemens,
Ayant pour son appuy douze gros fondemens,
Qui tous de pierres sont en prix inestimables,
Et dont oncq Indien ne verra de semblables.
Et quant à toy, tu n'es de pierre ou vil metal,
Mais d'vn or le plus fin, & clair côme Crystal.
En ton enclos ny a ruë aucune ne place,

Qui d'or toute ne soit,& le verre n'efface.
De tẽple il ne faut point rechercher dedans toy.
Car de temple te sert pour iamais ce grand Roy.
Besoing n'as de Soleil,pour iouyr de lumicre,
Ou des rays de la Lune, affin qu'elle t'esclaire.
Lieu de Soleil te tient la gloire du Seigneur,
Et de lampe te sert de l'Aigneau la lueur.
O heureuse maison ! ô cité differente
Des citez d'icy bas,autant qu'en es distante!
En toy rien de pollu,rien d'ord ne peut entrer.	Apocal. 21.
En toy rien de vilain ne se peut rencontrer.
Ne de neige tu n'es,ne de gresle batuë,
Ne de vents furieux.icy le chaud nous tuë,
Icy le froid aussi:non chez toy.car en toy
Tout est paisible & doux,tout trãquille & tout
	quoy.
Chez toy nul ne s'employe au labeur de la terre,
A cultiuer la vigne,ou tailler de la pierre,
Affin d'edifier:car icy le besoing
Est cil qui de cecy nous contraint auoir soing:
Et besoing n'a chez toy nul lieu.car abondance
Faict quitter pour iamais la place à l'indigence,
Et la chasse plus loing que ne faict le Soleil,
Razãt nostre horizon, la nuict ayme-sommeil.
A toy pleur ne regret,ne tristesse n'aborde,
De toy pour tout iamais est loing toute discorde,
Toute noise & debat.car où est charité,

Là ces pestes n'y ont d'entrer la liberté.
De toy pour tout iamais la peur est exilee,
De toy toute querelle & guerre est reculee.
En toy n'ont lieu soucis, ne trauaux, ne sueurs.
Chez toy l'entree est close à fieures & douleurs.
Chez toy l'ambition n'a place, ne l'enuie,
Ny les autres bourreaux, dont icy nostre vie
A toute heure reçoit mille & mille esguillons.
Loing est la pauureté de tes beaux pauillons.
Chez toy la famine est & la soif incognuë.
Chez toy la porte est close à vieillesse chenuë.
Chez toy finablement à la cruelle mort
Par le Dieu tout-puissant est fermé tout apport.
Mais quoy? cecy n'est rien que razer le riuage,
Laissant la pleine mer, ou par le seul ombrage
Louer vne peincture, & nõ par les beaux traicts,
Qu'vn peintre industrieux faict voir en ses por-
        traicts.

Ce n'est as- *Car de vouloir louer le manoir Empyrique,*
sez de louer *Pour ne sentir du mal nul assaut qui le pique,*
la vie des
bienheu- *C'est autant que louer par l'ongle le Lyon,*
reux par *Ou d'vn riche Palais faire description*
l'exemptiõ *Par cela seulement qu'au dehors il presente.*
des mise- *Ne suffist que de mal soit à iamais exempte*
res. *La celeste maison, faut plus outre marcher.*
Autrement qui voudroit icy son pied ficher,
Sans aussi de ses biens vouloir faire ouuerture,

Chanter le pourroit on semblable à Epicure,
Qui disoit des humains en cela l'heur gesir,
Que ny mal ne douleur ne vint à les saisir.
Ainsi l'heur luy estoit plus tost vne indolence,
Que non auoir du bien heureuse iouyssance.
Disons donc quelque peu des plaisirs, que cõçoit
Celuy que le Seigneur en son palais reçoit.
Car de penser tout dire, est autant que s'attendre
D'enclorre en vn vaisseau la mer, ou entrepren-
   dre
D'empongner d'vne main tout ce grãd Vniuers.
Cela passe la force & de prose, & de vers,
Cela passe tout nombre, & fuit toute mesure.
Cela ne peut tomber en humaine nature.
Si tost que de ce corps le iuste est deschargé,
Et cet exil amer au ciel a eschangé,
Soudain marche au deuãt, pour luy faire caresse,
La troupe des heureux, & pleine d'alegresse
Se met à l'embrasser, & chanter ses combats,
Comme ayant brauement ce Dragon porté bas,
Ce Dragõ qui taschoit par force & par cautelle,
De le precipiter en la peine eternelle.
Par eux est enapres au throsne presenté,
Où du Monarque sied la saincte Maiesté.
Lequel tout aussi tost d'vne face riante
Commence à caresser cette ame triomphante,
Luy tenant tel propos, Vien, ma colombe, vien,   Cant. 2.

Vien vien ma toute-belle, entre en ce palais mien.
L'hyuer est ia passé, du froid & de la glace
Ia plus à toy ce n'est à douter la menace.
Pour toy maintenant est du printemps la saison.
Apres tant de labeurs & de maux, c'est raison
Que de mes biens aussi tu face experience,
Et reçoiue à iamais le fruict de ta semence.
Pour les plaisirs mondains, qu'as pour moy re-
iettez,
Par moy te sont du ciel les plaisirs arrestez.
Au lieu de tant de pleurs, & larmes espandues,
Te sont de ma maison les delices rendues:
3.Reg.10. Dont telle est la grandeur, que diras pour certain,
Qu'en ta teste iamais n'est entré le centain,
Et qu'en terre n'en as iamais tant ouy dire,
Que sans fin en verras en mon celeste Empire,
Dont ie veux que tu sois à iamais possesseur.
O Dieu, que cette voix apporte de douceur
A l'esprit bienheureux, & combien le recree
De son trescher espoux la parole sucree!
Combien Combien luy semble adonc le temps qu'il a seruy
douce est Pour la belle Rachel, dont il estoit rauy,
la beatitu- Auoir esté peu long: & pour telle victoire,
de apres les
trauaux. Qui tel honneur luy cause, & tel cõble de gloire,
Gen.29. Combien court tout le temps où il a combatu,
Combien doux & plaisant le fruict de la vertu,
Quoy qu'il en ait trouué les racines ameres!

O que

O que luy semble doux de fermer les paupieres,
Apres auoir veillé par tant & tant de nuicts !
Combiẽ doux les plaisirs apres pleurs & ennuys,
Combien doux le serain apres vn grand orage!
Combiẽ douce luy est la fraischeur de l'ombrage
Apres vn chaut midy ! combien doux le repos,
Apres auoir porté le harnois sur le dos!
Ia peut bien le guerrier au croc pendre ses ar-
　mes :

Plus douter ne luy faut de Sathan les alarmes.
Il est monté si haut, que de le deceuoir
Ia plus n'a le Serpent ny moyen ny pouuoir.
Qui faict que tout ainsi que Sampson l'inuin-　Iudic.14.
　cible,

Apres auoir occis vn Lyon treshorrible,　　　　La souue-
Quand sur luy du depuis il vint ietter ses yeux,　nance des
En sa bouche trouua du miel fort doucereux:　　trauaux paf
Ainsi quand le guerrier viuement considere　　sez est m er
Combien luy a esté de Dieu l'aide prospere,　　ueilleuse-
Ayant brisé souz luy l'effort de ce Lyon,　　　mẽt douce
D'vn plaisir merueilleux il a fruition:　　　　aux bien-
Et vient dire tout haut, Si la grace diuine　　heureux.
N'eust brisé sous mes pieds la fureur leonine,　Rom.16.
C'estoit faict que de moy. car la proye eusse esté
De ce fier ennemy, qui plein de cruauté　　　　Psal.123.
Cherchoit de toutes parts ma mort, & miserable
Au fond eusse habité d'enfer insatiable.

Q

Iamais ie n'euſſe peu tant de rets euiter,
Iamais tant de moyens, que ſçauoit inuenter
Ce ſubtil ennemy. c'eſt bien choſe certaine,
Que tombé pour iamais ie fuſſe en meſme peine,
Que tant & tãt qui ſont maintenãt en tourmẽt,
Sans pouuoir eſperer iamais allegement.
O quel plaiſir il a, quand ainſi ſe recorde
Comment de l'Eternel par la miſericorde
En ce nombre petit ſe voit eſtre enroulé,
Qui eſt à tant de biens & tant d'heur appellé!
Et voyez comme tout à ſon bien coopere.
Meſme luy vient plaiſir de la triſte miſere,

Les bien-heureux ſe reſiouiſsẽt de la peine des Re-prouuez.

Où ſont les Reprouuez. car lors eſtãt conioinĒt
Au vouloir du grand Dieu ſon vouloir de tout
     poinĒt,
Pour le zele qu'il a que iuſtice ſ'exerce,
Luy eſt plaiſir de voir que la tourbe peruerſe,
Qui tant ſe deleĒtoit en ſon iniquité,
En vienne à receuoir le loyer merité.
Et comme eſtoit des bons la vertu deſpriſee
Par elle, & luy tournoit leur douleur en riſee,

Pſal. 57.

De meſme il ſ'eſiouyſt de la voir en tel rang,
Et ſa main innocente il baigne dans ſon ſang.
Que ſi meſme d'enfer ioye au iuſte redonde,

Les bien-heureux verrõt tout l'vniuers

Que ſera-ce de voir d'vn clin d'œil tout le mõde,
Non tel que maintenant, mais tout renouuellé?
Que ſera-ce de voir ce beau ciel eſtoillé,

Et tous les autres cieux, dont la lueur presente
En lueur changera cent fois plus excellente?
Les voir ia pour iamais exempts de mouuement?
Que sera-ce de voir le terrestre element
Aussi clair que crystal, aussi plain qu'vne table?
Voir l'air de foudre exempt, de tonnerre effroya-
    ble,
De neige & de frimats, de gresles & de vent,
Dont icy nous sentons la fureur si souuent?
Voir l'eau purifice, & le feu tout de mesme,
Duquel par le vouloir du Monarque supresme,
L'ardeur de la clarté viendra se separer,
Pour aller les meschans en enfer deuorer:
Et la belle lueur auront pour leur partage,
Ceux qui seront du ciel admis en l'heritage?
O quel plaisir alors on les verra sentir,
Quand la terre ils verrõt, où leur ont faiçt patir
Les meschans Reprouuez, tant & tant de mi-
    seres,
Leur ont faiçt distiller tant de larmes ameres!
Quel plaisir leur sera voir les globes des cieux,
La Lune & le Soleil, cent fois plus radieux,
Qu'icy ne les voyons? Si iadis vn Euclide,
Vn Ptolomee aussi, de sçauoir tant cupide,
En leur Mathematique ont eu tant de plaisir,
Que le cœur ils n'auoient espris d'autre desir,
O Dieu, de quel plaisir apporte iouyssance

Q ij

renouuel-
lé.

Basil.in
Psal.28.

Aux Esleuz de cecy la parfaicte science!
Mais quoy que soit en soy ce plaisir icy grand,
C'est bien peu toutefois, s'on va le comparant
Auecques ce qu'il faut qu'encore ie deduise.

2.Cor.3.　*Car ainsi que iadis la gloire de Moyse,*
Bien que grande elle fust, & claire de sa part,
C'estoit peu toutefois, voire vn rien, au regard
De celle qui prouient de la Loy plus recente,
Qui sans comparaison plus qu'elle est excellente:
Ainsi ce que i'ay dict des plaisirs iusqu'icy,
Que sent la troupe heureuse, est du tout obscurcy
Par ce qui suit apres. Sus, de cœur magnanime
Mōter dōc il me faut d'Horeb iusque à la cime.
Mais que dy-ie d'vn cœur magnanime et hardy?
Las ainsi ne faut il aller à l'estourdy:

Matth.17.　*Ains plus tost de grād peur, ainsi que feit sainct*
　　　　Pierre,
Sur ma face tomber tout à plat contre terre,
De peur que tout soudaĩ, pour trop me rehausser,
Ne me vienne de Dieu la gloire à terrasser.

3.Reg.10.　*Disons donc ce que dist cette bonne Princesse,*
Voyant de Salomon la grandeur & sagesse:
O ceux là tres heureux, en qui tant tu te plais,
Qu'assister deuant toy les faire en ton palais!
Heureux, et si heureux, qu'à tel heur biē depeĩdre,
Nulle langue ne peut, ne nul esprit atteindre.
Car qui pourroit iamais exprimer le grand heur,

Qu'eſt de voir clairement la beauté du Seigneur? Impoſsible
Si noſtre œil icy bas reçoit vn ſi grand aiſe,
Voyant vne beauté qui ſur toutes luy plaiſe:
Si tant il ſy deleɛte, & tant y eſt fiché,
Que de là nullement ne peut eſtre arraché:
Si de chanſon ouyr, qui ſoit bien accordante,
Tant ſe plaiſt icy bas noſtre oreille & contente:
Si à tous autres ſens de grand ioye eſt ſubieɛt,
Quand à eux ſe preſente vn aggreable obieɛt,
Las las, où eſt celuy tant appris à bien dire,
Qui peuſt, voires euſt il mille langues, ſuffire
A declarer au vray le plaiſir qui reuient
De celuy voir en face, en qui tout bien ſe tient.
Auſsi n'eſt ſans raiſon, que ce grand perſonnage,
Qui tira les enfans d'Iſraël de ſeruage,
Ayant veu le Seigneur au buiſſon flamboyant,
Se diſt eſtre à parler tardif & begayant:
Pour de là nous monſtrer par doɛtrine tacite,
Que voir Dieu tel plaiſir au fond du cœur excite;
Que par experience il peut bien eſtre pris,
Mais non pas de parole & doɛtrine eſtre appris.
Gouſter gouſter il faut ce plaiſir indicible:
Autrement de ſçauoir quel il eſt, n'eſt poſsible,
Ne l'heur que c'eſt à l'ame, & la felicité,
De voir à tout iamais vne telle beauté,
Que toutes les beautez du monde ramaſſees,
Laideurs ſe trouueroient, contre elle balancees.

Impoſsible
eſt d'expli-
quer quelle
gloire c'eſt
que de voir
Dieu.

Exod. 4.

Q iij

O heureuse maison! ô lieu soulacieux!
O cent fois & cent fois heureux, ô demidieux,
A qui par le Seigneur est faicte cette grace,
Qu'à toute eternité voir sa diuine face!

1.Io.3. Demidieux ie les dy: car il leur faut auoir
La semblance diuine, affin qu'ils puissent voir
Le Seigneur tel qu'il est. Et de mesme maniere

Similitude d'vn fer es-chauffé & des bien-heureux. Qu'vn fer vient à quitter sa nature premiere,
Le iettant en la flamme, & tant à s'eschauffer,
Qu'il commence à tenir plus du feu que du fer:
Ainsi des bïenheureux la troupe à Dieu treschere,
Pour iamais du Seigneur son regard ne distraire,
Ains auoir son esprit en luy tout arresté,
Vne espece en conçoit de la diuinité.

Autre simi-litude ten-dant à mes-me but. Ou bien ainsi que l'air, de brouillats estant möde,
Et frappant dessus luy le grand œil de ce monde,
Vient à se transformer en pareille lueur:
Ainsi des bïenheureux pour estre en Dieu le cœur
Fiché totalement, & d'œil non variable
Le voir, en sont imbuz de lumiere semblable.
O saincte vision! ô sommet de tous biens!
O Dieu, que richement tu guerdonnes les tiens!

Io.17. Car te voir, & de toy iouyr, & te cognoistre,
C'est le bien le plus grand, qui l'esprit peut re-paistre,

Matth.13. C'est la perle de prix, c'est ce thresor caché,
Pour lequel emporter ne doit estre fasché

Le prouide marchant, & remply de sagesse,
De quitter ses escus & toute sa richesse.
C'est ce bien excellent, contre qui comparé
Tout autre biẽ n'est rien, qu'vn mal tresasseuré,
Tout plaisir est ennuy, tout heur pure misere.
En laideur la beauté se tourne & degenere,
En labeur le repos, en prison liberté,
Et la claire lueur en triste obscurité.
C'est ce biẽ, que voulant Dieu mõstrer à Moyse,   Exod.33.
Luy dist, Seruiteur mien, que tant ie fauorise,
Qu'à toy me demõstrer, tien cecy pour tout vray,
Qu'à toy me demonstrant, tout bien te monstre-
    ray.
C'est ce bien tresheureux, auquel les bõs aspirẽt:
Pour auquel paruenir, iour & nuiɛt ils souspi-
    rent,
Le desirans ainsi, que faiɛt vn Cerf les eaux,   Psal.41.
Quand il a longuement souffert de durs assaux.
Aussi sçauent ils bien que leurs ames ne peuuent
Estancher leur grand soif, que premier ne s'ab-
    breuuent
Dedans ce grand torrent d'eternelle douceur,
En voyant à iamais la gloire du Seigneur.
Là leur contentement, là gist leur suffisance.
Là ils trouuẽt de bien & d'heur toute abondãce.
Soit qu'ils ayment richesse, ou gloire, ou grand
    pouuoir,

Q iiÿ

Dieu est toutes cho-
ses aux biê-
heureux.

Ou sageſſe,ou plaiſir,ou bien repos auoir,
Dieu leur eſt tout cela.Dieu leur eſt la fontaine,
Où l'eſprit de tout bien ſ'abbreuue à longue ha-
    laine:
Et en beuuant touſiours,touſiours eſt alteré.

Aug. tract.
in Pſal.85.
& Greg.

Car touſiours iouyſſant,touſiours eſt attiré
D'vn deſir de iouyr de douceur tant aymee.
Non ainſi qu'icy bas,où cher eſt eſtimee
Cette felicité,qu'en main nous ne tenons:
Mais ſi toſt qu'en iouyr vne fois nous venons,
Elle tourne en degouſt,& plus n'en faiſons com-
    pte.
Là là c'eſt autrement.car la douceur eſt prompte,
Et le deſir qu'ils ont,ne leur cauſe tourment,
D'autant que le iouyr le ſuit preſentement.
Le iouyr d'autre part deſdain ne leur apporte,
Attendu qu'au deſdain le deſir cloſt la porte.
Las qui pourroit auſſi iamais eſtre laſſé
De voir ce bien,par qui tout bien eſt ſurpaſſé,
Et gouſter du nectar la douceur ſouueraine,
Non en petits ruiſſeaux,ainçois en ſa fontaine!
Si meſme icy le gouſt d'vn rayon bien petit,
Cauſe au cœur des Eſleuz vn ſi grand appetit,

1.Reg.14.

Et comme à Ionathas leurs yeux tant illumine:
Si voire vn ſimple gouſt de la douceur diuine
Senty par vn moment eſt de telle vertu,
Que le corps demeurant pour vn temps deſueſtu

De force & de tout sens, l'esprit comme à deliure
D'vn tel plaisir alors se repaist & s'enyure,
Qu'en estant tout de soy distraict & transporté,
Ne sçait si ce qu'il sent, est songe ou verité:
Las quel entendement pourroit si bien s'estendre,
Que tel bien, & soulas & tel aise comprendre,
Que sent l'esprit au ciel, voyant & iouyssant
De son Dieu, de son Roy, son Seigneur tout puis-
    sant!

Dy moy, si tu venois à voir vn personnage,
Dont si beau fust le teinct, & si beau le visage, quel plaisir
Que comparer à luy Nereus ne peust on, c'est que
Ne Narcissus aussi, n'Adonis, n'Absalon, voir Dieu.
Et qui eust de surcroist la force & la vaillance
De ce braue Sampson, aussi la sapience
Dont le fils de Dauid estoit si bien orné,
Qu'onque homme ne peut estre à luy parangõné,
Et si outre cela son ame estoit remplie
Des plus belles vertus, dy moy ie te supplie,
De quelle affection courrois tu pour le voir,
Toutes choses quittant, pour vn tel bien auoir?
Si donc pour bien finy d'vne chose creée
Ton ame ainsi seroit icy bas recreée,
Quel plaisir est celuy, que sent l'esprit heureux,
Contemplant le Seigneur en la voute des cieux,
En qui ne sont finiz, comme en la creature,
Ces biẽs là, mais exempts de borne & de mesure?

Quel plai-
fir vient à
l'ame de la
claire vifiõ
de la Trini-
té.

Quel plaifir eſt-ce à l'ame, & quel contentemẽt,
Quand cognoiſtre elle vient nõ plus obſcuremẽt,
Ainſi qu'icy ſouloit, quãd cloſe & priſonniere
Elle eſtoit, ne voyant qu'vn bien peu de lumiere,
Mais ia tout clairement, & ſans difficulté,
Le myſtere ſi grand de ſaincte Trinité?
Quand tout à deſcouuert elle vient à cõprendre,
Comme eternellement le Pere vn Fils engendre,
Cõment de luy procede, et du Fils l'Eſprit ſainct?
O quel eſt le plaiſir, dont l'eſprit eſt atteinct,
Quand la foy ſe tournant en veuë & cognoiſ-
    ſance,
Il ſçait comme les trois ne ſont qu'vn en eſſence,
En pouuoir, en grandeur, en domination,
Et qu'entre-eux il n'y a nulle diſtinction,
Sinon pour le regard de la ſeule hypoſtaſe.
En quel plaiſir eſt-il alors, en quell' extaſe,
D'vn myſtere ſi grand ayant l'entier ſçauoir,
Qu'il ne voyoit icy qu'au trauers d'vn miroir?
Mais las arreſte toy, Muſe mienne, & retarde
Ta courſe impetueuſe, & te donne de garde
De paſſer plus auant, de peur de te noyer:

Ezech. 47. Car tu plonge au torrent, que nul ne peut gayer.
Tu es en ce torrent, où quiconque ſe fourre,
D'vn tel danger n'y a qui le puiſſe recourre.
Ne ſçais tu que celuy, qui voit trop fermement
Le Soleil, en deuient aueugle entierement,

Et pour trop se forcer qu'on se priue de force?
Vien donc à rabaisser ton vol, & ne t'efforce
De declarer icy ce qu'au cœur pur & net
Le Dieu de l'vniuers garde en son cabinet,
Et que les Cherubins auec leurs sainctes ailes
Ne permettent de voir à nos faces mortelles.

Parlons donc maintenant de la grand' volupté,
Que cause aux bien-heureux de Christ l'huma-
    nité.
Car apres le plaisir, que de Dieu leur enfante
La claire vision, tout soudain se presente
La saincte humanité de Christ: mais quellement?
O Dieu, qu'elle apparoist aux Saincts bien autre-
    ment
Qu'icy, quand il estoit faisant sa demeurance!
Ou bien quand pour ouurer l'humaine deliurāce,
Apres auoir souffert tant & tant de douleurs,
En la croix il fut faict compagnon de voleurs.
Car alors il estoit si desfaict de visage,
Et si desfiguré, que d'vn homme l'image
A peine en luy pouuoit quelcun apperceuoir.
Tant difforme il estoit, & tant piteux à voir,
Et tant l'auoit du tout changé la peine dure,
Qu'à voir on l'eust iugé d'vn Lepreux la figure.
Mais d'autant que pour nous il s'estoit abbaissé,
D'autant est il aussi maintenant rehaussé,
Et d'autant en grandeur les Anges il precede,

Esa. 6.

Le plaisir
que l'huma
nité de Ie-
sus Christ
apporte
aux biéheu-
reux.

Esa. 53.

Philip. 1.

Heb.1. Qu'vn nom plus glorieux & plus grãd il possede.
O quel heur est de voir ce grand Prestre habillé,
Zach.3. Non ia comme autrefois, d'vn vestement souillé,
Mais d'vn riche ornement ! combien est chose
    heureuse
Luy voir porter en chef non couronne espineuse,
Mais bien estre de gloire, & d'honneur courõné,
Et d'esprits angeliqs le voir enuironné!
Quel plaisir est de voir ce corps, dõt est plus clere
Cent fois que le Soleil, & cent fois la lumiere?
De voir ces cinq endroits, de clous outrepercez,
Luysans plus qu'vn milier de Soleils amassez?
Que diray-ie de l'ame, & la gloire excellente,
Qu'elle a, pour estre plus de Dieu participante,
Et pour iouyr de luy trop plus parfaictement,
Que nul des Citoyens de ce grand Firmament?
Qui pourroit exprimer la gloire de cette ame?
Nullement ie ne puis me tenir que n'exclame,
O heureuse cent fois, & cent la nation,
Qui a pour tout iamais de Christ fruition,
O heureuse la gent, qui voit cette nature,
Qui tant à faict de bien à toute creature!
Qui voit ce beau des beaux, & dõt toute beauté
Psal.44. A pris commencement. O heureuse cité,
Où de tel bien on a parfaicte iouyssance!
Car si mesmes icy telle estoit sa puissance,
Et si douce l'odeur, qu'à combats dangereux

Ne feignoient s'exposer les guerriers genereux,
Pluſtoſt aymans mourir de morts les plus cruel-
    les,
Que quitter ſon amour, & luy eſtre infideles:
Si plus cher ils auoient de ſentir d'vn Lyon,
Ou d'vn Tygre la dent, & toute affliction,
Que des perſecuteurs la rage tyrannique
Cōtre-eux mettre ſouloit en vſage & prattique,
Que de luy ſe diſtraire, & laiſſer ſon party:
Si plus doux leur eſtoit d'auoir pour luy ſenty,
Ou la faim, ou la ſoif, le chaud ou la froidure,
Ou des bourreaux cruels tout outrage & iniure,
Que iouyr des plaiſirs, que le monde à monceaux
Venoit à leur offrir, pour pipper leurs cerueaux,
Et leur faire à iamais de ſalut faire perte:
Las qui pourroit auoir la langue ſi diſerte,
Que d'exprimer au vif ce plaiſir & cet heur,
Où ils ſont maintenant, en voyāt leur Seigneur!
Si n'en voyans icy qu'vne ſeule ſcintille,
Iour & nuict ont marché par chemin difficile,
Ont apres luy couru touſiours ſi viſtement,
Ne ſentans que l'odeur de ſon accouſtrement,
Par là coniecturer peut on en quelque ſorte   Cant. I.
Le grand contentement , & l'heur que leur ap-
    porte
De voir ce grand Soleil en ſa pleine clarté,
Et iouyr tout à plein d'vne telle beauté.

Larecorda-
tiõ des biẽs
receuz par
Iefuchrift,
eft merueil-
leufement
douce aux
bien-heu-
reux.

Et qui leur caufe encor' de plaifir accroiffance,
C'eft des biens excellens auoïr la fouuenance,
Qu'ils ont receu de Chrift: car fon tourment fouf-
fert
Leur a de Paradis à tous la porte ouuert.
C'eft par luy qu'ils ont eu fur Sathã la victoire,
Par luy qu'ils ont obtins la couronne de gloire.
Sans luy vain euft efté leur effort & labeur,
Ny ne fuffent iamais fortiz à leur honneur
Du combat perilleux, & d'importance telle,
Qu'il y va de la vie, ou de mort eternelle.

Eccle.9.
Sans le fe-
cours de
Dieu tout
labeur eft
inutile.

Car ce n'eft ne des pieds eftre prompt & leger,
Ny la vertu du bras, qui tire du danger,
Ne qui force vne brefche, ou gaigne vne bataille.
De garder vne ville en vain on fe trauaille,
En vain de la munir, de luy faire ramparts,
En vain de luy dreffer des flancs de toutes parts.

Pfal.126.

Rien du tout n'eft cecy, finon peine perduë,
Si la main du Seigneur n'eft pour elle eftenduë.
En vain pour elle marche & fe veut hazarder

Naz. in
diftich.Iãb.

Le foldat, s'il ne plaift au Seigneur la garder.
Le Seigneur nous aydant, toute chofe eft facile.
Retirant fa faueur, nul labeur n'eft vtile.
Sans fruict eft tout effort, rien ne fert de plan-
ter,
Rien d'arroufer auffi, s'il ne veut augmenter
Et benir ton labeur, c'eft bien pour affeurance,

Que fruſtré te verras de ta vaine eſperance.
Parquoy quand des Eleus le troupeau bienheu-
   reux
Vient à conſiderer, que d'eux tant amoureux
A eſté le Seigneur, que ſe faire leur frere,
Et prẽdre humaine chair, pour chaſſer leur miſere:
Quand il vient à penſer le danger eminant,
Dont par luy ſe cognoiſt eſtre exempt mainte-
   nant:
Quand les dons & preſens il ſe met en memoire,
Qui luy ont faiƈt auoir ſur la chair la victoire,
Sur le monde & Sathan, trois ſi forts ennemis,
Que la faueur de Dieu ſous les pieds luy a mis:
Et quand finablement luy entre en la penſee,
Quel heur luy eſt là haut, quelle gloire amaſſee,
Et qu'il a tout cela par la grace & faueur
De ſon Roy, ſon Seigneur, ſon vnique Sauueur,
O combien luy eſt doux, & combien deleƈtable,
De voir & contempler cette face amiable!
Il n'eſt poſſible à nul, tant ſçeuſt rhetoriquer,
D'vn plaiſir ſi heureux la grandeur expliquer.
Que ſi quelcun icy me vient faire demande,
Quel eſt ce grand honneur, & la gloire ſi grande,
Qu'ont en ſoy les Eleuz, & auront à touſiours,
De cecy qu'il eſcoute vn ſommaire diſcours.
   Pour loyer de vertu la main treſliberale
De Dieu faiƈt trois preſens à l'ame treſloyale.

De la gloi-
re des ames
Eleuz.

1.Cor.13.

Car au lieu de la foy, qui en la region
Du ciel n'a point de lieu, la claire vision

Le premier
douaire de
l'ame.

Du Monarque luy est en premier assignee,
Et pour accoustrement à tousiours ordonnee.

Que c'est
que la rob-
be del'ame.

Qui est, affin d'vser icy de brefueté,
La gloire, ou sapience, ou bien vne clarté,
Qui l'informe si bien, qu'elle a la cognoissance
Et claire vision de la diuine essence.
Non qu'elle la cognoisse & voye entierement
(Car ny Ange ne peut, ny homme aucunement,
De l'essence diuine auoir la plenitude)
Mais autant que suffist pour sa beatitude,

Similitude
d'vne phio-
le & de l'a-
me biëheu-
reuse.
Zach.13.

Autant chascun en a: ny desir ne le tient
D'en auoir d'auantage, ains autant luy aduient,
Qu'il faict à la phiole, en qui estant infuse
Autant d'eau qu'elle en tient, le plus elle refuse.

Le second
douaire de
l'ame.

Le second que de Dieu l'esprit vient receuoir,
C'est la fruition: car au lieu de l'espoir
Succede le iouyr de la gloire esperee.
Et par ce grand present, l'ame est toute asseuree,
Que iamais ne perdra ce bien tant precieux.

Le tiers
douaire de
l'ame.

Le tiers don qui est faict par le Prince des cieux
A l'ame bien-heureuse, & de grande excellence,
C'est que d'amour luy est donné telle abondance
Enuers la Trinité, que la dilection
N'en peut plus desirer pour sa perfection.
Car parfaict est l'amour en la celeste ville,

Qui

Qui n'eſtoit icy bas qu'imparfaict & debile.
Le premier de ces dons parfaict l'entendement,
Le ſecond la memoire:auſſi finablement
Se rend la volonté par le tiers accomplie.
Par ce triple preſent l'ame eſt tant annoblie,
Qu'elle en conçoit ſoudain auec la Trinité
Par ce moyen heureux quelque conformité.
Du Fils par le premier,qui eſt la Sapience,
Elle vient conceuoir l'heureuſe reſſemblance.
Par la fruition,qui faict que le pouuoir
Alors entierement eſt egal au vouloir,
Au Pere tout-puiſſant elle eſt faicte ſemblable,
Et à l'Eſprit treſſainct par douceur charitable.
Encore outre cet heur & grand contentement,
Que reçoit de ces dons l'humain entendement,
De ſurcroiſt vient à l'ame vne ioye nouuelle,
Ses ſens interieurs eſtans parfaicts en elle.
Car cette faculté,qui giſt à deſirer,
Ceſſera pour iamais en elle d'operer.
Car où tout heur & bien , toute choſe plaiſante,
Inceſſamment à l'œil de l'eſprit ſe preſente,
Nul lieu n'a le deſir(icy parler ne faut
De plaiſirs ſenſuels:car ils font place en haut
A bien autres plaiſirs, & de telle excellence,
Qu'autant qu'y a du blanc au noir de difference,
Et du doux à l'amer,autant des ſenſuels
Eſt grand le different,& des ſpirituels:)

Les trois
puiſſances
de l'ame ſe
parfont aux
bien-heu-
reux.

R

De semblable façon la puissance de l'ame,
Qui d'ardeur de courroux souuent icy l'enflame,
Au ciel est en repos : car rien ne vient s'offrir
A elle de trop haut, où luy faille souffrir,
Aduisant le moyen d'en sortir, ou bien faire
Qu'elle puisse ranger sous pieds son aduersaire.
Quant à l'entendement, il est parfaict aussi,
En rien ne se sentant d'ignorance obscurcy.
Car voyant le Seigneur, il viët à tout cognoistre:
Luy vient & le passé tout soudain apparoistre,
Et le present aussi:i'entens s'il appartient
A son heur & soulas.car iamais il n'aduient
Qu'il face de peché & de peines espreuue,
Car là ne le peché ne douleur ne se treuue.
Or estant pour iamais l'esprit tant decoré,
Et de si beaux presens richement honoré,

Les douai- Voyons ores les dons que garde le Monarque
res du corps
glorifié. Au corps de ses Eleuz, à döner, quand la Parque
Apo. 20. De desmordre sa proye aura commandement.
Car outre que les sens, parfaicts entierement,
Auront en tous obiects vne ioye incroyable,
Encor' en auront ils vne autre esmerueillable,
Pour les quatre presens, dont le Seigneur alors
De ces esprits heureux reuestira le corps.

Le premier Par le premier present, de tout mal & iniure
douaire du
corps est Il viendra pour iamais euiter la poincture.
impassibili- Car au lieu qu'icy bas il souffre soif & faim,
té.

Il endure le chaud, & le froid inhumain,
Et de maux tant & tant , que dire il n'est possi-
	ble,
Alors on le verra du tout estre impassible.
L'autre don, qui attend en la saincte cité
Les corps des bien-heureux, est la subtilité.

Le second
douaire est
subtilité.

Dequoy procedera par grand metamorphose,
Que comme alors sera l'esprit en toute chose
Subiect à son Seigneur, ainsi le corps viendra
Obeyr à l'esprit, & du tout se rendra
Subiect à son vouloir, sans iamais contredire,
Ne resister iamais en rien à son empire.
Plus entre-eux n'y aura de noise ne discord,
Ny rien qui puisse rompre entre-eux vn bon ac-
	cord.

Le tiers don, de pesans, & si fort difficiles
A mouuoir, les rendra si prompts & si mobiles,
Qu'en tout lieu que voudra leur esprit demãder,
Le corps pareillement y sera sans tarder,

Le tiers dõ
du corps
glorifié, est
agilité.

Se prattiquant en eux ce que dict le Prophete,
Que ceux qui ont en Dieu l'esperance parfaite,
Changeront de vigueur , & , comme Aigles ai-
	lez,

Esa. 40.

Courront sans se trouuer recreuz ny acculez,
Et par tout, au moyen de leurs ailes nouuelles,
On les verra soudain courir comme estincelles,
En lieux qui sont peuplez de Iõcs et de Roseaux.

Le dernier Le quart, & qui les corps rēd à merueille beaux,
dō du corps Est le don de clarté : car ce qu'on voit au monde
glorifié, est Semer en deshonneur, là sus en-gloire abonde.
la clarté. Donc les corps des Eleuz, apres estre vne fois
1.Cor.15. Reioincts à leurs esprits, par la diuine voix,
Qui tout en vn moment fera rendre à la terre
Le depos corporel, qu'en son ventre elle serre,
Deuiendront parapres si clairs & glorieux,
Que plus clair ne sera le Soleil radieux :
Et verre icy n'y a de si grande excellence,
Ny crystal, que le corps ne passe en transparence :
Si bien qu'il n'aura membre, & dedans & de-
  hors,
Que tous les bien-heureux ne puissent voir alors.
Car les membres qui sont icy pour son seruice
A present ordonnez, lors n'auront tel office,
Ains venant à cesser toute necessité,
Seruiront à louer la saincte Trinité.
O Seigneur tout-puissant, ô douceur souueraine,
O supreme bonté, quelle est la langue humaine,
Qui pourroit declarer, tant fust grand son loisir,
Tant grand son bien parler, voire vn quart du
  plaisir,
Que sent le bien-heureux, quãd l'heur il cõsidere,
Où il est à present, & quand il le confere
A son estat premier, estant icy banny !
O quel est ce plaisir, que grand, voire infiny,

Que telle conference au fond du cœur luy porte,
Quand il voit que son ame, à qui guerre si forte
Iadis faire souloient diuerses passions,
Ià plus en soy ne sent nulles esmotions,
Ains plus coye cent fois, qu'en saison la pl° douce
Vn estang, ne sentant d'aucun vent la secousse,
Iouyst d'heureux repos, ne sentant reuolter
Sa chair encontre soy, mais en tout l'escouter:
Quand il voit combien sont du passé differentes
Les qualitez du corps des qualitez presentes:
Sçauoir est que le corps tant passible & grossier,
Et qui tant à l'esprit causoit de destourbier,
Et qui finablement estoit tout plein de honte,
A tel degré d'honneur & de gloire remonte,
Qu'il est faict impassible, & prompt semblable-
     ment,
Et rendu tressubtil, & clair extremement.
Encores ne faut il qu'vn autre aise i'oublie,
Qui l'heur des biē-heureux grandemēt multiplie.
C'est la belle assemblee & la felicité,
Que leur apporte à tous cette societé.
Car au ciel ce n'est pas ainsi qu'en cette vie,
Où la prosperité n'est iamais sans enuie,
Ains si tost qu'vn heur vient à quelcun arriuer,
Cent & cent aussi tost voit on presque creuer,
Tāt grād est le despit, qui leurs cœurs espninçōne.
Là c'est tout autremēt. car on n'y voit personne,

La societé
des bien-
heureux au
gmente de
beaucoup
leur felici-
té.

Qui dit le cœur marry, pour en voir qui d'hŏneur
Soient aßiz en degré plus haut, & lieu meilleur.

Enuie n'a Entre-eux est tel accord, telle amour mutuelle,
point de Qu'entrer ne peut iamais tel mal en leur ceruelle:
lieu entre Ains celuy qui de gloire & d'heur a plus grand
les biĕ-heu- part,
reux.
A ses inferieurs humain il en depart.
Celuy qui moins en a, n'en requiert d'auantage,
Et de l'heur s'esiouist, dont plus ample partage
Vn autre aura receu pour plus grande vertu:
Tant s'en faut qu'il en soit de tristesse abbatu.
O heureuse maison, ô seiour delectable,
Où regne vn tel accord, tant doux & amiable!
Là le frere enuieux de despit n'est rongé,
Quand son frere il voit estre en gloire auantagé,

Luc.15. Ou qu'il voit au Veau gras pour luy coupper la
gorge.
Nul ennuy pour cela, nul despit ne se forge:
Ains se met à louer le Roy de l'Vniuers,
Qui les rĕd tous cŏtens, quoy qu'en loyers diuers.
O heureuse maison, où telle est la concorde,
Que mieux vn bras du corps auec l'autre n'ac-
corde,
Que font ces citoyens, ny mieux aussi les yeux,
Dŏt l'vn ne peut tourner, qu'ils ne tournent tous
deux!

Psal.132. O grand plaisir que c'est, que c'est chose ioyeuse,

D'habiter tous en semble en concorde amoureuse!
O combien chascun sent son plaisir redoubler,
Quand viết à son plaisir l'heur de tous s'assẽbler!
Car autant que quelcun voit là d'autres reluire,
D'heurs et plaisirs nouueaux autãt sõt qu'il attire
Les voyãt tous si beaux, tous si pleins de clarté,
Tous heritiers de Dieu pour toute eternité,
Et sçachant au surplus que nul en cette bande
N'y a,qui ne luy porte vne amitié bien grande,
Et que iamais trouuer ne se pourra moyen,
Pour dissoudre d'amour vn si ferme lien.
Las ainsi n'est il pas en ce val de miscre,
Où d'amitié trouuer,qui soit ferme & sincere,
Et qui du Loup n'ait rien caché, ne du Regnard,
Plus parler il ne faut. Car tout est plein de fard,
Tout plein de fiction:le masque est bien encore
D'amour & charité,qui la face colore,
Affin par tel moyen de quelcun deceuoir:
Mais le suc & l'esprit ne se peut icy voir.
Amour a deslogé,detestant nostre vice,
Et au ciel a suyuy sa cousine Iustice,
Nous laissant par discords,par haines,par debas,
Et par guerres aussi consumer icy bas.
O sainct amour,helas,qui me donra des ailes,
Pour te suyure là haut,& voir ces troupes belles,
Qui s'aiment tellement,& dont la charité
Est si ferme & parfaicte enuers la Trinité!

R iiij

En ce mon
de il n'y a
point de
certaine a-
mitié.

Arat.In
phænom.&
Ouid.1.
Met.

Voir auſsi le bel ordre,& la police belle,
Que le Seigneur obſerue en ſa ville eternelle.
Car là n'eſtans de tous egales les vertus,
De meſme gloire auſsi ne ſont tous reueſtus.
Sa lueur le Soleil,ſa lueur a la Lune,
Et des autres flambeaux la lumiere n'eſt vne.
Plus haut ſont logez ceux,qui plus ont trauaillé,
Qui pour Chriſt de leur ſang ont la terre mouillé.
Plus haut ceux qui ont faict par leur ſaincte do-
 ctrine,
A la foy de maint peuple du cœur prẽdre racine,
Et par vſure ſaincte ont accreu grandement
Le talent, qu'ils auoient en charge & manimẽt,
Et iour & nuict ont faict au Faux mortelle
 guerre.
Plus haut auſsi le ſont,ceux qui viuans en terre,
Si haut ont eſtendu leur vol iuſques aux cieux,
Que comme Anges du ciel n'ont eſté ſoucieux
De nul plaiſir charnel, ains à tout mariage
Ont preferé de Chriſt l'amour & le ſeruage:
Et pour auoir du ciel les biens,qui ſont ſi grands,
Ont icy delaiſſé leurs biens & leurs parents,
Et ſe ſont retirez en triſte ſolitude,
Changeans leurs libertez en ſaincte ſeruitude.
O qu'auſsi bien logez ſont ceux,qui n'ont icy
D'amaſſer des eſcus & threſors eu ſoucy,
Où le larron les pille, où ils ſentent l'iniure

De la tigne, où le temps les tourne en pourriture:
Mais par les mains de ceux les ont ferrez là
　　haut,
Qu'ils ont d'vn cœur bening aidez en leur de-
　　faut!
Mais quand aurois-ie faict, ſi ie voulois deſcrire
Tous ceux qui ſont logez, fort bien en cet Em-
　　pire,
Et comblez de tous biens? là tous ſont biē logez,
Car quoy qu'ils ne ſoiēt tous en lieu meſme ran-
　　gez,
(Auſſi ne ſont de tous les merites ſemblables)
Neantmoins ils ſont tous en places honorables:
Et cil qui en la vigne eſt venu le dernier,
Ne laiſſe pour cela d'auoir meſme denier,
Que les premiers venuz, & qui les heures toutes
Du iour ont trauaillé, ſuans à groſſes gouttes.
Car tous ont du Seigneur l'heureuſe viſion,
En quoy de tout plaiſir giſt la perfection.
Car d'vn tel bien auoir iouyſſance eternelle,
C'eſt vn bien qui tout biē par ſa grādeur excelle.
Mais quant à ces biens là, qu'on nomme acci-
　　dentaux,
Le droict ne permet pas qu'en tous ils ſoient e-
　　gaux,
Et qu'autant ait celuy de gloire & recompenſe,
Dont n'a gueres paru la force & la vaillance,

Matth. 20.
Le denier
qui ſe dōne
à to⁹, eſt la
viſion de
Dieu.

Que ſainĉt Pierre, & ſainĉt Paul, & ſembla-
   bles guerriers,
Qui tant ont trauaillé par tãt d'ans tous entiers,
Et en fin,pour atteindre à ce riche heritage,
Au Seigneur ont porté par leur mort teſmoi-
   gnage.
Le droiĉt ne le veut pas,& la raiſon, qui là
Gouuerne & regiſt tout,ne conſent à cela.
Il faut,il faut,affin que l'ordre on ne confonde,
Que l'heureuſe moiſſon à la peine reſponde.
En quoy faut toutefois vne choſe noter,

C'eſt la cha C'eſt que tout œuure doit à l'amour rapporter:
rité qui De façon que celuy,qu'amour grand accõpagne,
faiĉt le prix Par deſſus vn plus grãd & plus aſpre le gaigne,
de toutes Si moĩdre amour y eſt.car c'eſt l'amour qui faiĉt
actions. Le prix, & qui le rẽd ou plus ou moins parfaiĉt

Pſal.109. Donc pour remettre ſus les ruïnes antiques
De la ſainĉte Salem,que les apoſtatiques
Et rebelles eſprits ont faiĉt,d'vn tel manoir
Venans à trebuſcher en lieu ſi triſte & noir,
Apres que du Seigneur la main induſtrieuſe

Les Eſleuz Par mainte aduerſité,mainte peine faſcheuſe,
ſõt les pier- Icy bas a poly,comme à coups de marteau,
resviues de Quelque pierre biẽ viue, & mis en beau carreau,
la celeſte (Car au ciel, où de paix eſt la place eternelle,
Hierrſalẽ. D'ouyr coups de marteau point il n'eſt de nou-
3.Reg.6.   uelle:)
& Gregor.
li.44.Mor.
cap.4.

Alors selon qu'elle est propre à tel fondement,
Il la met ou plus bas, ou bien plus hautement.
Les plus belles il met aux classes Cherubines,
Ou bien leur donne place entre les Seraphines.
Celles de moindre pris en tel lieu ne met pas,
Mais ẽ l'ordre Angelic, qui est vn peu plus bas.
Quant à celles qui sont de plus grosse matiere,
Ce grand ouùrier les loge en la classe derniere.
Brief, si bien il sçait tout reigler & disposer,
Que rien en tout n'y a que lon puisse accuser.
Car comme est de vertus vne ame accompagnee,
Aussi luy est au ciel sa demeure assignee.
Mais quoy, dira quelcun, en ce lieu tant heureux   Quels sont
N'y a il ne banquets, ne festins doucereux?   les bãquets
        celestes.
Ouy, certes, ouy, mais bien d'autre excellence,
Que ceux dont icy bas on faict experience.
Car si mesmes icy par vn miracle grand   Exod. 16.
Le peuple d'Israël, au desert demeurant,
Souloit estre nourry de liqueur tant diuine,
Qui du ciel distilloit, pour chasser sa famine:
Si ce peuple mutin, tant prompt à rebeller,
Et du Dieu tout-puissant les decrets violer,
Ce peuple tant ingrat, tant prõpt à faire eschãges
Du Monarque viuant à des faux & estranges,
De manne estoit repeu, qui tel goust receuoit,   Sap. 16.
Quel estoit le desir que le mangeur auoit,
Qui pourroit expliquer quelle est la feste grande,

Que ce Roy faict aux siês, & quelle est la viāde,
Quel le pain & le vin, que d'vn cœur tresioyeux

Gen.14.   Ce grand Melchisedech offre aux victorieux,
Retournans du combat, où ils ont mis en fuite
Et le monde, & le diable, & leur totale suite?
Heureux & tres heureux, qui apres le combat,
Au celeste Palais est tousiours en esbat,

Esther.1.   Assistant au festin, que ce grand Assuere
Faict en magnificence à sa troupe guerriere:

Gen.43.   Ou bien ce bon Ioseph à ses freres treschers.
Heureux & tres heureux, qui tiré des dangers,

Esa.25.   Est au banquet des gras, au festin de vendanges,
Où se presse le vin, qui resiouyst les Anges,

Iudic.9.   Resiouyst le Seigneur, & les hommes aussi.
Heureux & tres heureux, qui d'vn frōt esclarcy,
Apres tant de labeurs, tant de faim enduree,
Assiste à ce banquet d'eternelle duree,

Io.2.   Où l'eau d'affliction, & tourment douloureux,
Pour iamais est changee en vin tressauoureux.
Là craindre il ne faut point, qu'à la saincte co-
    horte
Le celeste aliment desdain en fin apporte,

Num.21.   Ainsi que feit iadis la diuine liqueur,
Qui vint aux Iuifs ingrats tourner à cōtrecœur.
Ne faut craindre cecy. Car desdain ne mōleste
Le cœur du bien-heureux en ce banquet celeste.
Tousiours il est en goust, en appetit tousiours.

Or penser toutefois ne faut pour ce discours,
Que du Dieu tout-puissant en la maison heu-
    reuse,
Pour le corps il y ait viande sauoureuse.
Car le corps vne fois immortel deuenu,
N'a besoing d'aliment pour estre entretenu.
C'est icy, pour garder son estre & sa nature,
Qu'à toute heure il luy faut fournir de nourri-
    ture:
Autrement il s'escoule, & vient se consumer,
Si par vn trop long temps on le laisse affamer.
Pourquoy donc si souuent en la diuine page
Est il faict mention de viande & bruuage,
Quand ce vient à parler du grand bien qui attĕd
Le troupeau bien-heureux, pour le rendre cõtent?
Las helas, de cecy la cause est toute prompte.
D'autãt que nostre esprit assez haut ne se mõte,
Pour vn plaisir si grãd pouuoir bien embrasser,
Le Seigneur tout bening veut à nous s'abbaisser,
Et par chose, qui est à nous tresfamiliere,
Nous faict cognoistre celle en aucune maniere,
Où nos sens ne pourroient grauir aucunement.
Ainsi par ce qu'au vray ne peut l'entendement
De tel bien & tel heur l'excellence comprendre,
Pour icy nous en faire aucune chose entendre,
Nous parle & de festins, & mets delicieux,
De boire & de manger, de lieux soulacieux,

Comment faut entendre ce rassasiemĕt des bien-heureux.

Pourquoy l'Escriture parle souuent de festins pour les biĕ-heureux.

Où apres la chaleur on prend le bel ombrage:
Nous parle de moisson, de miel & de laictage:
Nous parle de vedage, & de boire à lôgs traicts,
Et apres les assaux de nous asseoir en paix
Chascun sous son Figuier , sans plus auoir de
   crainte
De sentir à iamais de mal aucune attainte:
Affin par tel moyen que puißions conceuoir
En aucune façon, ce qu'esperons auoir,
Et par telle parole, & couuerte figure,
Venions d'vn plus grãd bien à tirer coniecture.
Außi qui par cela ne peut iuger soudain,
Combien du Dieu viuant la liberale main
Verse de biens là haut à sa troupe mignonne,
Puisque tant icy bas aux meschans il en donne?
Il leur donne des bois, des terres, & des eaux,
Des honneurs, des estats, des superbes chasteaux,
Santé, prosperité, fils & filles tref belles.
On n'oit en leurs maisõs ny procez, ny querelles.
Tous pleins sont leurs pressoirs , tous pleins sont
   leurs greniers,
De fruicts sõt tous courbez figuiers & oliuiers.
Que si de tant de biens ils ont telle abondance,
Ne cessans d'offenser la diuine ordonnance,
Ne cessans de iurer, yurogner, gourmander,
Piller l'vn, trõper l'autre, & tant se desborder,
Que d'oser du Seigneur blasmer la prouidence,

3.Reg.4.

Par les biês
que Dieu
donne icy
aux mes-
chans, on
peut conie-
cturer la
beatitude
des Eleuz.
Aug. tract.
in Psal.85.
Psal.143.

Voire mefme nier tout à plat fon effence,
Celuy n'eft il faify de grand aueuglement,
Qui par là ne peut voir, combien infiniment
Eft plus grand ce bien là, qu'à fa troupe loyale
Il donne à tout iamais en fa maifon royale?
Veux tu fçauoir en bref quel peut eftre cet heur?
C'eft luymefmes au vray, dont il eft le donneur.
C'eft la manne celefte, & de vertu fi forte,   Sap.16.
Que telle eft au gofier, que le gouft qu'on y porte.
C'eft le miel à la bouche, ou fi douceur penfer
Se peut, qui la douceur de miel vienne à paffer.
A l'œil il eft lumiere, à l'oreille harmonie,
Dont la douceur luy caufe vne ioye infinie.
Au nez il eft parfun, tel odeur refpandant,
Qu'icy n'y a parfun, qui luy foit refpondant.
Au toucher mefmement, par certaine influence,
Il apporte vn plaifir paffant toute eloquence.
Brief il eft tout à tout, & ne peut on fonger
Tant de biē & tāt d'heur, n'en l'efprit fe forger,
Que cent fois on n'en treuue, & cent fois d'a-
    uantage
En Dieu, mer de tous biens, au celefte heritage.
Bien va, bien va pour nous, que pēfer ne pouuōs
La grandeur des plaifirs, dont l'efpoir nous auōs.
Bien va, qu'encores moins le parler y aborde.
Bien va, que ta largeffe & ta mifericorde,
O Roy de l'Vniuers, furpaffe tout efcrit,

Toute humaine parole, & tout humain esprit,
Bon est, bon est pour nous de perdre la victoire,
Ceder à la grandeur de la celeste gloire,
Ployer sous vn tel fais. la perte icy vaut mieux
Que le gaing, & deuons auoir le cœur ioyeux,
De quoy sur les Eleuz tu sçais tant d'heur espã-
    dre,
Que ny langue ne peut, n'esprit icy comprendre.
Parquoy que le meschant, pour icy prosperer,
Ne se vienne pourtant aux iustes preferer,
Et tourner leurs labeurs en ris & mocquerie.

L'insolēce des mes-chans passe incontinēt. Psal. 36.

Le ris du meschant passe, & sa plaisanterie.
Il se rit & brocarde, & de rien ne luy chaut.
Il braue pour vn temps, & s'exalte si haut,
Que passer du Liban les grands Cedres il pense.
Mais ce n'est qu'vn torrent, qui passe en vio-
    lence,

Eccles. 7. & ibi Fe-rus.

Qu'vn fagot espineux, qui est fort esclairant,
Quand on viēt l'allumer, & faict vn bruit tres-
    grand:
Mais bien tost la matiere en estant consumee,
On voit du tout aller la lumiere en fumee.
Au contraire est des bons: rien n'y a si abiect
Ne si vil icy bas, n'à mespris si suiect,
Rien si calamiteux, rien si plein de misere.
Mais ayans acheué la presente carriere,
Lors succeder au mal vient la prosperité,

Qui

Qui s'estend puis apres à toute eternité,
Et les biens non tels quels, n'à ceux là compa-
  rables,
Dont iouissent icy les mondains miserables,
Mais d'vn pris si tresgrand, que pour les recou-
  urer,
Et pour vn si grand bien au gère humain ouurer,
Falloit que s'en meslast la diuine nature,
Ne bastant pour cecy la simple creature:
Falloit qu'hōme se feist le Verbe & fils de Dieu,
Affin de nous aider, & nous ouurir le lieu,
Que fermé nous auoïet, par leur mortelle offense,
Ceux dōt premier auiōs tiré source & naissance.
Encore icy faut bien noter songneusement,
Combien à Iesuchrist a cousté cherement
Tel bien à conquerir pour l'humaine lignee.
Par labeurs il nous a telle gloire gaignee,
Par faim, par froid, & chaud, par si bas se loger,
(Affin par tel moyen de nostre orgueil purger)
Que possible il n'estoit s'abbaisser d'auantage:
Par endurer brocards, endurer tout outrage,
Souffrir finablement, sans auoir offensé,
D'estre par les bourreaux de cloux outrepercé,
Et en croix attaché par la gent ennemie,
Et finir là ses iours auec grande infamie.
Las, quel est cet esprit tant lourd, tant hebeté,
Qui ne voit que iamais tant il n'eust supporté

La grādeur
de la beati-
tude se
peut conie-
cturer par
les dou-
leurs qu'a
souffert Ie-
suchrist
pour nous
l'acquerir.

S

De trauaux, de douleurs, vne mort si hontcuse,
S'il ne nous eust aimé d'vne amour merueilleusé,
Et si par tel moyen il ne nous eust acquis
Vn biē plus que tout biē heureux, & plus exquis?
Si mesme vn grād Seigneur et Prince de la terre,
Ne veut se tourmenter beaucoup, pour peu con-
*   querre:*

Prouerbe.   *Si fol est, comme on dict, qui iette vn ameçon*
D'or ou d'argent en l'eau pour auoir du poisson:
Si ce Prince deuroit à tous grande risee,
Qui pour auoir d'vn pré seulement la rosee,
Voudroit & sa personne, & ses biens hazarder,
Las qui croire pourroit, & se persuader,
Que du Prince eternel la saincte sapience
Eust tāt souffert pour biēs de peu de consequēce!
Non, non, ne le crois point: il faut pour tout cer-
*   tain*

Psal.44.   *Qu'vn tel biē soit de pris, & grād & souuerain,*
Pour lequel a fallu que la perle du monde
En beauté deuīt laid, plus qu'vn lepreux īmōde,
Et la mesme innocence enduraft à grand tort,
Apres tant de douleurs, vne cruelle mort.
Et quand tel argument n'aurions pour faire en-
*   tendre,*
Combien grand est le bien qu'au ciel nous faut
*   attendre,*
Encor' en pourroit on grand indice tirer,

Venant des gens de bien l'eſtat conſiderer,
Et penſer viuement les peines non vulgaires,
Qu'ont ſouffert les Martyrs de cœurs treſuolon-
　　taires,
Affin de paruenir aux celeſtes lauriers,
Dont Dieu couure le front de ſes braues guer-
　　riers.
N'ont ils pas enduré brocards & moqueries,
Et des perſecuteurs les ſanglantes furies?
N'ont ils pas à grãds coups de verge eſté foitez?
En obſcures priſons ſouuent eſté iettez?
N'ont ils pas de cailloux eu la teſte offenſee?
N'ont ils d'affliction eu leur ame preſſee?
Couru deça delà, veſtuz de viles peaux,　　　　Heb.11.
Errans par les deſerts, & par mõts & par vaux,
Contraints de ſe tapir (ô Dieu, quelle miſere!)
Dans le creux d'vn rocher, ou dans quelque taſ-
　　niere?
N'ont ils pas des Lyons eſté iettez aux dents?
N'ont ils pas cheminé ſur des charbons ardents?
N'ont ils auſſi paſſé par l'onglade ferree?
Leur à lon pas du corps la peau meſme tiree?
N'eſtoit il pas loué, qui plus pouuoit ſur eux
A toute heure inuenter de tourmẽs douloureux?
Et toutefois iamais n'ont peu tous ces Perilles
Trouuer vn tel tourment, qu'il peuſt rendre de-
　　biles

Les cœurs de ces guerriers, ou les faire estonner,
Tant fust grand le tourment qu'on vint à leur
  donner.
De quoy facile il est de faire coniecture,
Cõbien les biẽs sont grãds, & voire outre mesure,
Qu'ils ont à si haut pris & si cher achetez.
Mais que diray-ie encor' de tant d'authoritez,
Où l'Escriture saincte à voix haute nous chãte
De ces biens eternels la grandeur excellente?

Autre moyen pour cognoistre la felicité des bien-heu-reux.

Diray-ie la beauté, diray-ie l'ornement,
Que donne le Seigneur aux choses mesmement,
A qui l'ame defaut? cõment de beaux fueillages
Il orne tous les ans & forests & boscages?
Ou bien comme les champs, les herbes & les lis,
Arriuant le printemps, par luy sont embelliz:
Affin par tel moyen que tu puisse cognoistre,

Luc.12.

Que si Dieu sçait le lis tant beau faire paroistre,
S'il vest si richement le foin, qui est ce iour,
Et demain sans tarder se iette dans le four,
Combien cet heur est grand, duquel il remunere
Les labeurs vertueux de sa troupe treschere?

Par le rauissement extatiq; de plusieurs deuotes p-sonnes on peut conie cturer la grãdeur de la beatitu-de future.

Diray-ie en dernier lieu comment dés icy bas,
Les siens estans encor au milieu des combats,
Il leur donne par fois si grande esiouyssance
Au plus profond du cœur, qu'à peine ont ils puis-
  sance,
Pour la fragilité du corps, la digerer:

De façon que l'esprit se vient à transferer,
Et le corps demeurant par espace certaine
Sans sentir, sans mouuoir, & presque sans ha-
 laine,
Luy ce pendant iouyst d'vn plaisir le plus doux,
Qu'icy se peut sentir, au sein de son espoux?
Diray-ie vn tel plaisir (combien que de le dire,
C'est chose à quoy ne peut nulle langue suffire)
Affin par tel moyen que tu vienne iuger,
Et par vn tel plaisir aisément colliger,
Que si tant douce en est seulement vne goutte,
Combiē cēt fois plus douce est la fontaine toute?
Donc, ô maison heureuse, où tous les habitans
Viuent à tout iamais si heureux & contens!
Icy n'auons maison, ne certain habitacle.
Au soudard il ne sied auoir qu'vn tabernacle.
Au ciel est son manoir, au ciel est sa maison.
C'est là qu'est son païs: icy qu'est sa prison.
Les Roys ont bel auoir des places bien basties,
Et de meubles exquis richement assorties:
Beau leur Empire ils ont tous les iours dilater,
Et d'Empires nouueaux par armes l'augmenter:
Tousiours tousiours ils sont sans maison, sans
 patrie,
Quand du monde ils auroiēt l'entiere seigneurie.
Qui doubte que Dauid, ce Roy tant vertueux,
N'eust des logis tresgrāds & Palais somptueux?

Ce monde
n'est qu'vn
exil & pe-
regrinatiō.

Que sa Cour ne fust grande, & sa magnificence
Digne d'vn tel estat, & royale opulence?

Pfal.119.   Neantmoins à toute heure il pleure, & iette cris,
Ainsi que nous lisons en ses diuinsescrits,
Lamentant sa prison, & son pelerinage,
Dont la triste longueur le fasche & descourage,
Rien plus ne desirant, qu'en bref d'icy partir,
Et comme vn prisonnier de sa prison sortir.
Las aussi quel est l'heur de ces ames tressainctes,
Qui de diuin amour estans au vif attaintes,
De cet exil au ciel font vn eschangement,

Baruc.5.   Et iettans tout à plat de dœil le vestement,
Prenent leurs beaux habits, & sont en allegresse,
Voyans leur bel espoux, qui les baise & caresse!
O qu'heureux ie serois, si ayant de mes iours,
Et d'vn si triste exil paracheué le cours,
Ie pouuois aborder en lieu tant delectable,
Te voir, saincte cité, sur toutes desirable,
Voir tes murs, tes portaux, tes riches bastiments,
Ta gloire & ta clarté, tes saincts esbatemens,
Tant & tant de Martyrs, portans rouge liuree,
Qui pour l'ame auoir eu d'amour sainct enyuree,
Aux tourmens ont couru d'vn cœur trop plus
    gaillard,
Que ne faict aux escuz vn auare & chichard:
Voir tant de Confesseurs, portãs riche couronne,
Tant de Vierges aussi, dont la bouche resonne

Le los de l'Eternel, & sa grande bonté!
Quel plaisir me seroit de voir d'autre costé
Vn Enoch, vn Elie, & les autres Prophetes?
Voir aussi d'autre part ces diuines trompettes,
Qui la Loy de salut, de l'vn à l'autre bout
De la terre habitable ont respandu par tout.
Encor' outre cecy voir l'armee Angelique,
Desployant à toute heure vne douce musique,
Et ses hymnes ioignant, & cantiques ioyeux,
Aux autres citoyens, qui habitent és cieux.
O quel plaisir aussi i'aurois de voir la Mere
De celuy, que tout craint, tout adore, & reuere,
Cette Vierge sacree, & qui tant a receu
De faueur, que d'auoir en son ventre conceu
Celuy, dont la grădeur, ne mer, tắt fust profonde,
Ne pouuoit contenir, ne ciel, ne tout le monde!
O quel plaisir seroit à mon ame, & quel heur,
Voir de virginité cette excellente fleur,
Par qui plus a receu de bien l'humain lignage,
Que par Eue n'auoit de perte & de dommage!
Combien encore plus de voir cette clarté,
Et la gloire qui sort de la diuinité!
Voir aussi pour iamais cette face tant belle
De l'autheur de salut, & de vie eternelle.
O qu'heureux ie serois d'estre en cette maison,
Où l'hymne faict quitter la place à l'oraison!
Car où necessité n'a lieu, ny l'indigence,

S iiij

La visiõ de
la Vierge
est fort de-
lectable
aux bien-
heureux.

Ains de tous biens on a l'heureuse iouyssance,
Le prier n'a plus lieu. i'entens pour le regard
De ces esprits heureux, qui sont hors de hazard.

Priere des
Saicts pour
nous.

Car pour ceux là qui sont encor' en la tempeste,
Et peril de naufrage, ils font humble requeste.
O heureuse maison, où rien du tout n'y a,

Tob. 13.

Au lieu de tristes pleurs, qu'vn doux Alleluya!
O Palais tresheureux, ô chaste & pure vie,
Sans tristesse, sans mort, sans danger, sans enuie,
Sans trauail, sans douleur, sans fraude & fictiõ,
Sans trouble & changemẽt, sans nulle esmotion!
O seiour tresheureux, ô demeure sacree,
Maison de tout plaisir, & de paix asseuree,
De gloire & de tous biens, où lon voit clairemẽt
Le Dieu de l'Vniuers, & l'aimant ardemment,
Los sans iamais cesser on luy dõne & rẽd grace,
Pour vn heur si parfaict, & qui tout autre passe,
Et dõt, quoy qu'on escriue, ou qu'on puisse parler,
Si ne peut on iamais par escrit esgaler,
Ne par parole aussi la grandeur, qui est telle,
Que mesme du penser tout pouuoir elle excelle!

Remõstrã-
ce pour as-
pirer à la
beatitude
eternelle.
Chrysost.
hom. 4. in
1. ad Cor.

Vous donc, ô de ce monde aueugles amoureux,
Et des plaisirs lascifs & vains tant desireux,
Que tout ainsi qu'enfans degarniz de prudence,
Des pommes preferez à perles d'excellence,
Ouurez ouurez les yeux, & quittez ce sommeil,
Et sans plus differer prenez meilleur conseil.

Ne perdez tant de biens, qui au ciel vous atten-
   dent,
Où la teigne ne ronge, & larrons ne brigandent,
Pour des biens si petits, & subiects à perir,
Et qui n'ont au besoing moyen de secourir.
Tout ce monde s'escoule, & tost fin aura prise   1.Io.2.
Sa trompeuse douceur, aussi sa conuoitise.
Où sont ces Empereurs, où sont ces braues Roys,

De la vani-
té des grá-
deurs de ce
monde.

Qui iadis tout faisoient trembler dessouz leurs
   loix?
Où sont leurs grands thresors, leurs puissantes
   armees,
Leurs plaisirs, leurs esbats, leurs delices aimees?
Où sont leurs grands Chasteaux, où ces cœurs in-
   solents,
Qu'enfloient de iour en iour les flateurs pestilēts?
Où leurs diuins honneurs, où leur totale gloire?
Tout cela s'est coulé, plus n'en est de memoire.
La mort a tout esteint, & d'eux a tout le los
Estouffé le tombeau, dont sont pressez les os.
Donc quelle humeur vous tient, ô pauures mise-
   rables,
D'aimer ainsi les biens & plaisirs perissables?
Que dy-ie les plaisirs! ô quel aueuglement!
Est-ce plaisir de viure icy bien longuement

Il n'y a poīt
de vray plai
sir en cette
vie.

Entre tant d'ennemis, qui sans fin nous font
   guerre,

Et par qui si souuent sommes portez par terre?
Est-ce plaisir d'auoir tant de peine à seruir
La chair, dont nul ne peut les desirs assouuir?
Est-ce plaisir d'auoir icy tousiours affaire
A vn, que plus flatons, plus nous est aduersaire?
Quel plaisir, quel esbat, se peut trouuer icy,
Qui ne soit corrompu de douleur & soucy?
L'ombre ne suit plustost du Soleil la lumiere,
Qu'est suyuy le plaisir de la tristesse amere.
Que diray-ie des maux, & tant d'infirmitez,
Dont sont les corps humains à toute heure têtez?
De tant d'afflictions, dont mesmes les courōnes
Ne peuuent exempter les royales personnes?
Plus icy l'homme vit, plus se doit asseurer

Naz. Orat. funeb. de patre.
De faire, ou voir du mal, ou bien d'en endurer.
Rien au monde n'y a de certain & durable,
Fors son sort inconstant, & tousiours variable.

Le monde n'a rien de constāt que son inconstance.
Cela seul de certain il a, que de certain
Rien trouuer ne s'y peut, du iour au lendemain.
Où donc est nostre esprit, d'ainsi suyuir le mon-
de,

Naz. Orat. de paup. amor.
Et les plaisirs mondains de course vagabonde?
Helas, viendrons nous point vn peu leuer les
yeux,
Et nos pieds retirer du bourbier vitieux?

Lud. Granat. in Memor.
Quoy? sommes nous brutaux? sommes nous en
furie?

Si là haut eſt le lieu de noſtre bergerie,
Où courons nous ainſi, tirans d'autre coſté?
Faut-il pour tant de biens douter aduerſité?
Faut-il craindre labeurs pour venir à tel aiſe?
Refuſer de paſſer par l'ardente fournaiſe?
Sommes nous ignorans, qu'à tous ceux, qui tenir
Veulent le droit ſentier, & à ſalut venir,
Faut ſouffrir maĩt trauail, ſãs faillir de courage?
Quoy, ne ſçauons nous point que de pelerinage,
De labeurs & d'ennuis icy ſommes au lieu,
Au milieu des aſſaux, & de rets au milieu:
Et qu'autant qu'en ce monde il ſe trouue de vi-
    ces,
Autant à nous garder auons de precipices?
Quoy? voulõs no' auoir du ciel meilleur marché,
Que celuy qui n'eſtoit de nul vice entaché?
Si Chriſt, l'vnique Fils, les delices du Pere,   Luc.24.
Par maint & maint trauail , maint & maint
    vitupere,
Tant & tant de douleurs à ſa gloire eſt monté,
Voudra bien ſans labeur le ſerf eſtre exalté,
Et paſſer de plaiſirs à plaiſirs & lieſſe,   Hieron. in
De repos à repos, de ioye en allegreſſe?   epiſt ad Iu-
                                                   lian.
Point, point: il faut oſter cela de ſon cerueau.   Il eſt im-
Pluſtoſt à contremont on verra courir l'eau   poſſible d'a-
D'vne groſſe riuiere, & pluſtoſt à la terre   uoir ſes ai-
Le ciel ſe meſlera, que quelcun puiſſe acquerre   ſes en ce
                                                   mõde & en
                                                   l'autre.

Par plaisir & repos vn bien si precieux.

Mat.11.   *C'est par force & vigueur , que se prennent les*
          cieux,
Et non par le dormir:c'est par brusque vaillance,
Que ce regne s'emporte,& non par negligence.
Puisque donc,pour auoir du ciel fruition,
De porter des labeurs est icy question,
Sus sus dés maintenant chascun de nous s'emõde
Tout autãt de labeurs qu'en peut auoir le mõde.
Viennent viennent douleurs tomber dessus nos
          chefs.
Soyons de tous ennuys chargez, & de meschefs.
Nos corps soient oppressez de griefue maladie.
De l'vn soyons battuz, l'autre iniure nous die.
Que de mille brocards nous soyons deschirez,
Huez,foulez aux pieds,du monde separez
Comme Lepreux infects:que toute creature
S'arme tout à present, & contre nous coniure.
Psal. 30.   *Finisse nostre vie en cruelles douleurs,*
Et s'escoulent nos ans en larmes & en pleurs.
Habac.3.   *Se pourrissent nos os,sur nostre chair domine*
Ordure & puanteur, & la vile vermine:
Pourueu qu'au iour dernier,iour triste et angois-
          seux,
Venions à reposer,& au nombre de ceux
Puissions estre trouuez,qui par saincte victoire
Auront en fin gaigné la couronne de gloire.

F I N.

QVATRAINS SEN-
TENTIEVX DE S. GREGOI-
RE, EVESQVE DE NAZIAN-
ze, tournez en François, auec
vne briefue & familiere
expofition.

I.

Vi vaut mieux d'action, ou bien
    de theorique?
L'vne eft propre aux moyens,
    l'autre aux plus vertueux,
Si font elles pourtant loüables
toutes deux.
Tends donc à celle, où plus ta nature s'applique.

De la vie a-
ctiue, & de
la contem-
paltiue.

D'AVTANT que tous ne font egalement
propres à vn mefme genre de vie, & que, felon
S. Paul, chafcun a fon don particulier: pour cette caufe S. Gregoire au premier Quatrain admonefte chafcun, quand il eft queftion de pré-
dre vn certain genre de vie, de fuyure celuy, auquel fon naturel le poulfe plus. Suyuant quoy
auffi en vne de fes Epiftres il faict métion d'vne
couftume, q anciénemét fe fouloit obferuer en

1. Cor. 7.

Epift. 57. ad
Eudox.

Athenes, ſçauoir eſt, que lors q̃ les ieunes enfans
cómençoiét vn peu à croiſtre, on les menoit en
lieu public, & là leur venoit on à propoſer les
outils de toutes ſortes de meſtiers. Et ſelon les
inſtrumens, à quoy on voyoit que plus ils ſe de-
lectoient, on iugeoit par cela, que leur naturel y
eſtoit plus enclin: & conſequemment y eſtoient
ils deſtinez. Or parlant icy des deux ſortes de
vie, c'eſt à dire, de l'actiue, & de la contemplatiue, il dict, que l'actiue eſt plus conuenable au
vulgaire, & la contemplatiue eſt pour ceux qui
ont acquis plus grande perfection de vertu : &
neantmoins que toutes les deux ſont bonnes,
& dignes de louange. Et de faict, elles ſont cóme deux yeux de l'ame, tendantes egalement au
ſouuerain bien: de façon qu'il n'eſt aiſé de iuger
laquelle des deux eſt à preferer. Car comme l'a-
ction guide l'homme à la contemplation, ainſi
d'autre coſté la contemplation ſeelle & met en
aſſeurance l'action. A raiſon dequoy celuy ne
peut eſtre de tous poincts parfaict, qui manque
en l'vne des deux. Mais d'autát que tous ne peuuent exceller en toutes deux, ce n'eſt ſans cauſe,
que ce ſainct Docteur nous conſeille de plus
nous employer en celle, que verrons eſtre plus
conuenable à noſtre naturel.

2.

<table>
<tr><td>

La pureté
de vie doit
preceder la
cótempla-
tion.

</td><td>

QV elcun me demandoit ne ſçay quoy de my-
ſtique.

Ie luy dis, Il te faut purger premierement.

</td></tr>
</table>

Ce n'eſt aſſez d'auoir ſubtil l'entendement.
L'onguent ne ſe doit mettre en puante boutique.

E n ce Quatrain eſt monſtré , que la vertu
de l'action eſt neceſſaire pour acquerir la contemplation. Car premierement il faut mettre
peine de nettoyer l'ame des ordures de pechez,
auant que paruenir à la vraye ſapience, & ſpirituelle viſion. Ce que ſainct Gregoire declare
par la ſimilitude d'vn vaiſſeau puant, auquel ſi
on vient à mettre quelque onguent de douce
& plaiſante odeur, il ne faudra incontinent à
ſ'empuantir. Et c'eſt ce que dict l'Eſcriture, La
ſapience n'entrera point en vne ame maligne,
ny n'habitera en vn corps aſſuietty à pechez.

3.

N'*Oppugne tous propos, ne vers to° ne te tire.*
Faut ſçauoir: puis & tẽps, et meſure garder.
Mais plus t'arreſte à Dieu, qu'à ſa cauſe plaider.
On peut à tous propos, non aux mœurs cõtredire.

Qu'il ne
faut ny ce-
der, ny reſ-
ſter à tous
propos.

I l y a des perſonnes, qui ont vn tel eſprit de
cõtradiction, qu'ils ne ſçauroient ouyr ſi bõ &
veritable propos , qu'ils ne trouuent à ronger
deſſus. Il en y a d'autres, qui ont l'entendement
ſi lourd & groſſier, que de conſentir indifferem-
ment à tous propos, que on leur met en auant,
& pour vſer des paroles de l'Apoſtre, ſe laiſſer
emporter à tout vent de doctrine. Sainct Gregoire donc reprouuant & les vns & les autres,

Epheſ. 4.

nous admoneste de ne nous trop opiniastrer en
toutes disputes, ny pareillement ne nous laisser
aller trop legeremét à tous propos : mais regarder en quelles chose il faut estre roide & virile à
repugner, & en quelles doux & modeste à con-
sentir. Et d'auantage nous remonstre, que quád
il est question de resister en disputes à quelques
vns, nous ayons à garder mediocrité, & obseruer le temps qu'il sera plus commode de faire
quelque chose: d'autant que ces deux circonstá-
ces n'estans obseruees, empeschent souuent le
fruict qui deuroit sortir de telle chose. Par a-
pres il aduertit ceux, qui se meslent de disputer
des matieres controuerses de la religion Chrestienne, de ne tant s'employer à tel exercice, que
ce pendant ils ne regardent aussi à bien & sainctement viure, & d'adherer à Dieu par pieté &
sincere deuotion. La raison qu'il ameine, est,
que tout propos est subiect à contradiction, n'y
ayant doctrine si veritable, que par quelque so-
phistique argumét on ne puisse oppugner: mais
la bonne vie est telle, qu'il n'y a langue si meschante, qui la puisse improuuer. Et de faict, il ne
se trouue si meschát homme, ne si desbordé en
impudence, qui ne confesse, que la saincteté de
mœurs ne soit vne chose digne de gráde louange.   4.

Qu'il faut
que celuy
qui se met
à enseigner,

ENseigne moy de mœurs, ou bië ne tiës escole.
D'vne main ne me tire, & d'vne poulse au
loin.

Moins

Moins auras de parler, bien viuant, de besoin.
Le peintre enseigne mieux de main que de pa-
role.

TOVT ainsi que le peintre monstre plus en
maniant le pinceau, & mettant en auant quelques beaux portraicts de sa façon, que non pas
en vsant de grande prolixité de langage à l'endroit de ses apprentifs: ainsi voyons nous ordinairement, que la vie du bon predicateur a plus
de force à persuader, que non pas son eloquence, quelque grande qu'elle puisse estre. Car, comme dict S. Augustin, on n'escoute pas auec o-
beyssance celuy qui ne s'escoute soymesmes. Et,
comme à ce mesme propos escrit S. Gregoire, *4. Moral.*
De celuy, de qui la vie est contemnee, il ne reste *cap. 27.*
autre chose, sinon que auec la vie la predicatiō
aussi aille en mespris. Parquoy tresbien dict nostre Autheur, que celuy, duquel la vie repugne à
la doctrine, est semblable à celuy, qui d'vne
main tire quelcun à soy, & de l'autre le poulse
arriere.

5.

GArdez, gardez, Prelats, si l'ame vous est *Aux Pre-*
chere, *lats de l'E-*
D'estre vn œil tenebreux, & plein d'obscurité, *glise.*
Et guides seulement de toute iniquité.
Quelle sera la nuict, si telle est la lumiere?

CE Quatrain s'addresse principalement aux
Prelats Ecclesiastiques, lesquels estans comme
l'œil du corps de l'Eglise, se doiuent soigneuse-

T

ment garder de vice & toute ordure: d'autant
que aifément le peuple a accouftumé d'imiter
les vices des fuperieurs. Que fi ceux, qui doiuét
eftre la lumiere, font enueloppez des tenebres
d'iniquité, qui peut douter, que le peuple ne fy
fourre encores plus auant, & fuyuant des guides aueugles, ne tombét & les vns & les autres
en la foffe de perdition? Il y a entre les opufcu-
les Poëtiques de noftre Autheur, vn Carme qui
f'addreffe aux mauuais Euefques, où il ne fçau-
roit plus afprement les taxer, que quand il dict,
qu'vn feul profit fe peut tirer de leur mefchanceté, c'eft que au lieu qu'en matiere de peinture
on a accouftumé de fe propofer deuát les yeux
vn pottraict, affin d'en tirer vn autre deffus, au
cótraire le peuple en regardant les mauuais Pre
lats, doit cheminer tout au contraire d'eux, &
eftimer, que c'eft tenir le droict chemin, ḡ mener vne vie totalement oppofite à la leur.

Carm. ad Epifc. (marginal)

6.

Mieux vaut
bien viure,
que bien
parler. (marginal)

MIeux vaut l'œuure muet, qu'vn caquet in-
utile.

Sans la vertu iamais nul ne fut excellant.
Cent & cent l'ont efté fans vn parler coulant.
La grace aux bien viuans, non aux caufeurs
diftille.

C'EST vne chofe fort belle, quád quelcũ a tous
enfemble, & la vie bonne, & la grace de bien &
doctement parler. Que fil ne peut exceller en

toutes les deux, alors il vaut mieux, que l'éloquéce & l'erudition luy máque, pourueu qu'au demeurant il soit homme de bien & vertueux, que non pas d'auoir vne grande parade d'eloquence, destituee de bonnes œuures. Car sans bien haranguer on peut auoir la grace de Dieu, & paruenir à salut: mais non sans la bonne vie.

7.

L'A vertu c'est le don à Dieu plus aggreable.
Rien de digne ne peux iamais luy presenter.
Offre donc ce que peut le pauure aussi porter.
Le don de la putain au pur est execrable.

Le plus aggreable present qu'on puisse faire à Dieu, c'est vertu.

D'AVTANT que plusieurs estiment, que pour faire aumosnes ils iront tout droict en Paradis, quoy qu'au demeurant ils meinent vne vie desbordee en toute meschanceté: pour cete cause nostre Autheur voulant leur oster de la teste vne telle persuasion, dict, que le plus beau present qu'on sçauroit faire à Dieu, c'est de luy offrir vne vie saincte, & reiglee selon ses Commandemens: qui est vn present qu'il peut aussi bien receuoir du pauure, que du riche. Car autrement, s'il n'y auoit que les richesses mondaines, dót nostre Dieu eust le present pour aggreable, par tel moyé les pauures n'auroiét que luy presenter. Et pour monstrer que Dieu n'a pour aggreables les presens de ceux-ci persisté

en leur mauuaiſe vie, il faict vne alluſion ſur ce
qui eſt eſcrit en Deuteronome cha.23. Tu n'of-
friras point le payement de la paillarde en la
maiſon du Seigneur Dieu. Auquel endroit noſtre Autheur entend par la paillarde, toute
perſonne, qui par peché ſ'eſt diſtrait de ſon
Dieu, & a mis ſon amour en choſes vilaines &
deteſtables: & partant tous ſes preſens luy ſont
en horreur. Or par ce Quatrain S. Gregoire ne
veut deſtourner les riches d'executer les œuures de miſericorde & charité, mais ſeulement
les admoneſter, de quãt & quant donner ordre,
que leur vie ſoit plaiſante & aggreable à Dieu;
Autrement que leurs aumoſnes ne leur profite-
ront de rien.

8.

Qu'il faut
s'acquiter
de ſes
vœuz.

NE promets riẽ à Dieu, tant ſoit choſe petite:
Car ia eſt elle à luy, premier que receuoir.
Larron es tu du tien (ò eſtrange deuoir!)
Ainſi qu'Ananias, ſi ton vœu tu n'acquite.

SAINCT Gregoire en ce Quatrain ne re-
prouue les vœuz & promeſſes ſainctes & reli-
gieuſes, mais ſeulement admoneſte celuy qui
faict quelque vœu, qu'il n'ait à penſer qu'il donne quelque choſe à Dieu, comme ſi auparauant
il ne l'auoit pas: attendu que toutes choſes ſont
à luy. Autrement il ſe repugneroit luy-meſme,
louant en pluſieurs endroits le vœu que ſa mere feit de luy, voire auant qu'il naſquiſt, & celuy
meſmes qu'il feit, eſtant ſauué de la tempeſte

marine, où peu s'en estoit fallu qu'il ne demeu-
rast sans auoir receu le sainct Baptesme.

9.

CE monde icy retient d'vn marché la figure.
Si tu sçais trafiquer, grand profit tu feras.
Car pour vn bien caduc l'eternel en auras.
Autre tēps n'y a plus : sers t'en, pēdāt qu'il dure.

Qu'il faut faire son salut, pendāt qu'on a le temps.

SAINCT Gregoire compare icy fort perti-
nemment la vie presente à vne foire. Car comme durant vne grande foire chascun s'efforce,
tant qu'il peut, de bien faire ses affaires, sçachāt
bien, que estant finie, le trafic sera clos: ainsi pē-
dant que sommes en ce monde, deuōs nous regarder à bien & heureusement trafiquer, en faisant eschange des choses temporelles & subiet-
tes à corruptiō, aux celestes & eternelles. Sainct
Iean Chrysostome, comme recite Palladius en
sa vie, consolant son peuple, qui estoit fort des-
cōforté, à raison de l'exil auquel on l'enuoyoit,
leur tenoit vn tel langage: La vie presente n'est
autre chose qu'vn chemin, duquel & les choses
ioyeuses, & les tristes & ennuyeuses passent. Ce
que nous voyons à present, n'est autre chose
que vne foire. Nous auons vendu, nous auons
achepté, & puis nous nous retirons. Aussi nostre Seigneur en l'Euangile compare le royau- Mat. 13.
me des cieux à vn sage negociateur, lequel ayāt
veu vne precieuse perle, ne faict difficulté de vē-
dre tout son bien, affin de l'acquerir.

Qu'il ne faut estre precipité en vertus.

GRande est certainement la course proposée:
Mais plus grand le loyer. ne viés te presen-
ter
Le tout ensemblément, de peur de tout quitter.
C'est souuent de Sathan vne embusche rusée.

D'AVTANT que plusieurs considerans la lógueur du temps, qui est requis pour acquérir vertu, & les grands trauaux qu'il faut souffrir, se rebutent, & quittent tout à plat ce chemin là, pour en suyure vn plus plaisát: pour cette cause S. Gregoire ameine icy deux poincts, affin de remedier à cela. Le premier est, qu'il ne faut pas seulement regarder au labeur, ny à la longueur de la course spirituelle, mais aussi au fruict & loyer qui en ensuyt, & qui sans cóparaison ex-cede le trauail: selon que dict l'Apostre, que la bréfue & momentance tribulation opere vn grand & presque incroyable poids de gloire. Et mesmes en son Epistre aux Hebreux, il tesmoigne, que ce qui feit jadis preferer à Moyse la tribulatió aux richesses & delices d'Egypte, estoit qu'il regardoit à la remuneration. Le second poinct, & de grande consequence, est, qu'on ne se doit proposer dés le commencement deuant les yeux toute la difficulté qu'il y a pour atteindre à la perfection de vertu. Car bien souuent c'est vne tentation & embusche de Sathan, lequel par ce moyen tasche de nous descourager, & destourner de l'exercice de vertu, comme de

2. Cor. 4.

Heb. 11.

choſe trop difficile, voire paſſant noſtre puiſſá-
ce. Mais il faut aller peu à peu , & de iour en
iour, faire noũueau progres en vertu,& comba-
tre les vices les vns apres les autres. Et cecy declare il par vne telle ſimilitude, laquelle toutefois ie n'ay peu exprimer en ce Quatrain , ne
pouuant le François en dire autant que le Grec.
Comme ceux qui entreprennent vn long naui-
gage,ne voyent,ny ne nauiguét tout d'vn coup
toute la mer qu'ils ont à trauerſer(car autremét
cela leur feroit perdre tout courage, voyant v-
ne telle imméſité d'eaux,& le labeur ſi faſcheux
à en venir à bout) mais font auiourdhuy quelques lieües,& le lendemain autant,& ainſi finablement accompliſſent ils leur voyage: de meſme façon ceux qui tendét à vertu, doiuent peu
à peu gaigner païs , & aller comme par certains
eſchelõs,& non pas ſ'efforcer de paruenir tout
d'vn coup à la perfection , & ſe mettre deuant
les yeux tout le labeur qu'il faut ſouſtenir, auát
que d'y atteindre.

II.

Ne t'aſſeure par trop, ne par trop perds cou-
   rage.
L'vn du tout l'homme abbat, l'autre rend pareſ-
   ſeux.
Fay l'vn, empoigne l'autre: & ſi plus tu ne peux,
Le labeur ne ſe perd ainſi qu'en vn voyage.

En l'affaire de ſalut il ne faut ny trop ſ'aſ-
ſeurer , ny trop auſſi ſe desſier de ſes forces .

Qu'il ne ſe
faut deſeſ-
perer, pour
ne pouuoir
atteindre à
la perfectiõ

T iiij

Car la trop grande asseurance apporte ordinairement auec soy vne langueur & negligēce:Au
contraire,la trop grande temerité & mesfiance
de soy, rend le cœur tout rompu & abbatu,de
sorte qu'on ne se veut nullemēt esuertuer à bié
faire, Or d'autant qu'il y a des personnes, qui
pour ne pouuoir atteindre à la perfectiō Chrestienne,se troublēt en leurs esprits,& sont frappez de grande pusillanimité, nostre Autheur
pour leur consolation vse de tels propos : Vien
à bout d'vne vertu,& l'accōplis de tout poinct,
Cela faict,ruë toy sur vne autre, Si tu ne peux
tout obtenir,ny monter iusques au sommet de
la perfection, pour cela ne quitte les armes, &
perds courage.Car ce n'est pas de la vertu,com
me d'vn voyage.Car entreprenant vn voyage,
tu as beau auoir faict la moitié, ou les trois
quarts du chemin:cela ne te sert de rien,si tu ne
paruiens au lieu que tu t'es proposé. Mais en
vertu la chose va autrement.Car encores que tu
ne paruiennes à la perfectiō que tu t'es propo-
see,toutefois cela ne rēd point inutile le labeur
que tu as porté:attendu que,selon le dire de no
stre Seigneur,en la maison celeste y a plusieurs
mansions. Il y a vne fort belle consolation sur
vn semblable argument en S.Gregoire le Pape,
au lieu où il explique ce passage de Iob, Il donna part à ses filles au milieu de ses enfans : laquelle pour auoir ja couchee en nos Recreatiōs
spirituelles,ie ne repeteray en cet endroit.

12.

NE *sois precipité, mais ferme où tu t'arreste.*
Mieux vaut aller tout doux, que trancher
les vertus.

Meschans nous appellos, non point les abbatuz,
Mais ceux qui de bien haut donnent bas de la
teste.

Qu'il ne faut ny rié entrepren-dre à la legere, ne l'ayant en-trepris, se desister puis apres.

ENTRE precipitance & inconstance, qui font toutes deux vicieuses, il veut que tenions le milieu, sçauoir est, que ne facions rien temerairement & à la volee, mais premierement que de rien entreprédre, y aduisions auec meur iugement : aussi qu'en ce que aurons par meure deliberation côclud & arresté, nous nous monstrions puis apres fermes & côstans. Il dict consequemment, qu'il vaut mieux peu à peu profiter en vertu, que pour nous precipiter, la perdre du tout : & que proprement selon le Grec ceux font dicts κακοὶ, c'est à dire mauuais, qui de vertu retombent en vice, & nô ceux qui font toussiours demeurez au bourbier de peché.

13.

DE *petite estincelle vn grand feu prend*
naissance,
Et du suc viperin souuent ensuyt la mort.
Des plus petits pechez te garder fais effort.
Petits sont, mais en fin grãde en est la nuisance.

Qu'il se faut gar-der, voire des moin-dres pe-chez.

EN ce Quatrain sommes enseignez de nous

garder, voire des plus petits pechez, d'autant
que c'eſt le moyen de tomber aux grāds, que de
ne tenir compte des petits: ſelon que dict l'Eſcriture, Celuy qui ne fait cas des petites fautes,
decoulera aux plus grandes . De cecy i'ay parlé
aſſez amplement en nos Sonnets ſpirituels , au
ſonnet 46. où ie renuoye le Lecteur.

14.

Qu'il vaut
mieux eſ-
plucher ſa
vie, que cel
le des au-
tres.

DE t'eſplucher te ſoit, qu'autruy, plus grande
cure.
De l'vn à toy profit, de l'autre à luy reuient.
Mieux vaut compter vertus, qu'argent. la vertu
tient,
Et demeure touſiours: l'argent touſiours ne dure.

LA plus part des hommes ſont trop plus
curieux à rechercher & eſplucher les actions
des autres, que les leurs propres, ayans les yeux
plus clairs qu'vn Lynx, ou que le Serpēt d'Epi-
daure, à voir les vices & defauts de leurs prochains, & au contraire eſtans plus aueugles que
vne Taupe à voir les leurs : de façon que, cōme
Matth. 7. dict noſtre Seigneur en l'Euangile, ils voyent
bien vn feſtu en l'œil d'autruy, mais non vne
poultre au leur propre . Dict donques noſtre
Autheur, qu'il eſt beaucoup plus profitable de
ſe rechercher ſoymeſmes, que non pas autruy.
Car en nous recherchant & eſpluchant nous
meſmes, le profit nous en reuiēt: en recherchāt
autruy, l'vtilité luy en demeure, & non à nous,

ſi le faiſons de mauuaiſe affectiõ , & non de
bon zele,& deſir de ſon ſalut . Il dict parapres,
qu'il vaut mieux compter des vertus , que des
eſcus:attẽdu que la richeſſe ſpirituelle demeure touſiours, où au contraire la temporelle ſ'en
va en fin à corruptiõ.

15.

DE grauer ton eſprit en tout temps t'eſtudie
De diuine doctrine,& de ſainct pẽſement.
Mais ta langue retien,qui nuiſt facilement:
Et moins de bien en viẽt, quelque biẽ qu'elle die.

Qu'il faut
tenir ſa lã-
gue en bri-
de.

EN ce Quatrain nous ſommes admoneſtez
de tellement appliquer noſtre entendement à
ſainctes cogitations,& meditations de la parole de Dieu, que noſtre ame en ſoit comme im-
primee:de façon que cõme ceux,qui ſont long
temps au Soleil , en ſont en fin colorez , ainſi à
force de mediter la Loy diuine , noſtre ame en
vienne à la fin eſtre imbue d'vne ſaincte pieté
& amour diuin.Mais quant à la lãgue,ce ſainct
perſonnage nous conſeille de la tenir de court:
d'autant que plus facilement peche-lon par le
moyen d'icelle:& au cõtraire,pour l'auoir bien
voluble & remuante,le profit n'en eſt ſi grand,
ny n'en reuient tant d'edification à l'auditeur,
ſi les mœurs ne ſ'accordent auec la parole . Autant en dict il au Carme, qu'il a faict ſur ſon ſilence Quadrageſimal , ſçauoir eſt, que l'entendement , pour autant qu'il demeure au dedans
de l'hõme , ne peut tant preiudicier à ſon ſalut,

encores qu'il diuague loin arriere de Dieu, cóme faict la langue. Ce qu'il monstre par la similitude du feu, lequel estant enclos en quelque cauerne, quelque grád qu'il puisse estre, ne peut destruire ne consumer vne forest prochaine: Mais quant à la meschante langue, rien ne peut empescher, que ayant vne fois lasché son traict venimeux, elle ne face vn estrange rauage.

16.

Des degrez de peché.

Par l'œil estant surpris, luy ay serré la bride,
N'en ayant du peché l'idole en moy fiché.
L'idole y a esté? mais d'œuure n'ay peché.
Par ces degrez m'assaut ce meschant homicide.

APRES que S. Gregoire a donné vne bonne & saincte instruction touchant l'entendement & la langue, maintenát il entre au reiglement des sens exterieurs, & commençant à celuy qui de tous est le plus noble & plus excellent, sçauoir est la veuë, vse de tels propos: Ma veuë m'a elle transporté par l'impudique contemplation de quelque beauté? Soit ainsi. Mais ie l'ay retenuë de court, & tellemét domtee, qu'il n'est demeuré en mon ame vn seul vestige & portraict de mauuaise concupiscence. Mais posons le cas que le portraict y ait esté fiché, de façon qu'en l'ame se soit par quelque impudique affection imprimee la beauté du corps, qui s'est presentee à mes yeux: toutefois ie me suis gardé d'aller iusques à l'œuure, & d'accomplir ma mauuaise volonté. Voila, dict ce bõ Docteur, les degrez, par lesquels mõ ennemy a de coustume de m'assaillir. Le premier est sans peché, par ce que l'esprit ne s'y arreste aucunement. Le second est vn peché accómencé: d'autát que le portraict de paillardise a pris place en l'ame. Le tiers est vn peché consommé, quand on va iusques à l'œuure. Et c'est cela dont parloit S. Iaques en sa Canonique: Le peché, quand il est consommé, engendre la mort. Iacob. 1.

17.

A Tous vilains propos soiết closes tes oreilles.
Le soiết pareillemết aux chảts voluptueux.
Au contraire ouure les aux bons & vertueux.
Faire, ouyr, & parler, sont prochaĩs à merueilles.

Qu'il faut clorre les oreilles aux vilains propos.

TOVT ainsi que le peché de paillardise voulant entrer en nostre ame par la fenestre de la veuë, le souuerain remede est de tenir ses yeux fermez: ainsi quand il y veut entrer par l'ouye, sainct Gregoire nous admoneste de tenir nos oreilles closes à tous propos lascifs & impudics, comme iadis Vlysses les ferma de cire, affin de n'ouyr les pernicieux chants de Sirenes. Par ce, dict il, que l'ouyr, le parler, & le faire, sont fort proches les vns desautres. Aussi certes voit on ordinairement arriuer, que celuy qui prend plaisir d'ouyr discourir de choses impudiques & deshonnestes, se delecte pareillemết d'en tenir propos: & de rechef celuy qui volõtiers parle de telles choses, n'arreste guères apres à se laisser aller à l'œuure. Parquoy affin

d'obuier au peché de paillardise, il se faut ac-
coustumer à tenir tousiours propos chastes &
hónestes, & pareillement reigler de telle façon
ses oreilles, qu'elles ayent en horreur toutes
paroles vilaines & impudiques.

18.

Du flaire-
ment & de
l'attouche-
ment.

GArde que de parfuns l'odeur ne t'effemine,
N'vn mol attouchemēt, ne le boire & man-
ger.

Entre masles, ne faut autrement te ranger.
Et virile y a ioye, & ioye feminine.

APRES que nostre Authieur a reiglé les
deux sentimens de la veuë & de l'ouye, maintenant il vient aux trois autres, & nous remóstre,
qu'ayons à nous garder de nous laisser effeminer, ou par odeurs de parfuns, ou par vne façó
de viure trop friáde & delicate, ou par les plaisirs qui se prennent par l'attouchement. La raison qu'il ameine, est, qu'il est impossible, que
celuy qui se laisse succóber & effeminer à telles voluptez, puisse iamais faire chose digne
d'vn hóme viril & de cœur genereux. Et partát
que les plaisirs des hommes & des femmes ne
doiuent auoir rien de commun ensemble. Auquel endroit, ainsi qu'expose l'interprete Grec,
par la femme s'entend l'ame ignaue & effemi-
née, & qui ne recognoist autres voluptez, que
celles qui se reçoiuent auec les sens corporels,
& qui n'ont rien de commun auec l'ame forte
& virile, ny auec les plaisirs, qui gisent en la có-

templation des choses spirituelles.

19.

Onne moy, dict le ventre. Ouy, de franc courage
Te donray, chaste estant. mais l'enuoyant en bas,
N'auras que du fient, & peu, pour ton repas.
Au côtraire, estant chaste, en auras d'auantage.

Contre la gourmandise.

AYANT nostre Autheur reprimé & abbatu la paillardise, laquelle par le moyen des sens exterieurs mal reiglez infecte l'ame, maintenât il vient aussi à refrener la gourmandise, comme estant la plus grande cause, & de plus grande efficace, à faire tomber l'homme au peché de luxure, vsant de tels propos : Donne moy, dict le ventre: c'est à dire, traicte moy delicatement, & opulément. Ie respôs, Ouy dea, ie te dôray tres-uolôtiers, pouru:eu que de ce qui te sera offert, tu sçaches vser temperamment, & à la gloire de Dieu. Mais si tu le donnes aux parties d'embas, c'est à dire, que tu en prenes si immoderément, qu'en estant tout chargé, tu ne songes plus qu'à te plonger en luxure, ie me garderay bien de t'accorder ce que tu me demandes. Ains seulement auras tu du fient, encores bien chichement : c'est à dire, ie te fourniray seulement d'autant de nourriture, que nature en requerra pour sa sustentation, & dont parapres elle se pourra descharger par la partie destinée à cet effect : & non point t'en donneray tant, qu'il puisse allumer en toy le feu de concupiscence.

Que si ie voy que tu viénes à te comporter modestement, alors aussi ie te nourriray plus libe-
ralement.

10.

DE ris le ris est digne à tout homme bien sage:
Et principalement l'impudic & vilain.
D'vn ris desmesuré la larme en vient soudain.
Triste humeur vaut trop mieux, que la gaye &
 volage.

Contre le ris desmesuré.

SAINCT Basile en ses Constitutions mo-
nastiques permet bien à celuy, qui veut viure
selon la perfection Chrestiéne, vn petit souris,
affin de pratiquer ce qui est escrit, que la conscience se portant bien, la face est gaye & floris-
sante : mais quant au ris tout ouuert, il ne le
permet, comme chose messeante à celuy, qui
faict estat de suyure la perfection de l'Euágile.
Dict donc nostre Autheur, que toute risee est
digne de risee à l'endroit de l'hóme sage, mais
principalement l'impudique & petulante. En
quoy il semble faire allusion à ce que dict l'Ec-
clesiaste: I'ay reputé le ris erreur, & ay dict à la
ioye, Pourquoy te deçois tu pour neant? Et
quát au ris desbordé, dont sainct Gregoire dict
que les larmes procedét, est à noter ce que dict
Nicetas en ce lieu, sçauoir est, que les larmes
qui procedent d'vn ris immoderé, sont comme
vn certain prelude des larmes du futur iugement. Et pourtant à bon droict conclud l'Autheur ce Quatrain de ceste sentence, Mieux
         vaut

In Reg. fus. disp. quæst.17.

Prouer.15.

Eccles.2.

vaut eſtre de mœurs triſtes, que non pas de laſciues & trop ioyeuſes.

21.

VEux tu ſçauoir où giſt la beauté veritable?
C’eſt en louables mœurs, nõ au fard de beauté,

Que peinĉt la main, ou perd en fin l’antiquité.
En mauuaiſtié de mœurs la laideur au ſemblable.

COMME la principale partie de l’homme c’eſt l’ame, auſſi la vraye beauté ſe doit plus toſt chercher en l’ame que au corps, & celuy doit eſtre eſtimé beau, qui eſt vertueux. Car quant à toute autre beauté, ſoit corporelle, ou peinĉte, elle ne merite ce nom, eſtát caduque, & ſuiette à corruptió: mais ſeulemét la ſpirituelle, & qui ne peut eſtre veuë q̃ par l’œil d’vn entendemét ſain & vertueux. Et de cette beauté parle fort bié S. Auguſtin en ſes Traiĉtez ſur les Pſalmes, diſant, S’il n’y a aucune beauté de iuſtice, pourquoy aime lon vn vieillard homme de bien? Que porte il en ſon corps qui reſiouyſſe les yeux? Il porte des membres courbez, vn front ridé, vne teſte toute blanche, vne imbecilité pleine de complaintes. Et toutefois ſ’il eſt iuſte, ſ’il n’appete rien d’autruy, ſ’il depart du ſien aux ſouffreteux, ſ’il a la foy droiĉte, & pour icelle eſt preſt d’expoſer ſa vie, nous l’aimons. Dont vient cela, ſinon pourautant qu’il y a vne certaine beauté de iuſtice, laquelle nous voyons

V

des yeux du cœur, dont sommes enflambez de l'amour?

22.

Qu'on ne doit faire cas de choses transitoires.

ENnuy me vient il voir, plaisir, crainte, fiance,

Richesse, pauureté, la gloire, ou deshonneur?

Coulent comme ils voudront. rien de caduc au cœur

N'atteint de l'homme graue, & muny de prudence.

Icy il parle de la constance, qui doit estre au vray Chrestien, lequel ne pour prosperitez ne se doit esleuer, ne pour aduersitez ne doit perdre courage, ains tousiours demeurer en mesme estat, tenát pour resolu, que rien de fragile & suiect à corruption ne peut atteindre au cœur de l'homme vertueux. Et de semblable fa-*Lib.5.ca.1.*çon sainct Gregoire le Pape en ses Morales accommode fort à propos aux gens de bien & fermes en vertu ces mots du Psalmiste, Comme ses tenebres, ainsi sa lumiere, vsant de tel propos: D'autant que les gens de bien de mesme façon contemnent la prosperité du monde, comme ils sçauent porter l'aduersité d'iceluy, pour ceste cause à bon droict disent ils, Cóme ses tenebres, ainsi sa lumiere. Qui est autát que s'ils disoient ouuertement: Comme les calamitez d'iceluy ne brisent point l'intention de nostre force & magnanimité, de mesme aussi ses doulceurs & allechemés ne nous corrompent.

23.

Fais qu'en mœurs tu sois haut , & non point en audace.

Vertu sçait esleuer, & l'orgueil atterrer.

Pour cecy ne te faut aux petits mesurer.

Quelque haut que tu sois , tousiours la Loy te passe.

Qu'il se faut mesurer à la Loy de Dieu, nõ à nos inferieurs.

D'AVTANT que la vaine gloire aisément se fourre parmy les bonnes œuures, & comme vne certaine teigne, en corrompt tout le fruict, à cette cause nostre Autheur nous admoneste, que ayons à nous esleuer tant que pourrons en saincteté de vie, mais ce pendãt aussi que nous nous gardions de nous orgueillir en icelle : disant, que de l'vn nous serons renduz comme petits Dieux, mais de l'autre nous ne faudrons poït d'estre portez par terre, à la maniere de Lucifer, qui pour s'estre orgueilly en sa grandeur & beauté, est trebusché du ciel aux enfers. Par apres il nous ouure le moyen , cõmét nous empescherõs que orgueil n'étre en nous. C'est que nous ne veniõs à no' mesurer aux petits, & ceux que voyons se precipiter ouuertemét en toutes iniquitez: mais que rapportions toutes nos actiõs à la Loy de Dieu, & que nous nous la proposiõs tousiours pour reigle de nostre vie. Car par ce moyen nous nous cõtiendrõs és bornes d'humilité, considerans, que encores que peut estre en surpassions quelques vns en vertu, toutefois nous sommes tousiours au dessous

des Commandémens de Dieu : n'y ayant per-
fonne fi prefumante de foy, ne tant aueuglee
d'amour propre, de qui la confcience ne luy tef
moigne qu'il ait de tous poincts accomply ce
que Dieu requiert de nous. De cecy ie n'en diray pour le prefent d'auantage, me contentant
de ce que i'en ay efcrit en nos Sonnets fpiri-
tuels, fonnet 86.

24.

Qu'il se
faut eftu-
dier d'eftre
bon, nõ de
fimplemét
en auoir le
renom.

NE pourfuy tout honneur, ne par grand' ve-
* hemence:*
Car mieux vaut eftre bon, que la mine en auoir.
Au moins le vain honneur ne cherche à rece-
* uoir.*
Que fert au Singe auoir d'vn Lyon l'apparen-
* ce?*

SAINCT Gregoire nous enfeigne en ce
Quatrain, de ne defirer ne pourchaffer toute
forte de gloire, comme y en ayant vne vicieufe
& reprehenfible, fçauoir eft, celle que les hypocrites par vne feinte & fardee apparence de
vertu tafchent d'acquerir. Et encores quant à
la bonne, & qui f'acquiert par vraye vertu, il
nous admonefte de ne la pourchaffer auec trop
grande vehemence, ains plus toft de nous eftu-
dier d'eftre gens de bien, que de paroiftre tels.
Car tout ainfi qu'à celuy qui eft fort riche, de
rien ne preiudicie, pour eftre à l'endroit du vul
gaire en reputation d'homme pauure & fouf-

freteux : de mesme façon ne deuons nous nous
soucier, si menans vne vie saincte & aggreable
à Dieu, le peuple a autre opinion de nous. Que
si nous sommes par trop cupides de gloire, au
moins nous deuons nous garder de pourchas-
ser la vaine, c'est à dire, celle qui nous vient de
la part de ceux qui faulsement nous estiment
bien-heureux : ny pareillement la nouuelle,
c'est à dire, celle qui s'acquiert par honneurs &
dignitez. Car comme de rien ne sert à vn Singe
d'estre pris pour vn Lyon : ainsi ne reuient aucun profit à l'homme vicieux, & fort esloigné
de la perfection, d'estre en reputation d'homme grand & parfaict en vertu.

25.

Louë autruy : chasse orgueil, en oyant ta lou-
   ange,
Par los trop excessif craignant d'estre moqué.
Ne louë autruy premier que l'auoir prattiqué:
De peur qu'estant mauuais, de couleur tu ne chã-
   ge.

Qu'il ne se faut orgueillir pour estre loué: ny pareillement louer vn autre à la legere.

N o s t r e Autheur nous permet bien de
louër les autres : mais quant aux louanges que
on publie de nous, il nous enseigne, de n'en cõ-
ceuoir pour cela aucun orgueil, ains craindre
que ne respondions à telles louanges, & que
plus on die de bien de nous, que il n'y en a. Et
encores quand il est question de louër quelqu'vn, il veut que cela ne se face à la legere, &
sans au parauant auoir cognu par experience

V iij

quel il eſt ; de peur que parapres venant paraduenture à ſe monſtrer tout autre, que n'auions
teſmoigné, noſtre legereté ne nous face rougir.
Et c'eſt ce que diſoit auſſi Horace,

Ne t'aduienne iamais, premier qu'y regarder
Et trois & quatre fois, d'aucun recommander:
De peur que par apres ſoudain tu ne rougiſſe,
Si rien du tout en luy ne ſe trouue que vice.

26.

Qu'il ne
faut pren-
dre plaiſir
à ouyr meſ
dire de
quelcun.

*Trop mieux vaut receuoir, que de dire vne
iniure.*

*Quand quelcun de gaber vn autre entrepren-
dra,*
Toy-meſme eſtre gabé penſer il te faudra.
Ainſi tu trouueras la parole bien dure.

MIEVX vaut endurer que lon die mal de
nous, que non pas dire mal d'vn autre. Pourquoy cela? D'autát que ſi c'eſt à tort qu'vn meſchant vient à detracter de nous, il ne faut douter que cela ne nous aide à ſalut, & à iouyr des
beatitudes que Dieu nous a promiſes. Si c'eſt à
iuſte occaſion qu'on nous tient ſur les rangs,
encores cela nous tournera il à profit. Car par
tel moyen viendrons nous à nettoyer nos ames
des ordures de peché. Au contraire, quand
nous taxons quelcun, & meſdiſons de luy, ſi
nous le faiſons d'enuie que portons à ſa vertu,

nous sommes bien meschans & miserables, &
dignes de toute peine. Que si c'est à droict que
le vituperons, en tel cas le Seigneur Dieu co-
gnoistra de quelle affection nous faisons cela.
Car si c'est affin de luy faire quitter son peché,
& prendre meilleur chemin, & pareillement
pour destourner les autres de ne tóber en semblable faute, c'est bien chose certaine, que sommes en cela hors de toute coulpe. Mais si c'est
pour assouuir nostre cholere, ou pour haine
que luy portions, c'est chose toute certaine,
que nous offensons Dieu griefuement. Voila
quant à ce poinct. Maintenant quant aux brocars, que quelcun dict d'vn autre en nostre
presence, cóme pensant par cela faire chose qui
nous soit aggreable, nostre Autheur nous donne vn tresbon & tressainct conseil : c'est que
quand quelcun met vn autre sur les rangs, &
mesdict ou se gosse de luy, nous venions incontinent à imaginer, que c'est de nousmesmes
de qui il faict des comptes, & se mocque. Car
par tel moyen nous ne faudrons de conceuoir
vne grande fascherie & indignation de tel propos. Et adonc celuy qui tenoit vn tel langage,
voyant que n'y prenons plaisir, sera contrainct
de s'en desister, & changer de matiere. Pleust à
Dieu que ce cóseil fust auiourd'huy bien prattiqué entre les Chrestiens : les meschantes langues, & pleines de mesdisance & de calomnie,
n'auroient pas le cours comme elles ont.

V iiij

Qu'il ne
faut insul-
ter à ceux
qui sont
tombez en
quelque
faute.

A Vant qu'entrer au port, ne tiens paroles
    hautes.

Cent ont aupres du port de vie esté priuez,
Cent & cent de tempeste à port sont arriuez,
Donc à nul reprocher ne t'aduienne ses fautes.

SAINCT Gregoire en ce Quatrain nous
admoneste de ne tôber en l'orgueil & iactance
de ce Pharisien, duquel il est parlé en l'Euangile, qui non content de chanter ses louanges, encores estoit il si cruel, que d'insulter au pauure
Publicain. Dict donc ce bon personnage, que
tout ainsi que ce n'est chose seure de se vanter
d'vne heureuse nauigation, auant que le nauire
ait gaigné le port, & soit desia à l'ancre, par ce
que souuentefois tout aupres du port il va à
fond: ainsi n'est ce pas le faict d'vn homme sage, de se magnifier pour ses vertus auant la fin
de sa vie: d'autant que plusieurs ayans long'téps
mené vne bonne & saincte vie, en fin toutefois
se sont desmentiz, & sont morts miserablemét:
comme entre autres nous lisons d'vn Heron,
lequel apres auoir par l'espace de tant d'annees
vescu aussi sainctement que homme de son
temps, en fin par vne malheureuse mort perdit
tout ce qu'il auoit faict de bien. D'autre costé,
comme plusieurs ayans esté batuz de grandes
& dangereuses tempestes, en fin neantmoins
sont arriuez à port: ainsi voit on souuent arriuer, que ceux qui ont long temps seruy à peché

Luc.18.

& iniuſtice, par la grace de Dieu prennent puis
apres meilleur conſeil , & ſuyuans meileure
route , arriuent en fin à port de ſalut. Parquoy
conclud noſtre Autheur, que le plus beau & le
plus ſeur pour nous, eſt de ne reprocher à perſonne ſes calamitez , ſoient temporelles, ſoient
ſpirituelles , mais pluſtoſt d'icelles conceuoir
vne crainte , & mettre peine d'en inſtituer noſtre vie auec plus grand ſoin & vigilance.

28.

Mieux vaut en bien viuant , & ſouffrant
      quelque peine,
Parler aucunes-fois au Seigneur librement,
Que remply de pechez en fin eſtre en tourment:
Quoy que rien icy bas ſans raiſon ne ſe meine.

La calamité
des bõs eſt
à preferer à
la proſperi-
té des meſ-
chans.

    Novs liſons en l'Eſcriture ſaincte, comme
pluſieurs ſaincts perſonnages, faſchez de ſe voir
cruellemét vexez & preſecutez par les meſchás,
ſe ſont quelques fois cóme en courroux addreſ-
ſez à Dieu, luy demádans pourquoy il enduroit
ſi lóg téps telle choſe, ſans deſcharger les traicts
de ſon indignation ſur ceux qui tant les tour-
mentoient. Donc pour la conſolation de ceux,
dót la pieté eſt exercee par beaucoup de tribu-
lations & perſecutiós, noſtre Autheur dict, qu'il
vaut mieux endurer en ce monde ſi grandes afflictions , que quelquesfois il en eſchappe vne
telle complainte à l'endroit de Dieu , pour raiſon de la calamité des bons , & proſperité des

Iob. 21.
Habac. 1.

meſchans, que non pas d'auoir icy tout à ſou-
hait, & puis apres eſtre puny en l'autre monde.
Puis apres, pour mitiger cela, il dict ſur la fin,
Encores que toutes choſes ſoient gouuernees
par raiſon. Par leſquelles paroles il entend, que
encores qu'il ſorte quelque fois de la bouche
des gens de bien telle ſorte de complaintes, toutefois il faut touſiours tenir pour reſolu, que
noſtre Seigneur ne faict rien, que auec vne treſ-
grande raiſon & ſageſſe.

29.

De l'aumoſ-
ne enuers
leſpauures.

IEtte tout , & t'acquiers Dieu pour toute ri-
cheſſe:
Car tu n'es que des biens d'autruy diſpenſateur.
Si tout ne veux donner, donne au moins le meil-
leur:
Sinon, du ſuperflu fais aux pauures largeſſe.

SAINCT Gregoire côſtitue en cet endroit
trois degrez de perſonnes, qui pour l'admini-
ſtratiõ de leurs biens meritent louange. Le premier & le plus parfaict, eſt de ceux qui donnent
tout aux pauures, ne voulás auoir pour toutes
richeſſes que Ieſus Chriſt. Le ſecód eſt de ceux,
qui luy dónét le meilleur de ce qu'ils ont, ne re-
ſeruás pour leur vſage neceſſaire q̃ le plus petit,
& le plus vil. Le dernier & moins recómádable
eſt de ceux, qui ſe monſtrent miſericordieux &
charitables enuers les pauures de leur ſuperflu.
Or pour nous exciter à eſtre aumoſniers, il
nous aduertit, que n'auons rien qui ſoit à nous,

mais que seulement sommes administrateurs
des biens de Dieu.

30.

SVr la teigne & l'enuie est bon que tu rauisse.   Du fruict
Christ pour debteur auoir vaut mieux, qu'vn   qui aduient
thresor grand.   de l'aumos-
ne.
Pour vn morceau de pain les biens du ciel il rẽd.
En nourrissant le pauure, à luy fais cet office.

IL poursuit encores le propos de l'aumosne,
disant, qu'il est bon & profitable de desrober
quelques choses aux teignes & à l'enuie. Or celuy desrobe les teignes, qui n'attend que les teignes luy rongent ses biens, mais parauant que
cela arriue, les depart à ceux qui en ont besoin.
D'autre costé celuy desrobe l'enuie, qui ne permet que pour trop accroistre ses richesses elle   Naz. Orat.
se bâde contre luy. Car selon le prouerbe Grec,   in sanct. Ba-
l'enuie ne grauist que sur celuy qui a. Dict con-   ptism.
sequemment nostre Autheur, qu'il vaut mieux
auoir Iesus Christ pour debteur, que auoir la
possession de toutes autres choses. Et pour mô-
strer comme il faict bon luy prester, il dict, ce
qui est escrit en l'Euãgile, que pour vn morceau   Mat. 20.
de pain, & vn verre d'eau froide, il réd le Royau
me des cieux. Et pour le dernier, il dict que tel
office de charité est faict en son endroit, quand
il est exercé enuers les pauures, suyuant ce qu'il
dict luy mesmes, Ce que vous auez faict à l'vn   Mat. 25.
de mes plus petits, vous me l'auez faict.

31.

Du danger
qu'il y a d'es-
cõduire les
pauures.

AY-ie d'vn souffreteux esconduit la priere?
Helas, Seigneur, ie crains que moy pareille-
ment
Ne vienne à requerir ton secours vainement.
Car ce qu'ay refusé, ne faut que ie l'espere.

AYANT declaré au precedent Quatrain le profit & vtilité qui reuient d'estre pitoyable & liberal enuers les pauures, maintenant il parle du mal, que cause la cruauté en leur endroit, disant, que celuy qui a renuoyé le pauure sans luy accorder sa requeste, a grãde occasion decraindre, que luy pareillement se presentant à Iesus-Christ pour obtenir quelque chose, ne s'en retourne esconduit de sa priere, & que la mesme loy d'immisericorde, qu'il a mise en auant, ne se prattique contre luy. La raison est, que en vain espere l'homme de receuoir ce qu'il a refusé de donner. Dequoy nous auõs l'exemple du mauuais Riche, lequel pour auoir refusé les miettes de pain au Lazare, est esconduit tout à plat, ne demandant que vne goutte d'eau pour refraischir sa langue.

32.

De la seu-
reté des pau
ures, & qu'il
les faut se-
courir.

RIen plus seur il n'y a que le pauure & debile.
A Dieu seul il regarde, à luy seul a les yeux.
Mais toy de l'embrasser sois tousiours studieux,
Ainsi que l'Aigle faict son poussin imbecile.

D'AVTANT que plusieurs estimẽt la pau-

ureté eſtre vne choſe merueilleuſement à fuyr,
& pour la crainte qu'ils ont d'y tomber , ne ſe
veulent monſtrer pitoyables à l'endroit de ceux
qui en ſont affligez:pour cette raiſon, tant affin
de remedier à leur chicheté , que de côſoler les
pauures, dict , qu'il n'y a rien plus ſeur ne plus
tranquille , que le pauure, comme celuy qui ne
regarde ny à argent,ny à poſſeſſiôs, ny à beſtial,
ny à ſeruiteurs , ains ſeulement à Dieu, duquel
il ſe tient aſſeuré qu'il ne luy manquera, ny en
ce qui concerne l'entretenement de la vie preſente,ny en ce qui touche la future & eternel-
le.Mais quant à toy,dict il au riche & opulént,
embraſſe le , & vſe enuers luy de tout office
d'humanité & de miſericorde , imitant en cela
l'Aigle , lequel tient & eſchauffe de ſes ailes ſes
petits Aiglons,pendant qu'ils ſont encores im-
becilles,

33.

Mieux vaut la pauureté, qu'vne iniuſte ri-
cheſſe:
Comme fieure vaut mieux, que mauuaiſe ſanté.
De faim on ne voit guere vn homme eſtre em-
porté.
Mais le vice eſt la mort à l'ame pechereſſe.

Que la pau
ureté vaut
mieux que
mauuaiſe
richeſſe.

EN ce Quatrain il conſole encores les pauures, diſant,que comme la maladie vaut mieux
que vne mauuaiſe ſanté,c'eſt à dire,addonnee à
vices & iniquitez, ainſi pauureté eſt trop meil-

leure que vne richeffe mal acquife. Et la raifon qu'il ameine, eft telle. On n'a gueres ouy parler d'vn pauure qui foit mort de faim. Car il f'eft trouué peu de perfonnes en telle extremité, qu'ils nayent peu recouurer quelque morceau de pain pour fuftanter leur vie. Mais quant à la mefchâceté, c'eft la certaine mort du mefchât: d'autant que felon l'Efcriture fainéte, le peché eft la mort de l'ame.

34.

Qu'il faut reputer les feruiteurs pour conferuiteurs.

Qvi eft maiftre, & qui ferfices degrez ie re-
prouue.
A tous eft vn faéteur, loy mefme, & iugement.
Conferuiteur tu es de ton ferf feulement.
Fais dõc apres la mort que plus grãd tu te trouue.

APRES auoir traiété fainétement & Euan-geliquement de richeffe & de pauureté, main-tenant il traiéte en pareille façon de maiftrife & de feruitude, difant, que cette feétió de noms n'eft bonne ne naturelle, ains comme il diét au-tre part, violente & tyrannique, ayans efté les vns afferuiz aux autres, ou par guerre, où les vi-étorieux ont reduiét fouz le ioug de feruitude les vaincuz, ou par pauureté, qui a contraint les miferables fe mettre fouz la domination des ri-ches & puiffans. Car au demeurant, il n'y a oc-cafion pourquoy les vns foient diéts maiftres & feigneurs, & les autres ferfs : attédu que tous fommes creez d'vn mefme Dieu, auons tous mefme loy, & le dernier iugement fera egal à

tous. Que faut il dõc que face celuy, qui se voit
enuironné d'vne grande troupe de seruiteurs,
affin que de cela il ne vienne à s'enfler d'orgueil,
& estimer de soy outre mesure ? Il faut qu'il les
repute, non cõme simples seruiteurs siens, mais
comme conseruiteurs, d'autãt que & luy & eux
ont vn commun maistre & seigneur, sçauoir est
Dieu le createur. Et au demeurant, faut qu'il regarde de si bien instituer sa vie, que quãd il viẽ-
dra à en sortir, ce soit alors qu'il commence à
paroistre plus noble & excellent, & non point
en cette vie, où toutes choses sont fragiles &
corruptibles.

35.

Q*Voy les serfs, mesmement selon Dieu vou-*
lant viure ?
Que d'aimer ils ne soiët refusans leurs Seigneurs.
Ce qui faiėt & le libre, et le serf, sont les mœurs.
Christ mesme a paru serf, pour nous mettre à de-
liure.

A Y A N T S. Gregoire admonesté les maistres
de se comporter modestement à l'endroit de
leurs seruiteurs, & les reputer plustost leurs cõ-
seruiteurs que non pas simples seruiteurs, comme sçachans qu'ils ont aussi bié vn Seigneur au
ciel, que ceux qui les seruent: de peur q̃ de ces
paroles les seruiteurs ne prennent occasion de
s'esleuer arrogamment contre leurs maistres, il
vse maintenant d'vn tél propos : Et quant aux
seruiteurs, principalement s'ils sont fideles

Doctrine
pour les ser
uiteurs.

Ephe. 6.

& Chreſtiens, quel enſeignement leur donne-
rons nous ? Qu'ils ne facent refus d'obeyr de
bonne affection à leurs maiſtres. Et pour le
nom de ſerfs qu'ils portét, que pour cela ils n'en
ayent aucune honte. Car la vraye liberté & ſeruitude ſe balancent par les mœurs: de ſorte que
l'homme de bien eſt vrayement libre, & le meſchant ſerf. Dont faut conclure, que eſtre ſerf ne
doit eſtre reputé pour mal, mais eſtre meſchant
& vicieux. Ce que meſmes nous voyons en Ieſus Chriſt, lequel eſt apparu en ce móde en forme de ſerf, comme luy meſmes ſe complaint
par la bouche du Prophete, Que nous l'auons
faict ſeruir par nos iniquitez : & toutefois c'eſt
luy, qui de la ſeruitude diabolique nous a par
ſa faincte mort tirez tous en liberté.

Eſa. 43.

36.

La vraye Nobleſſe giſt en ver-tu.

Rougis d'eſtre meſchant, nŭ de race peu clere.
   Car Nobleſſe ne viét q̃ des corps ia pourris.
Mieux vaut qu'elle ait par toy commencé, que
   fin pris:
Comme eſtre beau vaut mieux, qu'eſtre nay de
   beau pere.

APRES auoir donné conſolation à ceux qui
ſont preſſez du ioug de ſeruitude, maintenant
il faict le ſemblable à ceux qui ſont de race baſſe & obſcure, diſant, que on ne doit auoir hôte
d'eſtre appellé ignoble, mais bien d'eſtre appellé meſchant. Car quant à la Nobleſſe mondaine, d'où vient elle, ſinó des corps des anceſtres
ia tour-

ia tournez en pourriture ? Et au furplus, c'eſt
choſe trop plus illuſtre & honorable d'eſtre autheur & commécement de Nobleſſe aux ſiens,
que nõ pas d'eſteindre par ſes vices celle qu'on
a receuë de ſes predeceſſeurs : tout ainſi qu'il
vaut mieux eſtre beau de ſoy, que eſtre nay d'vn
pere excellent en beauté. Il y a vn Carme dedás
ce meſme Autheur, qu'il addreſſe au Noble vicieux, où il rembarre viuement celuy qui ſ'or-
gueilliſt pour ſa Nobleſſe, quoy qu'au demeurant il ſoit des plus vicieux hommes du môde.

37.

Fais de Dieu ſeulement que la ſoif ne te laſ-
che,
Qui touſiours pl'prodigue aux preneurs ſe depart,
Deſirant que deſir nous tienne de ſa part.
Par tout ailleurs auoir moins qu'autruy ne te
faſche.

L'AVTHEVR monſtre en ce Quatrain, où
il eſt bon de ficher ſa conuoitiſe, ſans iamais ſe
ſáouler de deſirer, ſçauoir eſt en Dieu, & aux
choſes diuines: adiouſtant, que tát plus nous le
receuons, & tant plus iournellement nous faiĉt
il participans de luy, comme ayant vn extreme
deſir d'eſtre deſiré de nous, & eſtant comme v-
ne certaine fontaine de grace & de tous biens,
coulant inceſſamment. Mais quant à toutes autres choſes, il nous admoneſte de porter patié-
ment, ſi auons moindre part & portion que les
autres, ſçauoir eſt de richeſſes, d'honneurs, de

Iamais on
ne ſe doit
laſſer d'ai-
mer Dieu.

X

ſçauoir,& choſes ſemblables, rendans graces à
la prouidence de Dieu, qui depart ſes biés ainſi
que bon luy ſemble. Et c’eſt le moyen d’arracher de nos cœurs toutes les racines d’enuie
contre nos prochains.

38.

Qu’il vaut
mieux hon
neſtement
ceder que
mal vain-
cre.

NE de vaincre par tout, n’en tout temps, ne
deſire.
Bien ceder, que mal vaincre, eſt plus à deſirer.
Le luteur ne le perd touſiours, pour ſ’atterrer.
L’abbateur bien ſouuent ſur la fin a du pire.

IL y a des perſonnes, dont la pertinacité &
opiniaſtreté eſt ſi grande, que pour rien du mõde ils ne voudroient ſe rendre, ne ceder à nul,
ains en quelque contention que ce ſoit, veulent
touſiours emporter le deſſus. Qui eſt vn miſerable genre de victoire. Car, comme dict treſbiẽ

Ho.aduerſ.
iraſcent.

S. Baſile, en mauuaiſes contentions celuy eſt le
plus miſerable, à qui demeure la victoire : d’autant qu’il ſe retire ayant la plus grand part de
l’iniquité. Noſtre Autheur donc nous admoneſte de ne nous efforcer de vaincre en toutes choſes. Car il y en a, où il vaut mieux eſtre vaincu,
que d’obtenir la victoire, & honneſtement ceder, que vilainement opiniaſtrer. Et ſouuent
par tel moyen gaigne l’on d’auantage, qu’en de-
batant aigrement. Ce que il monſtre puis après
par l’exemple de la luitte, où l’on voit ſouuent,
que celuy qui eſt deſſous, emporte en fin la pal-

me.Voy,s'il te plaist, le 34. sonnet, de nos Sonnets spirituels.

39.

DE perdre quelque chose est souuent profita-
ble,
Comme esmöder vn arbre, affin de mieux porter.
Quiconque iniustement ses biens veut augmēter,
Au bois porte la flamme, au corps fieure en sem-
blable.

Qu'il vaut mieux quelquefois perdre, que gaigner.

TOVT ainsi que de vouloir en toutes choses
& en tout temps emporter la victoire, n'est cho
se ny bonne ny profitable : ainsi n'est-ce chose
ny louable ny vtile, de vouloir en toutes choses
& tousiours faire profit. Ains au contraire aduient assez souuët, qu'vn gain corporel apporte
grand perte au gaigneur, & au côtraire la perte
tourne en fin à grãd profit au perdeur. Car tout
ainsi que quand nous couppons quelques brã-
ches d'vn arbre, qui trop s'espand en rameaux,
par tel moyen en est il rendu plus fertile : de
mesmes quand en choses corporelles volontairement faisons quelque perte, par tel moyen
d'autant plus és spirituelles nous nous enri-
chissons : Et au contraire d'autant plus que
voulons auec grande ardeur accumuler des
richesses temporelles & materielles , d'autant plus aussi nous appauurissons nous aux
vrayes & spirituelles . Et voulans ainsi de
iour en iour accroistre par illicites moyens
nos richesses mondaines , c'est tout autant que

ſi nous portions vne torche allumee au bois, ou
bié vne maladie au corps: c'eſt à dire, nous ſommes autheurs de noſtre ruïne & perdition.

40.

Qu'il faut
pardonner
aux autres,
affin que
Dieu nous
pardonne.

SI tu n'es à ton Dieu debteur pour ton offenſe,
Ne ſois à tes debteurs bening aucunement.
Mais ſi debteur tu es, ſois leur doux & clement.
Car pardon enuers Dieu par pardon ſe balance.

L'ARGVMENT de ce Quatrain eſt prins
de l'Oraiſon dominicale, où tous demandons
à Dieu, qu'il luy plaiſe nous remettre nos deb-
tes. Confeſſans donc ouuertement & veritablement, que ſommes debteurs à l'édroit de Dieu,
c'eſt à dire ſubiects à la peine, à cauſe des offenſes que commettons iournellement contre
luy, noſtre Autheur nous admoneſte de nous
môſtrer doux & pitoyables enuers ceux, de qui
auons receu quelque tort, affin que par ce moyé
noſtre Seigneur pareillement vſe de douceur &
miſericorde en noſtre endroit, ſuyuant ce qu'il

Mat.7.

dict en l'Euangile, Par la meſme meſure, que
vous aurez meſuré, vous ſera auſſi meſuré. Et de

Mat.6.

rechef, Si vous ne pardónez à ceux qui vous auront offenſé, auſſi ne vous pardonnera voſtre
Pere qui eſt és cieux.   41.

Remede có
tre l'ardeur
de vengeá-
ce.

QVand pour vn tort receu, bien fort tu te cho-
*   lere,*
De Chriſt te propoſer commence la douleur,
Et combié peu tu ſouffre, au regard du Seigneur.
Ainſi comme auec eau ſ'eſteindra ta cholere.

S a i n c t Gregoire en ce Quatrain nous dó-
ne vne belle & saincte doctrine de patience en
iniures receuës. Quand, dit-il, quelqu'vn t'aura
tellemét offensé, que tu sentiras tó cœur bouil-
lonner d'vn ardét desir de vengeance, souuien-
ne toy incontinent de Iesus Christ, & des tourmens & mocqueries qu'il a enduré en croix
pour l'amour de toy. Et considere en toy-mes-
mes, combien les iniures que tu as receuës, sont
moindres que celles qu'il a souffertes : & auec
cela, quelle difference il y a entre toy & luy.
Car il est ton Dieu & Seigneur, & qui n'a oncques commis aucun peché, & toy au contraire
n'es que serf, & plein d'innumerables pechez.
En vsant de telle façon, tu ne faudras incontinent par ces consideratiós d'esteindre ton courroux, ne plus ne moins que auec l'eau s'esteint la
flamme. Et cette medecine a esté prattiquee par
luy-mesmes, comme il tesmoigne en l'Oraison
contre les Arriens.

42.

A Mour, l'ire, & le Vin, & Sathan sont semblables.

Quiconque en est saisy, perd esprit & raison.
A cela faut ieusner, pleurer, faire oraison.
C'est le triple moyen, qui rēd mes maux curables.

I l dict qu'il y a trois passions, qui rendent
l'homme hors du sens, & comme demoniacle,
sçauoir est l'amour impudic, l'yurongnerie, &
vne cholere desbordee. Et de faict, l'amour se-

X iij

ftant vne fois rendu maiftre de l'homme, luy
faict perdre tout vfage de raifon, comme nous
en auons exemple en plufieurs grands perfonnages, qui au milieu de leurs courfes belliques
font demeurez tout court , pour f'eftre laiffez
enuelopper aux filets d'amour. De l'yurongnerie, l'experience ordinaire monftre clairement,
que où elle eft, la raifon n'y peut non plus eftre,
que le Soleil en pleines tenebres. Et quant à la
cholere, Horace mefme la definift vne briefue
fureur. Or à ces trois maladies nous font don-
nez trois medicamens par noftre Autheur, fçauoir eft le ieufne, l'oraifon, & les larmes. Car ces
trois remedes ont la force de nous preferuer
de ces trois peftes de l'ame, & de nous en guarir, fi d'aucture il nous eftoit aduenu de y tober.

Epift. 1.

43.

Annis tout iurement. Face foy ton langage,
Et la bonté de mœurs, confirmant le parler.
C'eft Dieu nier, à faux en ferment l'appeller.
Les mœurs iurent affez, fans iurer d'auantage.

Qu'il faut
s'abftenir
de iurer.

SAINCT Gregoire nous inftruit en ce Quatrain, de fuyr toute forte de iurement : d'autant
que f'abftenir totalement de iurer, c'eft couper
du tout la broche au pariure, qui eft vn peché
trefgrief & dãgereux. Car appeller Dieu en tef-
moignage d'vne chofe faulfe, eft vne vraye ef-
pece de renoncement d'iceluy, Or ne faut il
prendre cecy de telle façon , que par cela on
vienne à conclure, que tout iurement foit pro-

hibé par la loy Euangelique. Car il eſt licite de
iurer,pourueu que ce ſoit en iugemẽt,en iuſtice,& en verité. Mais faut entendre cecy des iu-
remẽs legers,& que on faict ordinairemét pour
cauſes de petite importance : leſquelles ce bon
perſonnage admoneſte de fuyr du tout, affin
que le iuʁement n'engendre peu à peu en nous
le pariure. Mais quoy, dira quelcun,comment
dóc perſuaderay-ie aux autres que ie dy verité?
Reſpond noſtre Autheur:En ſimplement acer-
tenant la choſe aller ainſi que tu dis,& viuant ſi
vertueuſement, q̃ ta vie face adiouſter foy à tes
propos.Et de faict, qui eſt celuy qui facilement
ne croye ce que dict vn perſonnage , qu'il a en
reputation d'homme de bien & veritable?Suy-
uant quoy nous liſons d'vn certain Payen, lequel eſtant preſt de publiquement preſter ſerment touchant quelque matiere dont il eſtoit
queſtiõ, le peuple ne voulut iamais qu'il iuraſt,
ayant la vertu,dont il eſtoit recommandé, en ſi
grande reuerence, qu'il penſoit ſe faire vn grãd
tort,ſ'il n'adiouſtoit foy à ſa ſimple depoſition,
ſans au preallable auoir receu de luy le ſerment
accouſtumé en tel cas. Dict donc à la fin noſtre
ſainct Docteur, qu'il n'eſt ia beſoing d'interpo-
ſer le nom de Dieu en nos propos,& qu'il ſuf-
fiſt que les mœurs iurent pour nous, c'eſt à dire
qu'elles portét auec ſoy autãt de poids & d'authorité , que ſi le ſerment y entreuenoit.

X iiij

<table>
<tr><td>

Enſeigne-
ment pour
ſe monſtrer
bening &
clement.

</td><td>

VN bref enſeignemẽt requiers tu de clemẽce?
Soit tel à tes amis & prochains, q̃ tu veux
Qu'ils ſoient en ton endroit. Vn plus cõpendieux
En veux tu? De Ieſus c'eſt la mort et ſouffrance.

</td></tr>
</table>

CE Quatrain eſt tiré de ce precepte Euãgeli-
que, où noſtre Seigneur dict, Tout ce q̃ voulez
q̃ les hómes vous facẽt, faictes leur auſſi le ſemblable. Que ſi ce cõmandement eſtoit autãt biẽ
prattiqué de tous, cõme pluſieurs l'õt en la bouche, la charité mutuelle ne ſeroit à toute heure
ſi meſchamment violee, comme elle eſt pour le
iourdhuy, où à l'endroit de la plus part des hómes charité eſt vn nom vain & ſans choſe. Dóc
pour r'allumer en nous l'amour mutuel, noſtre
Autheur conformément à l'Euangile, veut,
d'autant que naturellement l'amour propre eſt
fiché au cœur d'vn chacun, que nous prenions
la reigle de traicter les autres ſur nous-meſ-
mes : qui eſt vne briefue & ſuccincte doctrine de benignité mutuelle. Car leur faiſ-
ſant de meſmes que voulons qu'ils nous facent, & au contraire ne leur faiſans choſe aucune, que nous voulions que pareillement ils nous facent, c'eſt bien choſe certaine que nous leur ferons tous les plaiſirs
& gratieuſetez qui ſeront en noſtre puiſſance, & que ſongneuſement nous nous garde-
rons de leur faire deſplaiſir. Encore outre cette

doctrine sainct Gregoire nous en donne sur le
mesme poinct vne plus courte, c'est le tourmét
de Iesus Christ, lequel quicõque se proposera en
l'entendemét, impossible luy sera de ne se monstrer doux & bening enuers ses prochains.

45.

NE pẽse au bon amy que rien soit cõparable,
Qu'vn verre n'a monstré, mais dure ad-
uersité:
Qui complaire ne sçait, qu'à ton vtilité.
Fin ait l'inimitié, mais l'amour soit durable.

Quel est le
vray amy:
& qu'il faut
mettre fin
aux inimi-
tiez.

ENCORES icy sainct Gregoire marche a-
pres l'Escriture saincte, qui dict, qu'il n'y a rien
en toutes les choses humaines, qui se puisse cõ-
parer à l'amy fidele: comme aussi à la verité n'y
a il chose plus douce, qu'vne saincte amitié mutuelle, ne qui plus apporte de plaisir & consolation. Or pour recognoistre & discerner l'a-
my fidele d'auec le faux & masqué, il dict, que
le fidele c'est celuy qui n'est amy de table, ny
de verres, & qui, les aduersitez suruenantes, s'en
va ainsi que les Arondeles, approchant la froidure de l'hyuer: mais celuy, qui en saison triste
& calamiteuse demeure tousiours ferme & cõ-
stant en affection, & qui ne pense l'amitié consister à flater son amy, & luy gratifier en toutes
choses, ains à luy conseiller ce qui luy est honneste & profitable. Et d'autant qu'il est malai-
sé, que quelque fois il n'arriue quelque petite
contention, qui couure comme de quelque

nuce la ferenité de l'amitié: noftre Autheur fur la fin nous donne vn bon & falutaire precepte, c'eft de donner ordre que nos inimitiez & con tentiós foient bornees & limitees, mais que nos amitiez foient fans aucune fin & limite. Qui conuient à ce que l'on dict communemét, qu'e- ftans mortels comme nous fommes, nos inimi- tiez ne doiuent point eftre immortelles, mais bien nos amitiez & bonnes affections.

46.

Qu'en tou
tes chofes
eft requis
de prendre
côfeil d'au-
truy.

L'Oeil voit tout fors que foy. mefme eft il ne-
    ceffaire,
Pour autres chofes voir, qu'il ne foit chaßieux.
Donc vfer de confeil fois toufiours foucieux.
Le pié du pié, la main a de la main affaire.

ON voit fouuent aduenir, que les plus fub- tils & clair voyans aux affaires d'autruy, en leurs propres affaires font de lourdes fautes, & ceux qui à iuger des labeurs d'autruy ont vn entendement fort vif & aigu, aux leurs propres l'ont obtus & groffier. Car tout ainfi que l'œil voit bien les autres chofes, mais il ne fe peut voir foy-mefme, & encores ne peut il au vif re- garder les autres chofes, fi en luy y a quelque vice & infirmité: ainfi l'entendement peut bien iuger du faict d'autruy, pourueu qu'il ne foit corrompu & infecté d'aucune paffion : mais quant au fien propre, il ne le peut bonnement faire. Et pour cette caufe noftre Autheur nous inftruit de ne rien faire de noftre tefte, ains en

routes choses prendre côseil de quelque homme de meur & sage iugement:disant,que comme vne main a affaire de l'autre, & vn pied de
l'autre, ainsi l'homme a besoing du côseil d'autruy,s'il veut que ses affaires luy succedent heureusement.

47.

SI des gens de vertu tu suis la remonstrance,
Apres ne rougiras,des meschans brocardé.
Quand vn penser t'assaut,pense estre regardé
De cent yeux tout ensemble,&t'aye en reuerêce.

Qu'il faut croire le cô seil des gés de bien : & commêt il faut chasser vne mauuaise pésee.

EN ce Quatrain sont contenues deux doctrines tresutiles. La premiere est, de nous soumettre aux admonitions & remonstrances des
gens de bien, & y obeyr volontairement . Car
ce faisant ne viendrons puis apres par quelque
faute commise apprester à rire aux meschans &
vicieux. Ce qui arriue lors,quand ne faisans cas
des conseils & enseignemés des gens vertueux,
ne voulôs croire que nostre ceruelle , & à cette
occasion faisons des choses, dont tout le môde
se mocque de nous . La seconde doctrine est,
quand estans seuls,quelque mauuaise pésee entre en nostre entendement,nous persuader que
plusieurs nous regardent, & nous porter nousmesmes autât de respect & de reuerence, côme
si auions vne cétaine de personnes à l'entour de
nous. Car par tel moyé,quelques seuls q̃ soyôs,
nous nous tiédrôs tousiours sur nos gardes, de
peur d'offenser Dieu,& n'é vscrôs à la mode de Ecclef.29.

ce fol, qui dict en l'Escriture saincte, Qui est-ce qui me voit? Les parois m'enuirõnent &c. Et de faict, il faut bien que tenions pour asseuré, qu'il n'y a paroy tant espesse, ny lieu tant retraict & caché, qui empesche que les Anges ne soient spectateurs de toutes nos actions, & le maistre mesmes des Anges.

48.

Qu'il ne faut hanter les mes-chans, & ne s'obliger à eux.

DE preferer aux bons les meschãs ne t'arriue.
En hantant les meschans, meschant seras
ainsi.
Du meschant ne reçoy nul plaisir. car ainsi
Sur ses pechez il veut que tu coule & conniue.

ICY pareillement sont sommairement com-prins deux enseignemés. Le premier est, de pre-ferer tousiours les gens de bien aux meschans, & de iamais n'auoir vne familiere habitude a-uec ceux qui viuent mal. Car comme il est im-possible, que celuy qui touche la poix, n'en ait
Ezech.13. les mains infectees: ainsi ne se peut faire, que celuy qui cõuerse ordinairement auec person-nes mal viuantes, en fin ne deuienne semblable à eux. Le second poinct, que nous enseigne en cet endroit nostre Autheur, c'est de ne nous laisser obliger à vn meschant homme par pre-sents receus de luy. Car par tel moyen il veut comme captiuer nostre liberté, & nous tenir en telle seruitude, que soyons contraincts luy applaudir en ses meschancetez, &, selon que
Psal.9. dict l'Escriture, le louer aux desirs de son ame,

oῢ pour le moins que le laiſſions faire ce qu'il
veut,ſans le reprendre aucunemét,ny luy chanter ſes veritez.Et de faict,c'eſt vne ruſe aſſez fre
quente des grands, quand ils ont affaire à quelque predicateur libre & hardy à reprédre leurs
vices , de le faire taire par quelques bien-faicts,
&,comme iadis on ſouloit parler, luy mettre le
bœuf en la langue, & luy cauſer l'argentangi-
ne de Demoſthene. Comme nous voyons meſmes, que Pompee le grand , pour faire taire le
ieune Caton,lequel tonnoit à tous coups côtre
la puiſſance extraordinaire dốt il abuſoit,vou-
lut prendre alliance auec luy . Ce que l'autre
tresbien cognoiſſant,la refuſa tout à plat.

Plut.in vi
ta Cat. Vti
cenſ.

49.

Tirer de l'ennemy profit ie m'eſtudie.
Car ſes prinſes craignằt, ie vy plus ſagemẽt.
Et toutefois ie crains ce grief medicament:
Et le doux allechant en pareil m'attedie.

Quel pro-
fit ſe peut
tirer de
l'ennemy.

EN cet endroit ſainct Gregoire nous enſeigne,quel profit nous deuons tirer de nos ennemis : c'eſt que craignans leur donner à mordre
ſur nous , il faut que nous nous gardions de ne
commettre aucune choſe digne de reprehen-
ſion , Par tel moyen l'inimitié qu'ils nous portent, quoy que de ſoy faſcheuſe & amere,nous
ſeruira de preſeruatif contre le peché, & nous
fera abhorrer tout plaiſir & volupté mauuaiſe,
comme eſtant cauſe qu'ils ont prinſe ſur nous.
Plutarque a faict vn beau & docte Traicté de

l'vtilité qui se peut recueillir de l'ennemy, auquel le Lecteur plus amplement pourra voir cette matiere.

50.

Quel fruict reuient de ne se vouloir venger.

REcompense les bons, des meschās n'aye cure:
Ains fais leur ce plaisir, q̄ d'eux ne te vēger.
Ainsi viendront en fin à vertu se ranger.
C'est vn don precieux, que remettre vne iniure.

NOSTRE Autheur nous enseigne en cet endroit, quād nous auons receu plaisir de quelcun, de le luy rēdre, l'occasiō s'y presentāt: mais non pas de nous vēger, quād auons receu desplaisir de luy. Car en tel cas ce bon Pere veut, q̄ suyuions le conseil de sainct Pierre, disant: Ne rendans à nul le mal pour mal: & que ceux qui nous ont faict quelque tort & outrage, pour le moins reçoiuent ce plaisir de nous, que de n'en souffrir pour cela nulle punitiō de nostre part. Ce qu'il a luy mesmes prattiqué, comme il tesmoigne en plusieurs lieux, & nommément en l'Oraison de son Adieu, où il dict, que s'estant presenté le moyen tout ouuert de se venger de ceux, dont auec son Eglise il auoit esté long tēps persecuté, ne le voulut faire, ains pour toute vengeance luy suffit d'auoir puissance de la prendre d'eux, sans autremēt la vouloir mettre en execution. Et que gaigne lon, dira quelcun, pour ne se vouloir venger d'vne iniure receuë? Respōd l'Autheur: Celuy qui t'a molesté, voyāt que tu as le moyen de luy rendre la pareille, &

1.Pet.3.

Orat. ad 150.episco.

que toutefois ta douceur & clemence eſt telle,
que tu n'en veux vſer, auec le temps ſ'en amollira, & quittera ſon venin : de façon que par ta
douceur & patience tu auras gaigné l'ame de
ton prochain. Parquoy à bon droiǎ il conclud
parapres, que la clemence eſt vn beau preſent,
comme ayant le moyen d'vn meſchant homme
en faire vn bon & vertueux.

ʃL.

SI poſſible eſt, à tous ton aumoſne ſ'eſtende:
Mais plus à tes parens. Pourquoy dy-ie cecy?
Qui croira que tu ais des eſtrangers ſoucy,
Si ne l'as de ceux là, que le droit te commande?

Qu'il faut
principale-
ment faire
bien à ſes
plus pro-
ches.

SAINCT Gregoire nous admoneſte, ſi poſſible eſt, q̃ ſoyons benings & charitables enuers
tous, à l'imitation de ce grãd Dieu, qui à tous ſe
mõſtre bening & liberal: mais q̃ plus copieuſe-
mét ayõs à exercer noſtre benignité & liberali-
té enuers ceux qui nous touchét de pres. Qui ſe
peut entédre, ainſi que l'explique Nicetas, tant
de la proximité corporelle, que ſpirituelle. Et la
raiſon que produit noſtre Autheur, eſt telle:
Qui pourra croire que nous nous monſtrerons
benings & charitables aux eſtrangers, ſi ne le
ſommes à l'endroit de ceux, à qui plus ſommes
obligez? Auſſi certes où toutes choſes concur-
rent, nous ſommes plus tenuz de ſecourir ceux
qui nous touchent de proximité, que non pas
les autres. Comme auſſi ſçauoit bien faire la

bonne matrone Nonna, mere de sainct Gregoire, ainsi qu'il recite d'elle en l'Oraison funebre
de son pere.

52.

Nos pe-
chez doi-
uent plus-
tost estre
attribuez
à nous que
au diable.

A Tout accusons nous Sathã en nostre faute:
Qui nul pouuoir ne peut, sinon de nous pui-
ser?

Du tout, ou pour le plus, deuons nous accuser.
Car le feu vient de nous: de luy !a flamme haute.

L'AVTHEVR nous apprend en ce Quatrain, que la cause de nos pechez depend plus
de nous, que de Sathan, veu qu'il n'a non plus
de puissance sur nous, que nous luy en donnós
par nostre mauuaise vie : & partant auons plus
d'occasion de nous accuser nousmesmes, & nostre negligence, que non pas ses assauts & im-
pugnations : attendu que ce sommes nous de
qui vient le feu, & la flamme de luy . Pour l'intelligence dequoy, faut noter que le feu de
courroux & concupiscence prend son origine
de nostre nature. Lesquelles deux passions il est
en la puissance de raison, qui tient la principauté, de diriger où elle voudra, sçauoir est ou à
vertu, ou à vice. Dont se faict, que quand nous
laschons la bride à la concupiscence, le feu viét
à s'allumer, lequel puis apres nostre ennemy
souffle, & bien souuent en excite vne gráde flá-
me. Au contraire, quand par labeur & diligence, & grande effusion de larmes nous la tenons
de court, alors & nostre ennemy, qui esleue vne

telle

telle flamme, perist, & nous sommes deliurez.

53.

DEs songes ne suy trop l'erreur & l'impo-
sture.

Estonner ne te faut d'vn triste & ennuyeux:
Ny t'esleuer aussi pour vn doux & ioyeux.
Souuent ainsi Sathan embusche te procure.

CE Quatrain icy faict côtre ces resueurs, qui
prennent pied sur tout ce qu'ils songent , & y
veulent asseoir autant de iugement, comme si
c'estoit quelque genre de diuination. Et peut e-
stre tacitement s'addresse il aux Messaliens,
qui sur sa vieillesse, ou pour le moins bien peu
de temps apres sa mort commencerent, & desquels tesmoigne S. Gregoire de Nysse , qu'ils Li. de Virg
adiouftoient plus de foy à leurs songes pleins cap. 23.
de deception , que non pas à la doctrine Euangelique. Dict donc nostre Autheur, qu'il ne faut
se laisser gueres aller aux impostures des songes,
ny se fort effrayer des mauuais & siniftres , ny
pareillemét se trop resiouyr & esleuer pour les
bôs & plaisans: par ce que bien souuent nostre
ennemy sous telle chose nous dresse vne embusche.

De la vani-
té des son-
ges.

54.

PRoposer tu te dois en tout bonne esperance.
Car si mesme on la voit le meschât secourir,
Beaucoup plus elle doit le iuste homme nourrir.
Car souffrir ie ne puis que le mal me deuance.

Qu'en tou-
te actiõ les
gens de biê
se doiuent
tousiours
proposer v-
ne bonne e-
sperance.

Y

EN toutes bonnes actions l'esperance d'vne heureuse fin doit tousiours accõpagner le Chrestien. Car sans cela il n'est possible qu'il puisse durer lõg temps au labeur & aux difficultez qui se presentent ordinairement à ceux, qui tiennét le chemin de vertu. Que si mesmes les meschãs en sont accompagnez, & aidez à venir à bout de leurs mauuaises entreprises, combié plus est il raisonnable que elle n'abandonne les gens de bié, ains se proposant à toute heure deuãt leurs yeux, soit cause de leur faire porter tous ennuys & trauaux de cœur magnanime? Autrement ce seroit vne chose fort absurde, que le mal empor tast le bien. Ce qui arriucroit, si l'esperance accõpagnoit les meschans en toutes leurs actions, & au contraire les bons en estoient destituez.

55.

PRudence en seureté la fortune precede.
Prudence est le timon: fortune a le rouler.
Rien icy ne se peut au sçauoir egaler:
Qui seul est à celuy qui le tient & possede.

Que prudẽce est plus seure que fortune: & qu'il n'y a rié icy plus à priser que doctrine.

EN ce Quatrain nous sont recõmãdees deux choses, sçauoir est la prudence, & l'erudition. Quant à la premiere, nostre Autheur nous remõstre, qu'il est beaucoup plus seur pour nous, de nous appuyer sur vne certaine prudéce, que non pas sur la temerité de fortune. Car la fortune est comme vne vague, tousiours inconstã te & variable : mais la prudence est comme le gouuernail de l'ame, qui la conduit sans erreur

à port de salūt. Quant à la seconde, il nous enseigne de ne preferer ny biens, ny faueurs, ny
hōneurs & grandeurs humaines, à l'erudition:
D'autant que toutes ces choses là tantost sont
à nous, tantost nous abandonnent pour s'en aller vers les autres : mais le sçauoir est vn bien,
que nul ne nous peut oster, & qui tellement
nous appartient, que mesmes il nous accompagne partans de cette vie.

56.

*T**On pouuoir en nuisant ne monstre en nul*
    affaire:
Ains en faisant plaisir, si veux diuinité.
C'est d'vn homme le faict, qui sçait sa parenté.
Facile est de tuer: vn Serpent le peut faire.

Qu'il faut
monstrer
sa puissance
à biē faire,
& non à
mal.

I L y en a, qui se pésent estre quelques braues
& illustres personnages, quád ils ont tué ou bat
tu beaucoup de personnes, ou bien en guerre
ruïné plusieurs villes & regions, & faict passer
par le fil de l'espee beaucoup d'armees. Nostre
Autheur dóc, pour leur faire quitter cette faul-
se persuasion, dict icy, que c'est en bien faisant
qu'il faut faire paroistre sa puissance, & non
point en nuisant à quelcun. Car comme dict
tresbiē Ciceron, il n'y a chose, qui par imitation
nous face plus approcher de Dieu, que en faisant bien aux hommes, & leur conseruant la
vie, quand auóns le moyen de ce faire. Au contraire, de leur nuire & porter dómage, tant s'en
faut que cela merite louange, & que à cette oc-

Orat.pro
Marcel.

Y ij

cafion vn homme f'en doiue eftimer grand per-
fonnage, que cela plus toft luy apporte deshonneur & infamie. Et de faict, en cela il ne faict
rien, que vne petite befte venimeufe ne puiffe
bien faire le femblable. Car c'eft vne chofe aifee
que de nuire:mais de faire bien, c'eft chofe he-
roïque & recómandable. Auquel propos iadis
comme Lyfimachus Roy de Thrace menaçaft
Theodorus de le faire mourir, Vrayement, ref-
pondit il, tu es vn braue Roy, fi tu as autant de
pouuoir qu'vne Cantharide : ou bien,comme
recite Seneque,Tu as dequoy te plaire,vne cho
pine de fang eft en ta puiffance. Et partant faut
q̃ nous nous eftudiõs de faire tous les plaifirs q̃
pourrons à nos prochains. Car c'eft le faict de
perfonnages recognoiffans leur parenté, c'eft à
dire,que tous fommes creez d'vn mefme Dieu,
& defcéduz d'vn mefme pere Adam. Au Grec,
au lieu de Serpent y a Trygon, qui eft vne efpe-
ce de poiffon venimeux, & Scorpion; mais le
fens n'en change pour cela.

57.

AV ieune homme il meffied, qu'vn vieil le
    paffe en force:
Et au vieil,que le ieune ait plus d'entendement.
L'vn donc felon fon temps foit fage excellẽment:
Et l'autre auant le temps d'eftre fage f'efforce.

TOVT ainfi que c'eft grand'honte à vn ieune homme d'eftre moins fort & robufte, qu'vn
vieillard:de mefme façon meffied il à celuy qui

est ia fort aagé, de se monstrer moins sage que
celuy qui est encores en la fleur de son aage.
Mais d'autant que la sagesse est plus requise à
salut, que la force corporelle, pour ceste cause
dict nostre Autheur, qu'il est bon q̃ le vieillard,
selon que le porte son aage, soit parfaict & accomply en sagesse : & quant au ieune homme,
est pareillement bon & profitable, que auant
q̃ de paruenir à vieillesse, il ait desia des traicts
de personne sage & bien aduisee.

58.

D'Operer ton *salut en tout temps ie t'exhorte,*
Mais plus, quand tu te sens de ta fin appro-
cher.

La trompe au vieillard crie, En brief faut des-
marcher.

Tenez, tenez vous prests: le iuge est à la porte.

BIEN dict on communement, que aux ieunes la mort est en embuscade, mais aux vieux
elle est à la porte. Et comme disoit la bonne da-
me Marcella au vieillard, qui la pourchassoit
de mariage, Le ieune peut mourir bié tost, mais
le vieil ne peut long temps viure. Dict donc à
ce propos nostre Autheur, que combien qu'en
tout temps on doiue s'estudier de faire son salut en ce monde, toutefois de tant plus soigneusement s'y doit on efforcer en vieillesse,
que plus pres on est de sa fin. Car la vieillesse est
comme vn certain trompette, qui sonne la retraicte, & nous aduertit de nous tenir prests &

C'est prin-
cipalement
aux vieux
de regarder
de pres à
leur salut.

Hieron. de
laud. Mar-
cel.

Y iij

appareillez, comme estant le Iuge sur le poinct
de frapper à nostre porte, pour nous demander
compte de nostre vie.

59.

En deux fa
çons peut
on nier
Dieu.

ON nie en deux façõs le Monarque de gloire:
De parole, & de faict. garde d'estre em-
porté.
(Car d'occultes assauts tousiours es agité.)
De peur que n'ais besoin du dernier purgatoire.

PAR la conclusion de cet opuscule dict
sainct Gregoire, que en deux façons on vient à
nier Dieu, sçauoir est ou par œuure, ou par parole. Par œuure ceux là nient Dieu, qui apertement & auec toute impudence courent contre
ses saincts Commandemens : Par parole, ceux
qui quittans la vraye & catholique Religion, se
precipitent au Paganisme, ou Iudaïsme, ou bien
en erreur d'heresie. Et pourtant nous admoneste nostre Autheur de nous tenir soigneusemét
sur nos gardes, attendu que auons affaire à vn
ennemy, qui est tousiours aux embusches pour
nous surprendre & supplanter; de peur que en
fin ne tombions és peines eternelles. Car en cet
endroit il vse impropremét du vocable de Pur-
gation: d'autant que ce feu venge & punit bien
les pechez, mais ce pédát ne les purge. Voila ce
qu'auons à dire pour l'explicatió des Quatrains
de sainct Gregoire, prians la saincte Trinité,
que le tout redonde à sa saincte gloire, & à l'vtilité spirituelle des Lecteurs.

FIN,

Faultes.

Fol.31.pag.1.lin.11.lisez l'eau. f.38.p.2.l.14.lis.vn clair Soleil. f.54.p.
2.à la marge.li. Eccli. f.56.p.2.l.20.angeliqs.f.63.p.2.l.5.li.l'Indiqué
reuenu:f.99.p.2.lig.14.l.part aucune.f.100.p.1.en la marge.lis.Char-
tusien.f.115.p.2.l.5.l.veult.f.126.p.1.l.24.l.auoir.f.129.p.2.l.13.l.pe-
chez.f.144.p.2.li.4.l.quelles shoses.

EXTRAICT DV PRIVILEGE.

PAR grace & priuilege du Roy, il est permis à Guillaume Chaudiere, Marchand Libraire en l'Vniuerfité de Paris, imprimer ou faire imprimer, vne ou plufieurs fois, vn liure intitulé, *Six liures du fecond aduenement de noftre Seigneur*. Et fait ledit Seigneur defenfe à tous autres de noftre Royaume, de quelque qualité qu'ils foient, d'imprimer ou faire imprimer, vendre ny diftribuer en fes pays, terres & feigneuries, ledit liure iufques au temps & terme de neuf ans entiers & confecutifs, apres la premiere impreffion qui fera faite dudit liure, fur peine de confifcation & autres peines contenues és lettres patentes dudit Seigneur. Et voulons qu'au Vidimus d'icelles faict fouz féel Royal foy foit adiouftée comme à l'original cy donné à Paris le vingtethuictiefme Feurier, Mil cinq cens foixante & feize, de noftre Regne le deuxiefme.

Par le Confeil. **Signé** DANES.